寄　语

工会工作

创新思路与方法

范丽娜◎编著

GONGHUI GONGZUO
CHUANGXIN SILU YU FANGFA

人民日报出版社

图书在版编目（CIP）数据

工会工作创新思路与方法/范丽娜编著．－－北京：
人民日报出版社，2024.6. －－ISBN 978-7-5115-8322-2

Ⅰ.D412.6

中国国家版本馆 CIP 数据核字第 2024UX5994 号

书　　名：工会工作创新思路与方法
作　　者：范丽娜
出 版 人：刘华新
责任编辑：周海燕
封面设计：先哲龙设计室
出版发行：人民日报出版社
地　　址：北京金台西路 2 号
邮政编码：100733
发行热线：（010）65369527　65369509　65369512　65369846
邮购热线：（010）65369530　65363527
编辑热线：（010）65369518
网　　址：www. peopledailypress. com
经　　销：新华书店
印　　刷：廊坊市长岭印务有限公司
开　　本：787mm×1092mm　1/16
字　　数：288 千字
印　　张：18
印　　次：2024 年 6 月第 1 版　2024 年 6 月第 1 次印刷
书　　号：ISBN 978-7-5115-8322-2
定　　价：69.00 元

前　言

工运事业和工会工作迈出新步伐开创新局面，关键在人，关键在干部。认真贯彻落实习近平总书记的重要讲话精神以及中国工会十八大精神，是当前和今后一个时期工会干部队伍建设的重要政治任务。

党的十八大以来，习近平总书记对工人阶级和工会工作高度重视，多次做出重要论述，为做好工会工作指明了方向。习近平总书记提出的一系列新思想、新论断，科学回答了新时代工运事业和工会工作举什么旗、走什么路、达到什么目标等一系列方向性、根本性、战略性重大问题。2023 年 10 月 23 日，习近平总书记在中南海同中华全国总工会新一届领导班子成员集体谈话，高度评价党的十八大以来我国工人阶级在党和国家事业发展中做出的重大贡献，充分肯定新时代工运事业取得的历史性成就，工会工作实现的全方位进步，对做好新时代新征程党的工运事业和工会工作提出明确要求，对全国总工会新一届领导班子寄予殷切期望，充分体现了习近平总书记和党中央对工人阶级和广大劳动群众的关心关怀，对工运事业和工会工作的高度重视。

中国工会十七大以来，在以习近平同志为核心的党中央坚强领导下，全国各级工会坚持以习近平新时代中国特色社会主义思想为指导，深入贯彻习近平总书记关于工人阶级和工会工作的重要论述，坚持走中国特色社会主义工会发展道路，在加强职工思想政治引领、组织职工建功立业、维护职工合法权益、保持职工队伍稳定、深化工会改革创新、推进工会系统党的建设等方面做了大量富有成效的工作，工会在党和国家工作大局中的作用进一步彰显。中国工会第十八次全国代表大会为新时代工人运动事业和工会工作规划了蓝图，吹响了冲锋号角，引领全国工会工作者和广大职工群众开启为实现中国梦不懈奋斗的历史新篇章。

为了把广大基层工会干部和职工的思想统一到党的二十大精神上来，把贯彻落实工会十八大精神落实到基层，落实到行动中，要在新形势下加强基层工会干部日常工作业务指导，使得基层工会能够不断推出新举措，指导基层工会工作在各方面的创新发展。

本书聚焦新时代工会工作诸多重点，如加强职工思想政治引领，推进产业工人队伍改革，加强企事业单位民主管理，建设高素质专业化工会干部队伍，构建和谐劳动关系，新业态群体建会和维权服务，加快工会数字化转型，深化工会改革等。书中每一章节遵循写作体例的三要素，一是阐述加强此项工作的重要性、必要性、紧迫性；二是工会十七大以来在此项工作中的成就和工会十八大对此项工作的重要部署；三是工会加强此项工作的创新举措。本书一方面侧重提升广大工会干部对工会工作认知的理论性，另一方面侧重理论对工会工作实践的指导性。本书最大亮点在于理论与实例结合紧密，论述深入浅出，通俗易懂，既有党中央对工会工作的方向指引，全总对各项工会工作的部署要求，还有地方工会、基层工会对落实该项工作的具体创新举措，提出的很多思路与方法对于启发工会干部大有裨益。

本书集结了长期从事工会理论教学研究的多位同人，他们的深厚工会理论功底加之多年耕耘在工会沃土的丰富实践经验为此书成稿做出了重大贡献。工会研究既有通识性，也有专业性，单靠某一位老师成就工会工作综合改革创新的书稿绝非易事，故而本书充分发挥每位老师在工会某一重点工作中深度研究的优势，集每位老师优势方面铸就此书。现就每一章节各位同人的撰写分工如下：

第一章由中国劳动关系学院胡楠撰写；第二章由中国劳动关系

学院范丽娜撰写；第三章由范丽娜撰写；第四章由山东管理学院赵抗抗撰写；第五章由首都经济贸易大学雷晓天撰写；第六章由中国人民大学柴静撰写；第七章由中国劳动关系学院范丽娜撰写；第八章由北京市工会干部学院崔金琳撰写；第九章由北京市工会干部学院刘光宇撰写。

范丽娜除了承担本书第二章、第三章和第七章的撰写，还负责整本书稿的统稿工作。

期冀本书能为工运事业和工会工作孜孜不倦奋斗中的工会干部提供创新思路，使工会干部更好地履行工会职责，充分发挥工会作用，为开创新时代我国工会工作和工运事业提供智力支持和人才保障。

目录 CONTENTS

第一章
新时代工会工作面临的新形势

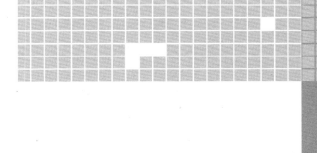

　　进入新时代以来，工会工作面临着前所未有的新形势。这种新形势既带来了机会，如新技术革命带来的新的产业和就业机会，也带来了挑战，如经济结构调整与转型升级、全球化与国际竞争的新挑战等。为了更好地适应这些新形势，工会需要采取相应的应对策略。

第一节　经济发展的新变化

一、经济结构调整与转型升级中的工会角色

　　经济结构调整与转型升级是一个复杂而漫长的过程，涉及产业结构、就业结构、收入分配等多个方面的变化。在这个过程中，工会的作用不可忽视。作为职工利益的代表和维护者，工会需要密切关注职工在转型升级过程中的权益变化，确保他们的利益不受损害。具体来说，工会需要加强与企业和政府的沟通协作，共同制定和执行相关政策，推动经济结构调整与转型升级顺利进行。例如，在产业升级过程中，工会可以与企业合作，共同建立技能培训机构，为职工提供必要的技能培训，帮助他们适应新的产业环境。同时，工会还可以与政府合作，参与相关政策的制定和执行，确保政策能够真正反映职工的需求和利益。

二、新技术革命对工会工作的挑战与机遇

　　以人工智能、大数据、云计算、5G 等为代表的新技术革命正在深刻改变产业结构，对就业市场产生深远影响。新技术的普及使得许多传统岗位被自动化取代，但同时也催生了大量的新岗位和新职业。这种变革对工会工作提出了新的挑战和机遇。首先，工会需

要关注新技术革命对职工权益的影响，确保他们在技术升级过程中不被边缘化。具体来说，工会可以与企业共同建立技能培训机构，为职工提供必要的技能培训，帮助他们适应新的就业环境。此外，工会还需要积极参与新技术的推广和应用，确保新技术的健康发展能够真正惠及职工。同时，新技术革命也为工会工作带来了新的机遇。例如，工会可以利用大数据和人工智能等技术，建立职工信息管理系统，更好地了解职工的需求和问题，为他们提供更精准的服务和支持。此外，工会还可以利用新技术推动自身的数字化转型，提高工作效率和服务质量。

三、全球化与国际竞争中工会的应对策略

全球化进程加速，国际竞争日趋激烈。这种新形势对工会工作提出了新的要求。首先，工会需要关注全球化对职工权益的影响，积极参与国际劳工组织等国际机构的活动，为我国职工争取更多的权益和保障。这需要工会具备国际化的视野和能力，能够与国际劳工组织和其他国家的工会进行有效的沟通和协作。其次，工会还需要关注跨国企业和外资企业在我国的经营活动，确保其遵守我国的法律法规，保障我国职工的合法权益。这需要工会加强与企业和政府的沟通协作，共同建立监督机制，对跨国企业和外资企业的经营活动进行有效的监督和管理。

四、绿色经济与可持续发展新趋势下的工会角色

随着环境问题日益受到全球关注，绿色经济和可持续发展已成为各国共同追求的目标。这一新趋势不仅对产业结构、能源结构等产生了深远影响，也对工会工作提出了新的要求。首先，工会需要关注绿色经济和可持续发展对职工权益的影响。在绿色转型过程中，一些传统行业可能会面临转型或淘汰，这将对职工的岗位和待

遇产生影响。工会需要密切关注这些变化，确保职工在绿色转型过程中得到公平对待，不被边缘化。其次，工会需要积极参与相关政策的制定和执行。在推动绿色经济和可持续发展的过程中，政府和企业需要制定和执行一系列相关政策，如环保政策、能源政策等。工会作为职工利益的代表和维护者，需要积极参与这些政策的制定和执行过程，确保政策能够真正反映职工的需求和利益。最后，工会还需要加强与企业和职工的沟通协作，共同推动绿色转型和可持续发展的实现。这包括与企业和职工共同建立绿色技能培训机构，提高职工的绿色技能和环保意识；与企业合作开展绿色生产和绿色经营活动，推动企业的绿色转型；与政府和社会各界合作，共同推动绿色经济和可持续发展的实现。

五、非正规就业与灵活就业的新形态中的工会职责

随着经济的发展和就业市场的不断变化，非正规就业和灵活就业已成为重要的就业形态。这种新形态对工会工作也提出了新的挑战。首先，工会需要关注非正规就业和灵活就业职工的权益保护问题。相比于正规就业的职工，非正规就业和灵活就业职工往往面临更大的权益保护风险，如工资拖欠、劳动保障不足等。工会需要密切关注这些问题，确保非正规就业和灵活就业职工享有与其他职工同等的权益和保障。其次，工会需要创新工作方式和方法，为非正规就业和灵活就业职工提供有效的服务和支持。这包括建立灵活的服务机制，满足非正规就业和灵活就业职工的多元化需求；利用互联网和移动通信技术，为非正规就业和灵活就业职工提供便捷的服务渠道；开展针对性的培训和指导，提高非正规就业和灵活就业职工的技能水平和就业能力。最后，工会还需要加强与政府、企业和职工的沟通协作，共同推动非正规就业和灵活就业的健康发展。这包括与政府合作制定和执行相关政策，规范非正规就业和灵活就业

市场；与企业合作建立稳定的劳动关系，提高非正规就业和灵活就业职工的待遇和保障；与职工合作建立自我管理和互助机制，提高非正规就业和灵活就业职工的组织化程度和自我保障能力。

总之，面对新时代的新形势和新挑战，工会需要不断创新工作方式和方法，提高自身的服务质量和效率，满足职工的多元化需求，为维护职工权益、促进经济发展和社会和谐做出更大贡献。

六、总结

进入新时代，工会工作面临着前所未有的复杂性和挑战性。首先，我们必须承认，随着新技术革命、经济结构调整以及全球化进程的加速，工会工作的传统模式已经无法满足现代职工的需求。以人工智能、大数据、云计算和5G为代表的新技术正在重塑产业结构，对就业市场产生深远影响。工会不仅需要密切关注这些变革对职工权益的影响，还需要与企业和政府紧密合作，确保职工能够在技术升级和经济转型中受益。同时，全球化带来的国际竞争也加剧了工会工作的复杂性。在这样的环境下，工会需要具备国际化的视野和能力，以便更有效地参与国际劳工组织等国际机构的活动，为我国职工争取更多的权益和保障。随着跨国企业和外资企业在我国的经营活动不断增加，工会还需要确保这些企业遵守我国的法律法规，保障我国职工的合法权益。绿色经济和可持续发展的新趋势也为工会工作带来了新的挑战和机遇。在这一进程中，工会需要关注绿色转型对职工权益的影响，并积极参与相关政策的制定和执行，确保职工在绿色经济发展中得到公平对待。

此外，非正规就业和灵活就业的新形态也对工会的职责提出了新的要求。工会需要创新工作方式和方法，为非正规就业和灵活就业职工提供有效的服务和支持，并加强与政府、企业和职工的沟通协作，共同推动这些就业形态的健康发展。

面对这些挑战，笔者认为工会需要采取一系列的策略和措施来应对。首先，我们需要加强与政府、企业和社会的合作，形成工作合力。只有通过建立稳固的合作关系，我们才能够在制定和执行政策、维护职工权益以及推动经济和社会发展中发挥更大的作用。其次，工会需要不断创新工作方式和方法，提高自身的服务质量和效率。我们应该充分利用现代科技手段，如大数据和人工智能等，来建立高效的职工信息管理系统，更好地了解职工的需求和问题，并为他们提供更精准的服务和支持。同时，我们还需要加强对职工的教育和培训，提高他们的技能水平和就业能力。通过举办各种培训班、研讨会和活动，我们可以帮助职工更好地适应新的就业环境和市场需求，同时也可以提升他们的职业素养和综合能力。最后，我认为工会需要始终保持对职工的关注和关爱。我们应该积极倾听他们的声音和需求，及时解决他们面临的问题和困难，并为他们提供必要的支持和帮助。只有这样，我们才能够真正成为职工的贴心人和代言人，赢得他们的信任和尊重。

总之，新时代下的工会工作面临着诸多挑战和机遇。我们需要时刻保持敏锐的洞察力和前瞻性思维，以便更好地把握时代脉搏和职工需求。通过加强与各方的合作、创新工作方式和方法、提高服务质量和效率以及关注关爱职工等措施的实施，我们一定能够在新的历史条件下为职工提供更优质、更有效的服务，为维护职工权益、促进经济发展和社会和谐做出更大的贡献。

第二节　社会结构的新特点

随着社会经济的快速发展，我国的社会结构正在经历前所未有的变革。这些变革为工会工作带来了新的机遇和挑战。为了更好地适应这些新特点，工会不仅要深入研究和了解它们，还要制定相应的应对策略，确保工会工作始终与时代步伐同行。

一、人口结构变化与劳动力市场需求

近年来，我国的人口结构变化尤为明显。老龄化、少子化等趋势不仅对社会经济产生了深远影响，更为劳动力市场带来了前所未有的挑战。

首先，老龄化导致部分行业的劳动力逐渐减少，某些传统行业甚至面临劳动力短缺的危机。这不仅影响了这些行业的持续发展，也可能导致部分职工面临失业的风险。针对这种情况，工会需要密切关注劳动力市场的动态，及时了解不同行业和地区的劳动力需求情况。与此同时，工会还要加强与政府、企业和职工的沟通协作，推动劳动力市场的供需平衡，确保职工的稳定就业。其次，新生代劳动力进入市场，他们对工作的期望和需求与前辈存在明显的差异。他们更加注重工作与生活的平衡、个人价值的实现以及职业发展的前景。为了满足新生代劳动力的需求，工会不仅要加强与他们的沟通交流，还要创新工作方式和方法。例如，可以开展针对新生代劳动力的职业规划指导活动，帮助他们更好地了解自己和职业市场；还可以与企业和政府合作，推动建立更加灵活的工作制度和福利待遇，满足他们对工作与生活平衡的追求。此外，随着女性在职场中的比例逐渐上升，性别平等和女性权益保护也成为工会工作的重要议题。工会需要关注女性职工在职场中的权益保护问题，确保她们享有与男性同等的待遇和机会。同时，工会还可以开展针对女性职工的职业培训和指导活动，帮助她们更好地平衡工作和家庭，实现个人价值。

面对这些新的机遇和挑战，工会必须始终保持敏锐的洞察力和前瞻性思维。不仅要密切关注社会结构和劳动力市场的变化，还要及时调整工作策略和方法，确保工会工作始终与职工的需求和期望紧密相连。只有这样，工会才能真正发挥其在社会经济发展中的作用，为职工谋求更多的权益和福祉。

二、社会阶层分化与利益诉求多元化

社会阶层分化与利益诉求多元化是工会领域当前面临的重要问题之一。随着社会经济的发展，我国的社会阶层逐渐分化，不同阶层之间的利益诉求也越来越多元化。这种分化既体现在经济领域，如高管、白领、蓝领等不同职业群体之间，也体现在社会领域，如城乡之间、地区之间的差异。

为了更好地满足不同职工群体的利益诉求，工会需要制定差异化的服务策略和支持措施。具体而言，工会可以通过以下几方面来应对社会阶层分化和利益诉求多元化的挑战。首先，开展深入调查研究。工会需要深入了解不同职工群体的实际情况和需求，包括他们的收入水平、职业特点、工作环境等。通过实地走访、问卷调查等方式，收集大量一手数据，为制定差异化的服务策略提供支持。其次，制定差异化的服务策略。针对不同职工群体，工会可以制定不同的服务策略和支持措施。例如，对于高管和白领等高层次人才，可以提供更加专业和高端的培训和交流机会，帮助他们提升职业技能和拓宽人脉资源；对于蓝领和农民工等基层职工，可以加强劳动权益保护和安全生产等方面的服务和支持，确保他们的合法权益得到有效保障。最后，加强与其他社会组织的合作。工会可以与其他社会组织建立沟通协调机制，共同解决职工面临的问题和困难。例如，可以与政府、企业、社区等各方建立合作关系，共同推动职工权益保护、社会保障等政策的完善和实施。此外，还可以与其他社会组织开展合作项目，共同推动社会公益事业的发展。

三、新型劳动关系与职工队伍结构变化

随着新技术革命和产业结构调整的推进，新型的劳动关系也在逐渐形成。平台经济、共享经济等新业态的兴起，使得劳动关系变得更加灵活和复杂。同时，职工队伍的结构也在发生变化，知识型、技能型、创新型劳动者所占的比例逐渐增大。为了适应这种新型劳动关系和职工队伍结构变化，工会需要创新工作方式和方法。具体而言，工会可以通过以下几方面来应对新型劳动关系和职工队伍结构变化的挑战。

首先，加强与新业态企业的沟通协作。工会需要与新业态企业建立合作机制，共同制定劳动标准和规章制度，保障职工的合法权益。通过与企业建立定期沟通机制，及时了解新业态的发展动态和职工的需求变化，为制定针对性的服务策略提供支持。其次，开展职工技能培训和创新活动。工会可以举办各种形式的技能培训班和创新竞赛等活动，提升职工的技能水平和创新意识。通过与高校、研究机构等合作，引入先进的培训资源和创新项目，帮助职工提升综合素质和创新能力。最后，建立职工权益保障机制。针对新业态中可能出现的劳动纠纷和权益侵害问题，工会需要建立完善的职工权益保障机制。通过设立法律援助基金、建立劳动仲裁机构等方式，为职工提供及时有效的法律援助和维权服务。同时，还可以开展劳动法律法规宣传教育活动，提高职工的法律意识和维权能力。

总之，面对社会阶层分化和利益诉求多元化以及新型劳动关系和职工队伍结构变化的挑战，工会需要不断创新工作方式和方法，提高自身的服务质量和效率，满足职工的多元化需求，为维护职工权益、促进经济发展和社会和谐做出更大的贡献。

四、总结

随着社会经济的快速发展，我国的社会结构正在经历深刻的变

革，这些变革为工会工作带来了新的要求和期待。为了更好地适应这些新特点，我们必须深入研究和了解它们，制定相应的应对策略，确保工会工作始终与时代步伐同行。

从人口结构变化与劳动力市场需求方面来看，老龄化、少子化等趋势对社会经济和劳动力市场带来了巨大影响。我们需要密切关注劳动力市场的动态，推动劳动力市场的供需平衡，确保职工的稳定就业。同时，新生代劳动力进入市场，对工作的期望和需求与前辈存在明显的差异，我们要加强与他们的沟通交流，创新工作方式和方法，帮助他们实现个人价值。性别平等和女性权益保护也是工会工作的重要议题，我们要关注女性职工在职场中的权益保护问题，确保她们享有与男性同等的待遇和机会。社会阶层分化与利益诉求多元化是工会领域当前面临的重要问题之一。我们要深入了解不同职工群体的实际情况和需求，制定差异化的服务策略和支持措施。通过与其他社会组织的合作，共同解决职工面临的问题和困难，推动职工权益保护、社会保障等政策的完善和实施。新型劳动关系和职工队伍结构变化也给我们带来了新的挑战。平台经济、共享经济等新业态的兴起，使得劳动关系变得更加灵活和复杂。职工队伍的结构也在发生变化，知识型、技能型、创新型劳动者所占的比例逐渐增大。我们要创新工作方式和方法，与新业态企业建立合作机制，开展职工技能培训和创新活动，建立职工权益保障机制，提高职工的法律意识和维权能力。在这个过程中，我们还要重视数字化和信息化建设。通过运用大数据、云计算等先进技术手段，提高工会工作的效率和准确性，加强与职工的互动交流，为他们提供更加便捷、高效的服务。同时，我们要关注全球化带来的影响。随着国际交流的日益频繁，我们要积极参与国际劳工组织等国际机构的活动，学习借鉴国际先进经验，提高我国工会在国际舞台上的影响力。

综上所述，我们不仅要密切关注社会结构和劳动力市场的变化，还要及时调整工作策略和方法，确保工会工作始终与职工的需求和期望紧密相连。只有这样，我们才能真正发挥工会在社会经济发展中的作用，为职工谋求更多的权益和福祉。我们要不断创新、勇于担当、积极作为，为构建和谐社会、实现中华民族伟大复兴的中国梦贡献我们的智慧和力量。

第三节　职工需求的新变化

随着社会经济的持续发展，职工的需求也不断变化。这些新变化为工会工作提供了新的方向，也对工会提出了更高的要求。为了更好地满足职工的需求，工会需要密切关注这些变化，并采取相应的措施。具体来说，这些新变化体现在以下几方面。

一、物质生活需求与精神文化需求的提升

随着经济的发展和职工收入水平的提高，职工的物质生活需求也在逐渐提升。他们期望获得更好的工作环境、更高的薪资待遇，以及更全面的社会保险。这不仅关乎职工的基本生活质量，也是他们追求美好生活的重要体现。为了满足职工对物质生活的更高需求，工会需要积极争取政策支持和资源投入，推动改善职工的工作和生活条件。具体来说，工会可以采取以下措施：

1. 与政府和企业协商，争取提高职工薪资待遇，确保工资增长与经济发展同步；

2. 推动建立完善的社会保障体系，包括养老、医疗、失业等方面的保险，确保职工在面临风险时得到足够的保障；

3. 关注职工的工作环境问题，推动企业改善工作场所的安全卫

生条件，提高职工的工作满意度。

同时，职工对精神文化生活的需求也在逐渐增强。他们追求个人成长、文化娱乐和体育健身等方面的满足。为了满足职工的精神文化需求，工会需要组织各种文化体育活动，丰富职工的业余生活。

1. 举办文艺演出、体育比赛、知识讲座等活动，为职工提供多样化的文化娱乐选择。

2. 建立职工书屋、健身房等设施，为职工提供学习和锻炼的场所。

3. 开展心理健康关爱活动，帮助职工缓解工作压力，提高生活质量。

二、职业发展需求与技能提升的重要性

随着产业结构的调整和新技术革命的推进，职工对职业发展的需求也在逐渐增强。他们更加注重个人技能的提升和职业生涯的规划，以实现个人价值和经济收入的持续增长。为了满足职工的职业发展需求，工会需要积极推动职工的技能培训和职业发展工作。具体来说，可以采取以下措施。

1. 与企业合作，开展职业技能培训和鉴定工作，提高职工的技能水平和就业竞争力。通过举办培训班、邀请专家授课等方式，帮助职工掌握新技术、新知识，提升他们在职场中的竞争力。

2. 为职工提供职业规划和咨询服务，帮助他们制订个人职业发展规划和实现个人价值。通过提供个性化的职业咨询和指导，帮助职工认清自己的优势和兴趣所在，制定符合自身特点的职业发展目标。

3. 建立职工职业发展档案，记录职工的职业成长历程和技能提升情况，为他们的职业发展提供参考和支持。

4.推动企业内部建立激励机制,鼓励职工自我提升和创新发展。通过设立创新奖、技能大师奖等荣誉称号和奖励措施,激发职工的积极性和创造力。

三、权益保护意识与民主参与诉求的增强

随着法治建设的推进和社会文明程度的提高,职工的权益保护意识和民主参与诉求也在逐渐增强。他们期望自己的合法权益得到保障,同时也希望参与到企业或社会事务的决策和管理中来。为了满足职工的权益保护和民主参与需求,工会需要采取以下措施。

1.加强法律知识宣传教育工作,提高职工的法律意识和维权能力。通过开展法律知识讲座、制作宣传资料等方式,帮助职工了解自身的合法权益和维权途径。

2.建立完善的职工权益保障机制,包括法律援助、劳动仲裁等方面的服务。当职工的合法权益受到侵害时,工会要及时提供法律援助和支持,帮助他们维护自己的权益。

3.推动企业建立民主管理制度和职工代表大会制度,确保职工的民主参与权利得到保障。通过定期召开职代会、征集职工意见等方式,职工参与到企业或社会事务的决策和管理中来。

4.加强与企业和政府的沟通协调工作,为职工争取更多的合法权益和利益保障措施。通过与企业和政府建立定期沟通机制,及时反映职工的诉求和建议,争取更多的政策支持和资源投入。

四、权益维护与社会保障的新要求

随着社会经济的发展和法律制度的完善,职工对自身权益的维护和社会保障的需求也在逐渐增强。他们更加注重劳动合同、工资支付、安全生产等方面的问题,这是其合法权益得到保障的重要标志。为了满足职工的新要求,工会需要积极参与相关政策的制定和实施工作。

　　首先，参与劳动合同制度的完善工作。劳动合同是保障职工权益的重要手段，因此，工会需要与企业和政府进行协商沟通，推动劳动合同的签订和执行更加规范化和法治化。同时，工会还应该关注劳动合同内容的公平性和合理性，确保职工的合法权益得到充分保障。其次，参与社会保险制度的改革和完善工作。社会保险制度是保障职工基本生活的重要手段。工会应该积极参与社会保险制度的改革和完善工作，推动社会保险制度的覆盖面扩大和待遇水平提高。再次，工会还应该关注社会保险基金的安全性和可持续性，确保职工的社会保险权益得到充分保障。最后，加强对职工的法律援助和维权服务工作。当职工的合法权益受到侵害时，工会要及时提供法律援助和支持。通过建立法律援助机制、开展法律咨询和代理诉讼等方式，帮助职工解决劳动纠纷和维护自身权益。同时，工会还应该加强对职工的法律宣传工作，提高职工的法律意识和维权能力。

五、工作环境与职业健康的关注

　　现代职工对工作环境和职业健康的关注程度逐渐提高。良好的工作环境和职业健康状况对于职工的身心健康和工作效率至关重要。为了满足职工的需求，工会需要积极关注并改善职工的工作环境和职业健康状况。首先，与企业协商改善工作场所的设施条件。这包括提供舒适的办公设施、安全的生产设备以及必要的劳动保护用品等。通过改善工作场所的硬件设施和劳动条件，降低职工在工作中面临的安全风险和健康危害。其次，推动企业建立职业健康管理制度和开展职业健康教育活动。通过定期对职工进行健康检查、开展职业病防治知识宣传等方式，提高职工的职业健康意识和自我保护能力。再次，工会可以建立职业病防治基金，为患有职业病的职工提供医疗和经济援助。

六、平衡工作与生活的需求

在现代社会快节奏的生活和工作压力下，许多职工面临着工作与生活的平衡问题。为了帮助职工更好地平衡工作和生活，工会需要关注并提供相关的支持和服务。首先，推广弹性工作制度和远程办公模式。通过与企业协商，允许职工根据自身需要调整工作时间和地点，以便更好地照顾家庭和个人生活。这不仅可以提高职工的工作效率和生活质量，还可以降低企业的运营成本并提高竞争力。其次，提供职工子女教育和老人护理等支持服务。通过与相关机构合作，为职工提供子女教育、老人护理等方面的咨询和支持服务，帮助职工解决家庭生活中的实际问题。

七、总结

我们面临着不断变化的职工需求，必须时刻保持敏锐的洞察力和前瞻性思维。职工的需求随着社会经济的发展不断演变，涵盖了物质生活、精神文化、职业发展、权益保护、工作环境、职业健康以及工作与生活的平衡等多个方面。为了更好地满足这些需求，工会需要采取相应的措施和策略。

首先，物质生活和精神文化需求的提升是职工追求美好生活的重要体现。工会应该积极争取政策支持和资源投入，改善职工的工作和生活条件，组织各种文化体育活动，丰富职工的业余生活。这不仅可以提高职工的生活质量，还能增强职工的归属感和凝聚力。其次，职业发展需求与技能提升在当前产业结构调整和新技术革命的背景下显得尤为重要。工会需要与企业合作，开展职业技能培训和鉴定工作，为职工提供个性化的职业规划和咨询服务，建立激励机制，鼓励职工自我提升和创新发展。这将有助于提升职工的个人价值和经济收入，实现职工和企业的共同发展。同时，随着法治建设的推进和社会文明程度的提高，职工的权益保护意识和民主参与诉求也在逐渐增强。工会要加强法律知识宣传教育，建立完善的职工权益保障机制，推动企业建立民主管理制度和职工代表大会制度，加强与企业和政府的沟通协调，确保职工的合法权益得到保障，民主参与权利得到实现。此外，我们还要关注职工在工作环境和职业健康方面的需求。通过与企业协商改善工作场所的设施条件，推动企业建立职业健康管理制度和开展职业健康教育活动，降低职工在工作中面临的安全风险和健康危害。这将有助于维护职工的身心健康，提高工作效率。最后，在帮助职工平衡工作和生活方面，工会可以推广弹性工作制度和远程办公模式，提供职工子女教育和老人护理等支持服务，帮助职工解决家庭生活中的实际问题。这将有助于提高职工的工作满意度和生活质量，促进企业的稳定发展。

综上所述，我们需要密切关注职工需求的新变化，制定相应的策略和措施。通过满足职工在物质生活、精神文化、职业发展、权益保护、工作环境、职业健康以及工作与生活的平衡等方面的需求，可以增强工会的吸引力和凝聚力，提高职工的工作积极性和满意度，推动企业和社会的和谐发展。同时，我们还要不断创新、勇于担当、积极作为，为构建和谐社会、实现中华民族伟大复兴的中国梦贡献我们的智慧和力量。

第四节　工会自身建设的新要求

随着社会经济的发展和职工需求的变化，工会自身建设也面临着新的要求。在新时代，为了更好地适应职工的需求，维护职工的权益，工会必须加强自身的建设，提高自身的服务质量和效率。具体来说，工会自身建设的新要求包括以下几个方面。

一、加强组织建设与覆盖面扩大

加强工会的组织建设是工会自身建设的核心任务之一。建立健全的组织体系是加强组织建设的关键。工会从基层到中央，都应该有明确的组织架构和职责划分，确保各级工会组织的有效运转。同时，工会还需要建立一套完善的会员管理制度，明确会员的权利和义务，增强会员的归属感和责任感。

具体来说，加强工会的组织建设可以从以下几方面入手。

1. 完善组织架构：建立健全的工会组织体系，包括各级工会的设置、职责划分和人员配备等。确保各级工会组织之间有良好的沟通和协作机制，形成合力。

2. 建立会员管理制度：制定会员管理办法，明确会员的入会条件、退会程序以及会员的权利和义务。加强对会员的宣传和教育，提高他们的参与度和归属感。

3. 加强基层组织建设：重视基层工会的建设和发展，为基层工会提供必要的支持和指导。加强基层工会的组织建设和民主管理，提高基层工会的凝聚力和战斗力。

在扩大工会的覆盖面方面，工会需要积极吸纳新会员，特别是那些在新兴产业和新型就业形态中的职工成员。通过举办公益活动、提供法律咨询和维权服务等方式，增强工会的影响力和吸引力。具体来说，可以采取以下措施。

1. 加强宣传和推广：通过各种渠道和媒体宣传工会的工作与成果，提高工会在职工中的知名度和影响力。开展各种公益活动，如法律咨询、职业技能培训等，吸引更多的职工加入工会。

2. 拓展服务领域：针对新兴产业和新型就业形态中的职工需求，拓展工会的服务领域。如为互联网行业的职工提供职业规划、技能培训等服务，为自由职业者提供社会保障咨询、创业扶持等服务。

3. 与其他社会组织合作：与其他社会组织建立合作关系，共同推动职工权益保护和社会进步。通过合作开展项目、共享资源等方式，扩大工会的服务范围和影响力。

二、提升服务能力与专业化水平

提升工会的服务能力是满足职工需求的重要保障。要加强干部培训工作，提高工会干部的业务水平和服务能力。具体来说，可以采取以下措施。

1. 定期开展业务培训：针对工会干部的业务需求和工作特点，定期开展业务培训活动。邀请专家学者授课、分享经验案例等方式，提高干部的专业素养和实践能力。

2. 引入专业人才：积极引进具有专业背景和实践经验的人才加入工会工作队伍。如社工、心理咨询师等可以为职工提供更专业的服务。同时，建立完善激励机制和职业发展路径，留住人才并发挥其作用。

3. 建立专业化的工作团队和服务机构：根据职工的需求和特点建立专业化的工作团队和服务机构。如设立专门的法律援助团队、职业规划咨询团队等为职工提供更有针对性的服务和支持。

4. 建立完善的服务评价体系：定期收集职工的反馈意见，及时调整服务策略，提高服务质量。通过问卷调查、座谈会等方式收集职工对工会服务的评价和建议，针对问题进行改进和优化。

5. 推进信息化建设：利用现代科技手段推进工会信息化建设，提高工作效率和服务质量。如建立工会信息化平台实现会员管理、服务申请、信息查询等功能的在线化便捷化。加强与政府、企业等相关方的信息共享和协同工作，形成合力，为职工提供更好的服务。

三、创新工作方式与信息化建设

创新工作方式对工会自身建设来说至关重要。随着信息技术的迅猛发展和广泛应用，工会必须与时俱进，充分利用互联网和移动通信技术提高工作效率和服务质量。具体有以下一些建议。

1. 建立工会服务平台和职工服务平台：利用互联网和移动应用技术，为职工提供便捷的服务和支持。可以开发手机 APP 或微信公众号，方便职工随时查询工会信息、报名参加活动或在线咨询问题。同时，建立职工服务平台，为职工提供一站式的服务，如在线培训、法律咨询、职业规划等。

2. 推进数字化转型和数据化运营：通过建立数据库和分析系统，对职工需求和工会工作进行数据分析和挖掘，为决策提供支持。例如，利用大数据分析职工的需求偏好、行业动态和舆情趋势，为工会制定更有针对性的服务策略提供参考。同时，利用数据化运营对工会活动的效果进行评估和优化提高服务质量和满意度。

3. 开展线上活动和互动：利用互联网平台开展线上活动如网络讲座、在线问答、职工论坛等，增强与职工的互动和参与度。这不仅可以拓宽服务范围，还能及时了解职工的需求和反馈，为工会工作提供参考。

4. 强化网络安全和隐私保护：在推进信息化建设的过程中要重视网络安全和隐私保护工作。建立完善的网络安全管理体系，加强网络安全防护措施，确保系统和数据的安全。同时遵守相关法律法规保护职工的隐私权益。

四、强化法治意识与规范运作

强化法治意识是工会自身建设的基础。在新时代，工会必须严格遵守国家法律法规和政策规定，确保各项工作的合法性和合规性。具体来说有以下一些建议。

1. 加强法律宣传和培训：定期组织工会干部和职工参加法律培训，增强法律意识，提高法律素养。邀请专业律师进行讲座或法律咨询，解答工会工作中的法律问题。

2. 建立健全的内部管理制度和监督机制：制定完善的内部管理制度，明确职责划分和工作流程，确保各项工作的规范运作。同时建立监督机制，对工会工作进行定期检查和审计，防止违法违规行为的发生。

3. 推进民主决策和科学决策：建立完善的决策机制和执行机制，确保重大事项经过集体讨论和民主决策，提高决策的科学性和民主性。在执行过程中要明确责任分工和执行流程，确保各项工作能够得到有效落实和执行。

4. 建立风险评估和应对机制：针对工会工作中可能面临的风险和挑战，建立相关风险评估和应对机制，制订应急预案和处理流程，确保在突发事件或风险事件发生时能够迅速应对和处理。

五、加强与政府和社会组织的合作与交流

加强与政府和社会组织的合作与交流是工会提升自身影响力的重要途径。通过与政府部门的沟通和协作，工会可以了解政策动向、争取政策支持和参与政策制定过程；与其他社会组织的合作和交流则可以借鉴经验、共享资源、扩大影响力和提高服务质量。具体来说有以下一些建议。

1. 与政府部门建立定期沟通机制：定期与政府相关部门进行沟通和交流，了解政策动向和工作重点，争取政策支持和资源投入。同时积极参与政策制定过程，为职工权益保护和社会发展建言献策。

2. 与其他社会组织开展合作项目：与其他社会组织如行业协

会、慈善组织等开展合作项目，共同举办行业技能竞赛或培训活动，提高职工的技能水平；开展公益活动，提升工会的社会责任感和公益形象。

六、总结

随着社会经济的飞速发展，工会所面临的各种挑战和机遇也随之而来。为了更好地适应新时代职工的需求，维护他们的权益，我们必须对工会自身建设提出新的要求，确保其与时俱进，始终与职工站在一起。加强工会的组织建设是当前的迫切任务。我们需要建立健全组织体系，明确各级工会的职责和权力，以确保高效、有序地服务于广大职工。会员是工会的基石，因此，建立会员管理制度，明确他们的权利和义务，增强他们的归属感，是不可或缺的。

我们还应该特别关注基层工会的建设和发展，为它们提供必要的支持和指导，确保基层声音能够被充分听到和重视。在扩大工会覆盖面方面，我们要积极吸纳新兴产业和新型就业形态中的职工，让他们感受到工会的温暖和力量。通过举办公益活动、提供法律咨询和维权服务等方式，可以增强工会的影响力和吸引力，使更多的职工加入我们的大家庭。提升工会的服务能力和专业化水平也是不容忽视的。应该定期开展业务培训活动，提高工会干部的业务素养和实践能力，确保他们能够为职工提供高质量、有针对性的服务。同时，引入具有专业背景和实践经验的人才，可以为团队注入新的活力。建立完善的激励机制和职业发展路径也是留住人才、发挥其作用的关键。创新工作方式在当前的信息化时代显得尤为重要。我们应该充分利用互联网和移动通信技术，建立工会服务平台和职工服务平台，为职工提供便捷、高效的服务。数字化转型和数据化运营有助于更深入地了解职工的需求和行业趋势，为制定服务策略提供参考。强化法治意识是确保工会工作合法、合规的基础。我们应该加强法律宣传和培训，提高工会干部和职工的法律素养，确保各项工作都符合国家法律法规和政策规定。建立完善的内部管理制度和监督机制，是防止违法违规行为发生的重要保障。加强与政府和社会组织的合作与交流，可以进一步提升工会的影响力和服务质量。通过与政府部门的沟通和协作，可以了解政策动向、争取政策支持和参与政策制定过程；通过与其他社会组织的合作和交流，可以借鉴经验、共享资源、扩大影响力和提高服务质量。工会工作具有复杂性和挑战性，但只要我们始终坚持以职工为中心的工作导向，不断创新、勇于担当、积极作为，就一定能够在新时代为构建和谐社会、实现中华民族伟大复兴的中国梦贡献我们的智慧和力量。

第五节 法律法规与政策环境的新变化

工会，作为维护职工权益、促进劳动关系和谐的重要力量，始终与法律法规和政策环境紧密相连。近年来，随着社会经济的快速发展和劳动关系的变化，我国的劳动法律法规和政策环境也在不断地修订和完善。对工会来说，这意味着需要不断更新知识、调整策略，以更好地为职工服务。

一、劳动法律法规的修订与完善及其影响

近年来，我国针对《劳动法》《劳动合同法》等进行了修订。这些修订旨在更好地适应新时代的需求，保障劳动者的权益。例如，劳动合同的形式、签订、变更和解除等方面得到更为详细的规定，而关于加班、休假、社保等方面的规定也进行了完善。在此背景下，工会面临着新的挑战和机遇。

首先，工会需要深入研究和掌握这些新的法律法规，确保为职工提供准确的法律咨询和援助。这不仅要求工会干部具备扎实的法律知识，还需要他们具备敏锐的政策嗅觉和高效的执行力。为了确保工会工作的准确性和有效性，定期的法律培训和研讨会显得尤为重要。其次，工会需要积极参与法律法规的修订过程。作为职工的代表，工会有责任和义务为职工发声，提出建设性的意见和建议。这需要工会与相关政府部门保持紧密的沟通与合作，确保职工的权益在法律法规中得到充分体现。

二、政策调整与工会工作的策略转变

随着国家对产业结构、就业政策、社会保障等方面的调整，工会的工作重心和策略也需要进行相应的调整。例如，国家对于新兴产业的大力扶持和对传统产业的逐步调整，必然会导致职工队伍的流动和变化。这种变化可能表现为职工技能的需求转变、职工的心理压力变化等。为了应对这些变化，工会需要采取以下措施。

1. 加强职工培训：根据国家对新兴产业和传统产业的政策调整，工会应该积极组织相关的技能培训活动，帮助职工提升技能、适应新的就业环境。这既可以提高职工的就业竞争力，也可以为企业的转型升级提供支持。

2. 关注职工心理健康：面对产业结构调整和就业政策的变化，部分职工可能会面临较大的心理压力和困惑。工会应该关注职工的心理健康问题，提供必要的心理咨询和支持，帮助职工平稳过渡。

3. 拓展服务领域：随着国家对创新创业、职工权益保护等方面的政策支持力度不断加大，工会也应该积极拓展服务领域，为职工提供更多的服务和支持。例如，可以组织创新创业培训、开展职工权益保护宣传等活动，鼓励和帮助职工实现个人价值和发展。

4. 强化与政府部门的合作：为了更好地了解政策动态、争取政策支持和参与政策制定过程，工会需要与政府部门保持紧密的沟通和合作。通过定期的交流与沟通，工会可以及时了解政策动向和工作重点，为职工提供更加有针对性的服务和支持。同时，工会还可以积极参与相关政策的制定过程，提出代表职工利益的意见和建议，为政府决策提供参考。

三、依法维权与劳动关系协调的新挑战和要求

在新时代背景下，随着职工权益意识的增强和劳动关系的日趋复杂，工会面临着更为严峻的挑战和更高的要求。这其中，依法维权和劳动关系协调工作尤为重要。为了应对这一新变化，工会不仅需要深化对法律知识的理解与运用，还需构建更为完善的维权与劳动关系协调机制。

工会作为职工权益的坚定捍卫者，首先，必须确保自身具备过硬的法律素养。这要求每一位工会工作者都要深入学习和理解相关法律法规，确保在维权过程中能够准确、有力地为职工发声。此外，为了更好地服务职工，工会还需要定期举办法律知识培训、研讨会等活动，邀请法律专家进行解读和指导，确保工会在法律领域始终保持领先地位。与此同时，建立健全的维权机制和劳动关系协调机制也尤为重要。工会应当设立专门的法律援助部门，为职工提供法律咨询、代理诉讼等服务。与此同时，工会还应与企业建立定期的劳动关系协调会议制度，共同讨论和解决劳动关系中出现的问题，确保职工的权益得到充分保障。在提高职工法律意识方面，工会也大有可为。通过开展普法宣传、法律知识竞赛等活动，工会可以帮助职工更好地了解自己的权益和义务，从而在工作中更好地维护自己的权益。此外，工会还可以与企业合作，共同开展职工法律培训，提高职工在签订劳动合同、处理劳动争议等方面的法律能力。

四、工会与政府、企业的深度合作与共赢

在新的法律法规和政策环境下，工会与政府、企业之间的合作尤为重要。这种合作不仅可以增强工会的影响力和权威性，还可以为政府和企业带来实实在在的好处，实现共赢发展。

与政府方面的合作，工会可以积极参与劳动法律法规的修订和完善工作，为政府提供来自基层的实践经验和建议。同时，工会还可以与政府相关部门合作，共同开展劳动法律法规的宣传和培训活动，提高企业和职工的法律意识和合规意识。与企业的合作需更为广泛。工会可以与企业共同建立劳动争议调解机制，及时处理和解决劳动争议问题，降低企业和职工的诉讼成本和时间成本。同时，工会还可以与企业合作，开展职工技能培训和职业规划指导等活动，帮助职工提升自身能力并实现职业发展，从而增强企业的竞争力。此外，工会还可以为企业提供职工满意度调查、企业文化建设等方面的支持和建议，帮助企业更好地了解职工需求，构建和谐劳动关系。总之，面对新的法律和政策环境以及日益复杂的劳动关系，工会必须始终保持高度的敏锐性和适应性。通过加强自身的法律素养，建立完善的维权和劳动关系协调机制以及深化与政府、企业的合作，工会可以更好地为职工服务，维护职工的合法权益，促进劳动关系的和谐稳定。这将为工会自身的发展和完善提供更为广阔的空间和机遇。

五、总结

在新时代背景下，工会所面临的法律与政策环境的新变化不仅带来了挑战，也孕育着无限的机遇。为了更好地服务职工，维护他们的权益，我们必须时刻保持敏锐的洞察力，及时捕捉这些变化，并灵活调整工会的策略和行动。

从劳动法律法规的修订与完善中，我们可以看到国家对劳动者权益保护力度的不断加大。这要求工会不仅要深入研究和掌握这些新的法律法规，确保为职工提供准确的法律咨询和援助，还需要积极参与法律法规的修订过程，为职工发声，提出建设性的意见和建议。只有这样，我们才能确保职工的权益在法律法规中得到充分的体现，为构建和谐劳动关系奠定坚实的基础。与此同时，随着国家对产业结构、就业政策、社会保障等方面的调整，工会的工作重心和策略也需要进行相应的调整。我们应该紧密关注职工队伍的流动和变化，了解他们的需求和困惑，通过加强职工培训、关注职工心理健康、拓展服务领域等措施，帮助他们提升技能，适应新的就业环境，实现个人价值和发展。这不仅有助于提高职工的就业竞争力，也可以为企业的转型升级提供支持，实现职工与企业的共同发展。

在新时代背景下，依法维权和劳动关系协调工作显得尤为突出。工会作为职工权益的坚定捍卫者，必须确保自身具备过硬的法律素养，能够准确、有力地为职工发声。我们应该深化对法律知识的理解与运用，构建更为完善的维权与劳动关系协调机制，确保工会在法律领域始终保持领先地位。通过设立专门的法律援助部门，建立定期的劳动关系协调会议制度等措施，我们可以更好地服务职工，确保他们的权益得到充分保障。此外，工会与政府、企业之间的合作也显得尤为重要。我们应该积极参与劳动法律法规的修订和完善工作，为政府提供来自基层的实践经验和建议，共同开展劳动法律法规的宣传和培训活动，提高企业和职工的法律意识和合规意识。我们还应该与企业建立深度的合作关系，共同开展职工技能培训、职业规划指导等活动，帮助职工提升自身能力和实现职业发展，从而增强企业的竞争力。这种合作模式不仅可以增强工会的影响力和权威性，还可以为政府和企业带来实实在在的好处，实现共赢发展。通过加强工会干部的法律培训和实践锻炼，建立完善的维权和劳动关系协调机制以及深化与政府、企业的合作，我们可以更好地为职工服务，维护他们的合法权益，促进劳动关系的和谐稳定。

在未来的工作中，我们应继续深入研究工会领域的新变化和新趋势，不断总结经验教训，探索创新路径，提高工作水平，为构建和谐社会和实现中华民族伟大复兴的中国梦贡献智慧和力量。

第六节　工会角色与职能的新定位

随着时代和社会经济的飞速发展，工会的职能和角色也经历了深刻的变化。如今，工会不仅要继续维护职工的基本权益，还要更加积极地参与经济发展和社会稳定的大局，并成为推动社会主义民主政治建设的重要力量。为了更好地适应这些新的变化和需求，工会必须对自身的角色和职能有清晰、准确的认识和定位。

一、坚决维护职工权益，做职工最坚实的后盾

维护职工权益始终是工会的核心任务。工会作为职工群体的代表和维护者，必须始终站在职工的角度，密切关注职工在工作、生活中遇到的各种问题，并采取积极有效的措施来维护职工的合法权益。这包括但不限于代表职工参与工资集体协商，签订集体合同，参与处理劳动争议和仲裁案件等。为了更好地实现这一目标，工会首先要建立健全维权机制。这包括完善职工投诉渠道，建立快速响应机制，加强法律援助等。同时，加强职工权益的宣传和教育也是工会不可或缺的工作内容。工会可以通过举办讲座、制作宣传资料、开展线上线下活动等形式，持续、深入地宣传职工权益相关法

律法规和政策，提高职工的权益意识和自我保护能力。

二、深度参与经济发展与社会稳定工作，为大局贡献工会力量

工会作为社会经济生活中的重要力量，有责任也有能力深度参与经济发展和社会稳定工作。这包括但不限于参与国家经济政策的制定和实施，推动产业结构优化和转型升级，促进就业和创业等。通过与政府、企业和其他社会组织的紧密合作，工会可以在经济发展和社会稳定中发挥更加积极、更加有效的作用。

具体来说，工会可以参与国家经济政策的制定过程，为政策制定提供来自基层的实践经验和建议。工会还可以利用自身的组织优势和资源优势，推动产业结构优化和转型升级，促进经济的高质量发展。例如，工会可以与企业合作开展技能培训、技术创新等活动，提高职工的技能水平和创新能力，推动企业的转型升级。在促进就业和创业方面，工会可以积极开展就业服务、创业扶持等活动，帮助职工解决就业难题，实现更高质量的就业。另外，工会还可以与政府、企业等合作开展公益性岗位开发、创业孵化等工作，为职工提供更多的就业机会和创业平台。

三、推动社会主义民主政治建设，发挥工会的独特优势和作用

工会作为职工群众的组织，在推动社会主义民主政治建设中具有独特的优势和作用。在新时代背景下，工会需要更加积极地参与政治生活和社会事务，代表职工参与国家和社会事务的决策和管理。这既是工会的责任所在，也是工会发展的必然要求。

为了实现这一目标，工会首先需要加强自身的组织建设和民主制度建设。只有建立完善的组织机构和民主制度，才能确保工会的

各项工作都能够在民主、公开、透明的环境下进行。具体而言，工会应当建立健全会员代表大会制度、理事会制度、监事会制度等，确保工会的决策和管理能够充分体现会员的意志和利益。工会还应当加强内部监督，防止出现腐败和违规行为，保证工会的廉洁和高效运转。除了加强自身的组织建设和民主制度建设外，提高职工的政治素质和参与能力也是工会的重要任务之一。只有当职工具备了足够的政治素质和参与能力，他们才能更好地行使自己的民主权利，参与到国家和社会事务的决策和管理中来。工会可以开展各种形式的教育和培训活动，如举办讲座、开设课程、组织研讨会等，帮助职工了解国家法律法规和政策，提高他们的政治觉悟和参与能力。此外，工会还可以通过开展各种形式的实践活动，如志愿服务、社会调查、参政议政等，让职工更加深入地了解社会和政治生活，增强他们的实践能力和创新意识。同时，工会还需要积极参与政治协商、民主监督等方面的工作。作为职工群众的组织，工会有着广泛的会员基础和组织网络，可以通过各种渠道和方式，向政府和社会反映职工群众的意见和诉求，参与国家和社会事务的决策和管理。例如，工会可以通过参与立法听证、政策咨询、社会公示等活动，为政府制定更加科学、合理、公正的政策和法规提供参考和建议。工会还可以通过开展民主评议、舆论监督等工作，对政府和企业的行为进行监督和评价，维护职工群众的合法权益和公共利益。

除此之外，工会还可以通过多种方式来推动社会主义民主政治建设。例如，开展职工思想政治教育活动：通过举办讲座、开展主题教育等活动，帮助职工树立正确的世界观、人生观和价值观，增强他们的社会责任感和公民意识。这些活动可以引导职工积极参与社会事务和公益事业，为国家和社会做出贡献。组织职工参与社会公益活动，通过参与志愿服务、慈善捐赠等活动，培养职工的奉献精神和团队意识，提高他们的社会融入感和归属感。这些活动不仅可以增强职工的社会责任感和公民意识，还可以弘扬社会正能量，推动社会的和谐发展。总之，工会必须对自身的角色和职能有清晰、准确的认识和定位，充分发挥自身的优势和作用，为职工群众谋求更多的福祉和利益，同时也为国家和社会的发展进步贡献自己的力量。

四、总结

工会在现代社会中扮演着重要角色。随着时代和社会经济的飞速发展，工会的职能和定位也发生了深刻的变化。当前，工会不仅要坚决维护职工的基本权益，还要更加积极地参与经济发展和社会稳定的大局，并成为推动社会主义民主政治建设的重要力量。为了更好地适应这些新的变化和需求，我们必须对工会的角色和职能有清晰、准确的认识和定位。

在实践中，我们应坚持以职工为中心的工作导向，通过完善维权机制，加强与政府、企业和职工之间的沟通与协作，以及加强职工权益的宣传和教育，全力维护职工的合法权益。同时，我们也积极参与经济发展和社会稳定工作，通过深度参与国家经济政策的制定和实施，推动产业结构优化和转型升级，促进就业和创业等，为大局贡献工会力量。在社会主义民主政治建设方面，我们更是发挥工会的独特优势和作用，通过加强自身的组织建设和民主制度建设，提高职工的政治素质和参与能力，积极参与政治协商、民主监督等方面的工作，推动社会主义民主政治建设的进程。未来，我们将继续关注职工的需求和挑战，以维护职工权益为核心任务，不断创新工作方式和手段，提高工会工作的针对性和实效性。同时，我们也将继续发挥工会在经济发展和社会稳定中的重要作用，为国家的繁荣富强和人民的幸福安康做出更大的贡献。

第七节　新时代工会工作的
挑战与应对策略

在新时代背景下，工会工作面临着诸多挑战。为了更好地适应时代发展的需要，满足职工的新期待，工会必须积极应对挑战，制定并执行有效的应对策略。

一、适应新形势，加强工会自身建设

随着经济的全球化、信息化和多元化发展，工会面临着日益复杂的国内外环境。为了在新形势下更好地履行职责，工会首先需要加强自身建设。

（一）完善组织体系

确保各级工会都能够有效地履行职责。这需要工会对现有的组织体系进行全面评估，发现存在的问题和不足，并采取针对性的措施进行改进。具体建议如下。

1. 优化组织结构：根据工会工作的实际情况，调整和优化组织结构，确保各级工会之间权责明确、协调配合。同时，简化决策流程，提高决策效率。

2. 加强基层工会组织建设：加大对基层工会的支持和指导力度，提高其凝聚力和战斗力。加强基层工会干部的培训和管理，提高其业务水平和综合素质。

3. 推进工会组织向新经济领域和新兴产业延伸：针对新经济领域和新兴产业的特点，研究制定相应的工会组织建设策略，扩大工会的覆盖面和影响力。

（二）提高干部素质

通过培训、交流等方式，提高干部的业务水平和综合素质。具体建议如下。

1. 建立完善的干部培训体系：开展各种形式的培训活动，如定期培训、专题培训、在线培训等。培训内容应该涵盖工会工作的理论知识、实践技能以及相关法律法规等。

2. 开展干部交流活动：让不同地区的工会干部互相学习、借鉴经验，共同提高。可以定期组织干部到其他地区或行业进行考察和交流，拓宽视野，增长见识。

3. 建立激励机制：对表现优秀的干部给予表彰和奖励，激发其工作积极性和创新精神。同时，为干部提供职业发展机会和晋升机会，促进其个人成长和实现价值。

（三）推进信息化建设

运用现代信息技术手段，提高服务效率。具体建议如下。

1. 加大信息化投入力度：引进先进的信息技术手段，如大数据、云计算、人工智能等，对工会工作进行数字化、智能化改造。同时，加强网络安全建设，保障职工隐私和数据安全。

2. 建立工会信息化平台：实现会员管理、信息发布、服务申请等功能的在线化。通过平台化运营，提高服务响应速度和服务质量。同时，利用平台数据进行职工需求分析和预测，为制定更有针对性的服务策略提供依据。

3. 开发手机 APP 或微信小程序：方便职工随时随地获取工会服务和信息。通过移动端应用，提高服务覆盖面和便捷性。同时，利用移动端的社交功能，加强与职工的互动和沟通。

二、创新服务模式，满足职工多元化需求

随着职工需求的不断演变和多元化发展，工会需要创新服务模式，满足职工的新期待。具体而言，可以从以下几个方面入手。

（一）关注职工职业发展

为职工提供职业技能培训、职业规划指导等服务，帮助其提升职业竞争力和实现个人价值。同时，加强与企业和行业的合作与沟通，为职工提供更多的职业发展机会和空间。

（二）关注职工身心健康

开展各种形式的健康教育和心理咨询活动，帮助职工树立正确的健康观念和提高心理素质。同时建立完善的职工健康档案和心理健康支持体系，为职工提供及时的健康服务和支持。

（三）关注职工家庭生活

为职工提供家庭关怀服务如家庭咨询、子女教育指导等，帮助其解决家庭生活中的困难和问题。同时加强与社区和相关机构的合作与沟通，为职工家庭提供更多的便利和支持。

三、创新工作方式，提高服务水平

在新时代背景下，职工的需求也在不断变化。为了更好地满足职工的新期待，工会需要不断创新工作方式，提高服务水平。具体而言，工会可以在以下几个方面创新工作方式。

（一）运用现代信息技术手段，提高服务效率

随着信息技术的快速发展，工会可以利用各种新兴的传播渠

道和工具，加强与职工的互动和交流。例如，可以建立工会官方微信公众号、微博账号或短视频平台账号，定期发布工作动态、宣传政策法规、解答职工疑问等。通过这些渠道，工会可以更加及时、准确地传递信息，提高服务响应速度和服务质量。

同时，工会还可以利用大数据、云计算等先进技术手段，对职工需求进行深度分析和挖掘。通过对职工的行为习惯、兴趣爱好、职业发展等方面进行分析，可以更加精准地掌握职工的需求和期望，为制定更有针对性的服务策略提供依据。

（二）关注职工的精神文化需求，开展丰富多彩的文体活动

在满足职工物质需求的同时，工会还需要关注职工的精神文化需求。通过开展丰富多彩的文体活动，可以增强职工的归属感和幸福感，促进职工之间的交流和合作。具体而言，工会可以根据职工的兴趣爱好和需求，组织各种形式的文体活动，如运动会、文艺晚会、读书会等。这些活动不仅可以丰富职工的业余生活，还可以增强职工的凝聚力和向心力。

同时，工会还可以与企业或社区合作，共同举办各类公益活动或志愿服务活动。通过参与社会公益事业，可以增强职工的社会责任感和公民意识，提高工会在社会中的影响力和形象。

（三）积极参与劳动争议调解，维护职工的合法权益

作为职工利益的代表和维护者，工会在劳动争议调解中发挥着重要作用。通过积极参与调解、提供法律援助等方式，可以帮助职工解决劳动纠纷和维权问题。具体而言，工会可以采取以下措施。

1. 建立完善的法律援助体系：为职工提供法律咨询、代理诉讼等服务。通过与专业律师团队合作，为职工提供更加专业、高

效的法律援助。

2. 加强劳动争议预防工作：通过普及法律知识、开展职业培训等方式，提高职工的法律意识和维权能力。同时，加强与企业的沟通协调，预防劳动纠纷的发生。

3. 推动建立公正、高效的劳动争议处理机制：加强与劳动仲裁机构和法院的沟通协调，推动建立更加公正、高效的劳动争议处理机制。通过完善制度建设和流程优化，提高劳动争议处理的效率和质量。

四、加强与社会各界的合作与交流

为了更好地履行职责和发挥作用，工会还需要加强与社会各界的合作与交流。具体而言，可以从以下几个方面入手。

（一）加强与政府部门的沟通协调

积极参与政策制定和执行过程。通过与政府部门的密切合作，可以更加准确地把握政策方向和执行要求，为职工争取更多的权益和利益。

（二）加强与其他社会组织的合作与交流

共同推动社会公益事业的发展。通过与其他社会组织建立合作关系或联盟关系，可以共同开展公益活动或项目合作，实现资源共享和优势互补。

（三）加强与企业和行业的合作与沟通

为职工提供更多的职业发展机会和空间。通过与企业和行业的合作与沟通，可以更加深入地了解行业发展趋势和企业需求，为职工提供更多的职业发展机会和空间。同时还可以通过开展技能培训、职业规划指导等服务，帮助职工提升职业竞争力和实现个人价值。

五、加强与各方合作，形成工作合力

在新时代背景下，工会作为代表职工利益、维护职工权益的重要组织，需要与政府、企业、社会等各方加强合作，形成工作合力。这不仅有助于工会在更广泛的范围内履行职责，发挥更大的作用，还能够促进社会的和谐稳定与持续发展。具体而言，工会可以在以下几方面加强与各方的合作。

（一）与政府合作

参与制定和执行相关政策，为职工争取更多的权益。

1. 参与政策制定：通过与政府部门的沟通协调，参与制定涉及职工权益的政策法规，如工资制度、劳动保护、社会保险等。通过积极参与政策制定过程，工会可以更加准确地把握政策方向和执行要求，为职工争取更多的权益和利益。

2. 监督政策执行：在政策执行过程中，工会需要密切关注政府部门的执行情况，确保政策法规得到有效落实。对于政策执行中的偏差和问题，工会需要及时向政府部门反馈，并提出改进意见和建议。

3. 建立信息共享机制：为了加强政府与工会之间的信息沟通与交流，双方可以建立信息共享机制。政府部门定期向工会通报政策法规的制定和执行情况，而工会则向政府部门反馈职工的需求和期望。通过信息共享，可以促进双方更加深入地了解彼此的工作和需求，为制定更加有针对性的政策提供依据。

（二）与企业合作

参与企业决策，维护职工的合法权益。

1. 建立企业工会组织：为了加强与企业的沟通和协商，工会可以在企业内部建立工会组织。这些组织可以作为企业与职工之间的桥梁和纽带，促进双方更加深入地了解彼此的需求和期望。

2. 参与企业决策过程：通过建立企业工会组织，工会可以更加深入地参与企业的决策过程。在涉及职工利益的企业决策中，如制定企业规章制度、工资福利政策等，工会需要积极参与并提出意见和建议。这不仅可以维护职工的合法权益，还可以促进企业决策的民主化和科学化。

3. 开展职业技能培训：为了提高职工的职业素质和技能水平，工会可以与企业合作开展职业技能培训。通过共同制订培训计划和课程内容，为职工提供实用、有效的职业技能培训。这不仅可以提高职工的个人价值和发展空间，还可以增强企业的竞争力。

（三）与社会合作

扩大影响力，提高社会对职工权益的关注度。

1. 宣传工会的理念和工作成果：通过与社会团体、媒体等机构的合作，宣传工会的理念和工作成果。通过举办讲座、展览等活动或在媒体上发表文章、制作宣传片等方式，让更多的人了解工会的工作和贡献。

2. 积极参与社会公益活动：工会可以积极参与社会公益活动，如扶贫济困、环保宣传等。通过参与这些活动，可以增强工会在社会中的影响力和认可度，同时还可以提高职工的社会责任感和公民意识。

3. 建立社会监督机制：为了保障职工的权益得到有效维护，工会可以与社会建立监督机制。通过邀请社会各界人士参与工会的监督和评价工作或者与第三方评估机构合作，对工会的工作进行评估和监督，确保工会履行职责并发挥作用。

总之在新时代背景下，加强与政府、企业、社会等各方的合作是工会履行职责和发挥作用的必然要求。只有通过加强合作形成工作合力，才能够在不断变化的国内外环境中为职工提供更优质、更有效的服务，维护职工的合法权益，促进社会的和谐稳定与持续发展。

六、总结

新时代，工会工作面临着前所未有的挑战与机遇。我们必须全面把握新时代的背景特征，深刻理解职工的新期待，以创新的思维和方法应对各种复杂问题。

通过加强工会自身建设、创新服务模式和工作方式，以及与社会各界的广泛合作，我们可以为职工提供更优质、更有效的服务，切实维护其合法权益。我们应该关注职工的职业发展、身心健康和家庭生活，帮助他们解决实际困难，提高其生活质量和幸福感。在此基础上，我们还应该积极参与劳动争议调解，建立完善的法律援助体系，为职工提供全方位的法律支持。此外，我们还需要加强与政府、企业和社会的合作与交流，争取更多的资源和支持，为工会工作创造更加有利的条件。只有通过全社会的共同努力和协作，我们才能够在新时代中充分发挥工会的作用，为构建和谐社会、促进经济发展做出更大的贡献。

第二章
强化思想政治引领，
凝聚发展"工力量"

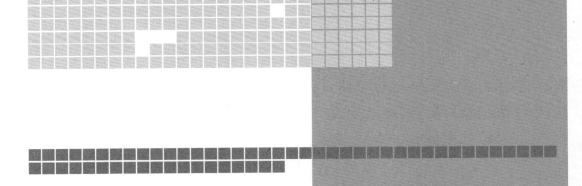

古人云"人心齐，泰山移"，工会强化职工思想政治引领工作，既是党中央赋予工会组织教育引导亿万职工紧密团结在党的周围的政治责任，也是不断巩固党长期执政的阶级基础和群众基础的内在要求。新时代新征程中，工会应根据自身的特点发挥优势，把履行职能与职工的思想政治引领有机结合在一起，以工会工作新面貌回应职工群众新期待，才能不断创新工会思想政治引领工作。

第一节　工会强化思想政治引领工作的必然性

一、工会强化思想政治引领是党赋予工会组织的政治责任和明确要求

党的十八大以来，习近平总书记就做好职工思想政治工作发表一系列重要讲话，做出一系列重要指示，为做好职工思想政治工作提供了根本遵循。2021年，党中央、国务院印发了《关于新时代加强和改进思想政治工作的意见》，明确了新时代加强和改进思想政治工作的指导思想、方针原则、政治要求、重大举措和责任机制，为进一步加强新时代企业工会的职工思想政治工作提供了根本遵循和行动指南。

习近平总书记在同全国总工会新一届领导班子成员集体谈话时曾多次强调加强对职工思想政治引领工作的重要性。2013年习近平总书记指出，我国广大职工群众在推动经济社会发展中地位重要，在社会上影响也大，如果通过工会扎实有效的工作把坚持党的领导和社会主义制度落实到广大职工群众中去，生根发芽，落地开花，那工会工作在政治上就是合格的。各种各样的活动都可以搞，但所有活动最终都要体现到教育引导职工群众自觉坚持党的领导和社会

主义制度上来。工会工作首先要想这个问题，做工会工作的同志脑子里一定要有这根弦。2018 年习近平总书记指出，引导职工群众听党话、跟党走，巩固党执政的阶级基础和群众基础，是工会组织的政治责任；工会要适应新形势新任务，加强和改进职工思想政治工作，多做组织群众、宣传群众、教育群众、引导群众的工作，多做统一思想、凝聚人心、化解矛盾、增进感情、激发动力的工作，更好强信心、聚民心、暖人心，使广大职工在理想信念、价值理念、道德观念上紧紧团结在一起。2023 年习近平总书记指出，要加强思想政治引领，做好职工思想政治工作，教育引导广大职工坚定不移听党话、跟党走，确保工人阶级始终是我们党最坚实最可靠的阶级基础。

这些重要指示，深刻分析了当前职工队伍面临新情况新变化，职工思想政治工作面临新挑战新问题，加强对职工思想政治引领具有极端重要性、现实紧迫性。因此做好职工思想政治工作，团结引导广大职工听党话、跟党走，是工会组织必须履行好的政治责任。工会组织要把统一思想、凝聚力量作为职工思想政治工作的重要任务，自觉成为在基层和职工群众中凝聚人心、坚守前哨、冲锋陷阵的战斗队和工作队，不断增强职工的政治认同、思想认同和情感认同，着力构筑职工共同奋斗的思想基础。

二、工会强化思想政治引领是工会组织历史使命和职能使然

党领导下的工会开展面向职工的思想政治工作，始自工会的诞生，是工会组织的历史使命。工会组织开展的思想政治工作曾有力地推动了工人运动的发展，大革命时期轰轰烈烈的工人运动，土地革命时期中央苏区工会工作的积极探索，新中国成立初期工人阶级积极投身国民经济恢复、社会主义改造等历史性任务，都与工会开

展的职工思想政治工作有着密不可分的联系。

在中国共产党正式成立之前，为了在工人群众中宣传马克思主义，党的早期组织就创办了面向工人群众的刊物与工人学校。1921年党的一大通过的第一个决议，明确提出"本党的基本任务是成立产业工会""工人学校应逐渐变成工人政党的中心机构""学校的基本方针是提高工人的觉悟"，随后成立的中国劳动组合书记部就创办了《劳动周刊》机关报。通过以上方式宣传马列主义，加强了广大群众对马列主义的认识和提高了理论基础，教育广大工人群众树立正确的马列主义观，同时在实践中运用马列主义立场、观点和方法研究及解决问题，组织引领工人进行国民革命。北平解放初期，中共北平市委书记彭真指出："工人是我们恢复与发展工业生产的主力和最基本的依靠力量，他们的组织与觉悟程度如何乃是决定恢复与发展生产及城市其他建设工作成败的第一个关键。党必须在工人阶级中进行系统的组织与教育工作。"[①] 此后，中共北京市委和北京市总工会把工人政治教育工作作为当前最重要的任务。

1952年7月25日，全国总工会创办了《中国工运》杂志。毛泽东主席亲自题写刊名，李富春同志致发刊词，李富春同志在《中国工运》发刊词中明确指出，在新中国成立初期，全国总工会的当务之急，是"加强对于工会干部（当然不只是工会干部）与工会积极分子的思想领导，提高他们的政策思想水平，采用批评与自我批评的方式，纠正已经发生的并防止可能发生的任何离开马克思列宁主义及毛泽东思想以及中国共产党中央有关工会工作的指导方针的倾向，使我们的工会工作，遵循党所指示的正确的道路向前发展"，为了"实现对于工会干部与工会积极分子的思想、政策，与实际工作的领导"，决定出版《中国工运》杂志。他在发刊词中还指出，

---

① 彭真：《恢复与发展生产是城市工作的中心任务》（1949年4月16日），《北京市重要文献选编（1948.12～1949）》，第392—399页。

《中国工运》要成为工会积极分子、工会干部与各工业部门的干部学习理论的园地，学习各种先进经验的学校，讨论职工运动中带有政策性、原则性问题的论坛。李富春同志的发刊词，指明了全国总工会创办《中国工运》杂志的目的，就是为了适应新中国大规模社会主义经济建设即将到来的新形势，加强对全国工会工作的指导，提高工会干部的理论政策水平。

1953 年 5 月召开的中国工会七大，是新中国成立后召开的第一次工会全国代表大会，确定了"以生产为中心，生产、生活、教育三位一体"的工会工作方针，对发挥工会在社会主义建设中的作用具有积极意义。其中教育作为新中国成立之初工会的主要任务之一囊括在工会工作方针内容中。1988 年召开的工会十一大将工会的职能概括为维护、建设、参与、教育四项职能。《工会法》第七条对工会教育职能规定为"教育职工不断提高思想道德、技术业务和科学文化素质，建设有理想、有道德、有文化、有纪律的职工队伍"。第三十二条对工会教育职能在思想政治引领作用的发挥规定为"工会会同用人单位加强对职工的思想政治引领，教育职工以国家主人翁态度对待劳动，爱护国家和单位的财产"。因此工会加强职工思想政治引领工作是工会教育职能的重要内容之一，也是工会实现其宗旨和其他职能的重要基础。

因此工会组织应秉承历史优良传统和发挥教育职能责任，把强化职工思想引领工作摆在突出位置，贯穿于各种活动之中，使广大职工在理想信念、价值理念、道德观念上紧紧团结在一起，坚定不移听党话，矢志不渝跟党走。

三、工会强化思想政治引领是国际国内形势发展的迫切要求和现实所需

一是我国发展面临的国际环境和国内形势都在发生深刻而复杂

的变化，统一思想、凝聚力量的任务更重。国际形势波诡云谲，国内改革发展稳定任务日益艰巨繁重。当前，企业组织形式、产业结构、就业形态等呈现新的特点，我国职工队伍状况发生深刻变化，社会上各种思潮和主张对职工的影响加深，敌对势力同我们争夺人心、争夺阵地，形势十分复杂。近些年，由于各种原因，群众思想政治工作有所削弱，不少地方、不少企事业单位没有开展思想政治工作，不少干部不会做思想政治工作，对群众所思所想所忧所盼不了解，出现一些利益调整、利益纠纷时就容易造成小事变大、大事拖炸的问题，引起矛盾的聚集和爆发。分析一些职工群体性事件，不少是因为思想政治工作没有做好，职工的思想认识疙瘩没有解开。这些都对工会做好职工思想政治引领工作提出了挑战。从国际上看，世界面临百年未有之大变局，敌对势力加紧对我国实施西化、分化战略和意识形态渗透，劳动领域意识形态风险增多，我国面临的外部环境日益错综复杂；从国内看，国内改革发展稳定任务艰巨繁重，越是在严峻复杂的形势面前，越是在艰巨繁重的任务面前，越需要团结引领广大职工步调一致、万众一心，在全面建设社会主义现代化国家新征程中贡献力量。

二是社会主要矛盾深刻变化，理顺情绪、化解矛盾的任务更重。一方面，职工群众对美好生活的需要日益广泛和提升，自主意识、法治意识、维权意识不断增强，从满足基本生活需要向提升生活品质转变，从满足物质性需求向体面劳动、实现自我价值等社会性、精神性需求转变。第九次全国职工队伍状况调查结果显示，从职工社会需求上看，越来越注重彰显公平正义，最受关注的是就业、教育、收入分配等民生领域的问题。另一方面，劳动领域泛政治化炒作和网络"自组织"维权问题值得关注。部分职工易受消极思潮影响，一些境外敌对势力和别有用心者频频利用"996"，"员工猝死"，"互联网企业裁员"等制造热点进行抹黑炒作，将一般问题泛化为意识形态问题，妄图制造党群对立，破坏社会大局稳定。一些年轻职工网络行动力较强，利益受损时便以登热搜等方式，开展网络"自组织"维权，影响劳动领域政治安全。如何把握新时代社会主要矛盾的新变化、劳动关系的新特征、职工群众的新诉求，以解决实际问题，增强思想政治工作的实效性，任重而道远。

第二节　贯彻落实中国工会十八大
关于加强对职工群众思想政治引领工作精神

一、中国工会十七大以来工会组织加强思想政治引领的工作成就

（一）团结引导职工群众听党话、跟党走

认真履行政治责任，推动习近平新时代中国特色社会主义思想进企业、进车间、进班组，走近职工身边，走进职工心里。

2023年4月，党中央决定，在全党深入开展学习贯彻习近平新时代中国特色社会主义思想主题教育。全国总工会作为第一批主题教育开展单位，组织机关党员干部深入开展主题教育，在学思践悟中焕发新气象——以举办专题读书班、"工会大讲堂"和"支部书记云党课"等方式加强理论学习，以下沉到基层一线实地调研推动解决职工急难愁盼问题的建设，以精准查摆问题、严肃教育整顿纯洁干部队伍铸牢忠诚。新时代特别是中国工会十七大以来，全国工会把学习宣传贯彻习近平新时代中国特色社会主义思想作为第一要务，坚持不懈加强理论武装，并指导实践、推动工作，助推新时代工会工作创新发展。

党的群众路线教育实践活动，"三严三实"专题教育，"两学一做"学习教育，"不忘初心、牢记使命"主题教育，党史学习教育，学习贯彻习近平新时代中国特色社会主义思想主题教育……随着一次次集中学习教育，工会理论学习实现了常态化长效化，持续引导工会干部深刻领会习近平新时代中国特色社会主义思想的丰富内涵、精神实质、实践要求，实现理论学习入脑入心入行。

与此同时，全国各级工会在学懂弄通做实习近平总书记关于工人阶级和工会工作的重要论述以及系列重要讲话、重要指示批示精神上下功夫。全总每年组织召开理论研讨会，连续编写、出版、深入学习贯彻习近平总书记关于工人阶级和工会工作的重要论述相关书籍，系统研究阐释重要论述。全总分别于 2018 年和 2022 年在内部编印《习近平关于工人阶级和工会工作论述摘编》，2017 年、2018 年、2021 年公开出版《学习贯彻习近平总书记关于工人阶级和工会工作的重要论述》，深化对重要论述的宣传研究。在工会的持续推动下，中共中央党史和文献研究院编辑的《习近平关于工人阶级和工会工作论述摘编》一书，已于 2023 年 9 月由中央文献出版社出版，在全国发行，全国总工会就认真学习宣传贯彻《习近平关于工人阶级和工会工作论述摘编》印发通知，迅速掀起工会系统学习宣传贯彻《论述摘编》的热潮。

（二）推动理想信念教育进一步常态化制度化

开展党史、新中国史、改革开放史、社会主义发展史宣传教育，加强红色工运资源的挖掘保护和管理运用，命名一批全国职工爱国主义教育基地。

全国总工会于 2021 年和 2023 年命名和公布了两批共计 56 家全国职工爱国主义教育基地，示范带动各级工会，提升了一大批红色工运资源的公共服务水平和社会教育效果，受到广大职工群众的普遍欢迎。全国职工爱国主义教育基地在中国工运史上影响重大，代表性强、知名度高，现有的设施建设和保护利用较好，符合时代要求，对团结引导广大职工更好传承红色基因、赓续红色血脉、汲取奋进力量，具有较强的示范、引领作用。为推动全国职工爱国主义教育基地管理工作规范化、制度化，全总印发了《全国职工爱国主义教育基地命名管理办法（试行）》，对基地的申报、评审、命名和考核等做出详细规定，以进一步加强各级工会对红色工运资源的挖掘保护和宣传利用工作。

2023 年 9 月全国职工爱国主义教育基地线上展馆"工途"小程序上线，通过 3D 实景复刻技术，按照 1：1 比例，将党领导的百年中国工会发展史从线下展馆延伸到线上云端。此次上线的"工途"小程序集中展示了全总已经命名发布的 28 个全国职工爱国主义教育基地，设置了游展馆、看展品、览路线、学知识、乐活动等 5 个板块，涵盖 5000 余张工运历史相关的珍贵照片、实物图片，近 300 条浏览路线、100 余个视频学习资料。即日起，参观者可登录"工途"小程序，参加"中国梦·劳动美"点亮中国红色工运地图打卡行活动，体验点亮中国红色工运地图、探索展馆、答题比拼、留言献花等多项任务。

按照《中国工运事业和工会工作"十四五"发展规划》部署，着眼中华全国总工会成立 100 周年，全总将在 2025 年前分批次命名 100 个全国职工爱国主义教育基地，并通过出版图书、建设 VR 展馆、网上巡游打卡等方式，深入挖掘全国职工爱国主义教育基地的历史文化内涵和理想信念教育功能，激发广大职工爱党爱国热情，积极投身强国建设、民族复兴的新征程。

（三）广泛开展"中国梦·劳动美"主题宣传教育活动

每年发布全国"最美职工"，推动全社会大力弘扬劳模精神、劳动精神、工匠精神。

2023 年 3 月，全国总工会在全国范围启动了新一轮"中国梦·劳动美——凝心铸魂跟党走　团结奋斗新征程"主题宣传教育活动。自 2013 年起，全总每年年初都会印发通知，组织开展以"中国梦·劳动美"为主题的宣传教育活动，先后组织了"永远跟党走""喜迎党的十九大""与共和国同成长与新时代齐奋进""决胜小康奋斗有我""喜迎二十大建功新时代"等活动，每次都吸引上亿职工参加。经过 10 年的探索实践，"中国梦·劳动美"已成为职工思想政治引领的重要工作品牌，并以此带动各级工会广泛开展形式多样的教育活动。2015 年以来，截至 2023 年全总先后举办"大国工匠进校园""劳模进校园"等全国性示范活动近百场，推动各省（区、市）开展 2.1 万余场活动，组织 4.5 万人次劳模工匠走进学校。①

（四）打造"工"字系列职工文化特色品牌

中国工会十七大以来新建职工书屋 5 万余家，强化工会网上舆论引导，团结职工群众唱响主旋律。

截至 2023 年，已经连续 10 年举办庆祝五一国际劳动节特别节目，组织开展 9 届全国职工摄影展、8 届全国职工书画展、9 届"送万福、进万家"书法公益活动、6 届全国职工微影视大赛、3 届全国职工诗词创作大赛、8 届全国职工全健排舞大赛、6 届全国职工围棋大赛、6 届全国职工健步走网络公开赛，以及全国歌曲舞蹈曲艺小品征集展演等示范性职工文体活动。②

习近平总书记围绕读书学习发表的一系列重要讲话、作出的一

---

① 《中国工运》编辑部：《围绕中心开展生动实践　服务大局书写华丽篇章》，《中国工运》2023 年第 9 期，11—14。

② 《中国工运》编辑部：《围绕中心开展生动实践　服务大局书写华丽篇章》，《中国工运》2023 年第 9 期，11—14。

系列重要论述，党和国家围绕推进全民阅读出台的一系列政策措施，为加强职工书屋建设、开展主题阅读交流活动提供了重要遵循。各级工会认真贯彻习近平总书记重要指示精神，把职工书屋和阅读活动作为职工思想政治引领的重要平台。全国总工会2008年全面启动"职工书屋"建设以来，在各级工会共同努力和社会各界大力支持下，目前已建成全国工会职工书屋示范点1.5万家，带动各地工会建成职工书屋15万余家，覆盖职工9000多万人。截至2023年，职工书屋从无到有，从小到大，15年来取得了很大成效，在满足广大职工日益增长的阅读学习和精神文化需求方面发挥了重要作用。聚焦职工书屋的建设、管理和应用全过程，推进职工读书活动。连续举办六届全国工会职工书屋主题阅读交流活动，累计参与活动职工超过4亿人次。连续三年举办全国职工读书知识竞赛，累计参与职工超过4000万人次。职工书屋在全总改革试点方案中被列为工会工作品牌，在《公共文化服务保障法》中被列为公共文化设施服务场所，获评"全民优秀阅读项目"，职工书屋示范点经全国评比达标表彰协调小组批准，列入第二批全国创建示范活动保留项目。①

二、中国工会十八大对工会组织加强思想政治引领工作的部署要求

（一）广泛开展理想信念、社会主义核心价值观、"四史""中国梦·劳动美""大国工匠""最美职工""万名劳模工匠宣讲党的创新理论"等系列教育和活动，不断增强职工群众的政治认同、思想认同、理论认同、情感认同，筑牢亿万职工团结奋斗的共同思想基础。

---

① 张天宇：《全国工会职工书屋建设15周年 有职工的地方就有"我们"》，《中国工人》2023年第5期，40—42。

以习近平新时代中国特色社会主义思想武装职工。建立健全职工思想政治工作的领导体制和工作机制，完善党的创新理论和工会理论下基层长效机制，落实基层联系点、送教到基层等制度，建立健全企业班组常态化学习制度，组织专家、学者、先进人物等广泛开展有特色、接地气、入人心的宣传宣讲活动，推动习近平新时代中国特色社会主义思想进企业、进车间、进学校、进教材、进头脑，打牢广大职工团结奋斗的思想基础。

以理想信念教育职工。深化中国特色社会主义和中国梦宣传教育，加强爱国主义、集体主义、社会主义教育，弘扬党和人民在各个历史时期奋斗中形成的伟大精神，深入开展"永远跟党走""党旗在基层一线高高飘扬"等系列主题宣传教育活动，在广大职工中唱响共产党好、社会主义好、改革开放好、伟大祖国好、各族人民好的时代主旋律。广泛开展党史学习教育，高质量完成学习教育各项任务，引领广大职工学史明理、学史增信、学史崇德、学史力行。深入开展党史、新中国史、改革开放史、社会主义发展史宣传教育活动，引导广大职工群众深刻认识中国共产党为什么能，马克思主义为什么行，中国特色社会主义为什么好，增强听党话、跟党走的思想自觉和行动自觉。围绕2025年全总成立100周年，组织召开系列庆祝活动；推动建立中国工运史馆，探索筹建国家劳模风采展示馆或博物馆，加强对红色工运的重要人物、重要遗址（旧址）、重大事件、重点纪念场馆等的梳理发掘、修建修缮、展示展陈等综合性保护、修复、开发工作；组织开展百年中国工运史宣传教育活动，向全社会广泛宣传工人阶级和工人运动的光荣历史、奋斗历程、辉煌成就；组织开展百年中国工运史系列研究活动。推动理想信念教育常态化制度化，通过劳模宣讲、演讲比赛、知识竞赛、读书诵读等方式，运用"学习强国"、职工书屋等学习平台，引导广大职工紧跟共产党、奋进新时代。

以社会主义核心价值观引领职工。坚持把社会主义核心价值观融入职工生产生活，内化为职工的情感认同和行为习惯。深入开展以劳动创造幸福为主题的宣传教育活动，推动建立健全新时代劳动教育理论和实践体系。深化以职业道德为重点的社会公德、职业道德、家庭美德、个人品德等"四德"建设，组织开展全国职工职业道德建设评选表彰活动。积极参与群众性精神文明创建活动，推进家庭、家教、家风建设，广泛开展学雷锋志愿活动，展示新时代职工文明形象。

（二）加强职工文化阵地建设，开展丰富多彩、喜闻乐见的职工文体活动，打造健康文明、昂扬向上、全员参与的职工文化，不断满足广大职工精神文化需求。

以先进职工文化感染职工。推动建立健全党委领导、行政支持、工会运作、职工参与的职工文化共建共享机制。丰富职工文化产品供给。打造"中国梦·劳动美"系列职工文化品牌，每年举办"中国梦·劳动美"——庆祝五一国际劳动节特别节目；广泛组织开展职工运动会、职工文艺展演、职工艺术节等全国性、区域性、行业性职工文体活动。加强职工文化阵地建设。探索建立以全总文工团为主体的职工艺术阵地联盟，整合工人文化宫、职工艺术院团资源，推动在街道社区、产业园区、商圈楼宇等职工聚集区建设职工文化场馆，构建立体化、多元化职工文化服务网络。建好、管好、用好职工书屋，力争到2025年年底全国工会职工书屋示范点达到1.6万家，带动各级工会自建职工书屋达到15万家，实现各类便利型阅读点、劳模工匠书架广泛覆盖；电子职工书屋覆盖职工逾5000万人，基本形成覆盖大多数职工的工会阅读推广服务体系。创新文化服务方式。搭建"互联网＋职工文化"平台，推动职工文化网络化传播，为职工提供"菜单式""订单式"文化服务；持续开展"阅读经典好书 争当时代工匠""玫瑰书香"等主题阅读活动。

加强职工文化人才队伍建设。打造一支专业化、社团化、志愿化相结合的职工文化人才队伍，培育一批德艺双馨、具有一定社会影响力的职工文化建设领军人才，创作一批思想性强、艺术性高、社会影响大、群众口碑好的精品力作。

（三）切实加强工会宣传工作，按照统筹协调、守正创新、特色鲜明、深度融合的理念，形成党组统一领导，宣传部门牵头抓总，各有关部门及各级工会协同协作，主流媒体和新媒体各展所长的工会宣传工作格局，做强做优工会舆论宣传工作。

巩固发展工会网上舆论阵地。做强工会主流媒体，推进工会媒体深度融合，打造以工人日报、中工网、《中国工运》《中国工人》为龙头的工会媒体集群，做大做强工会传媒旗舰，建强各级工会融媒体中心，构建网上网下一体，以新技术为支撑，以"工"字特色内容建设为根本，以新型运行管理模式为保障的报网端微刊全媒体传播体系。多措并举提升工会新闻发布水平，增强工会新闻发布触达率和实效性。做强叫响网评专栏，建设一支政治素质过硬、敏锐性高、责任心强、业务本领好的工会网评队伍。健全网络舆情应急处置制度，提高网络舆情信息监测的针对性、时效性，增强应急处置能力。推进职工网络素养提升主题活动，深入开展"网聚职工正能量　争做中国好网民"主题活动。参与举办国家网络安全宣传周活动。强化各级工会网站内容建设、功能建设、制度建设，完善网站信息发布和内容更新保障机制，做优工会知识服务平台，推动工会网站数据共享交换。

第三节　工会加强职工思想政治引领的路径探索

一、顶层设计，从制度上强化职工思想政治引领

全国各地工会组织多年来，不断加强顶层设计，通过制度建设，为思想政治引领工作开展提供坚实保障。如 2020 年，黑龙江省印发《〈关于加强和改进新时代产业工人队伍思想政治工作的具体措施〉的通知》。2021 年，黑龙江省工会第十二次代表大会工作报告明确提出，"未来 5 年，打造'万名职工思想政治引领骨干'品牌，培训 5 万名骨干，形成一支规模宏大的思想政治引领骨干队伍"。在黑龙江省总工会的引领下，全省各市（地）工会组织也积极行动起来，加强思想政治引领工作的顶层设计。哈尔滨市委、市政府出台加强和改进新时代产业工人队伍思想政治工作的具体措施，把产业工人思想政治建设纳入市委思想教育道德计划；鸡西市总工会积极推进培育"百名职工思想政治工作骨干"行动计划，成立由市委讲师团、劳模代表等成员组成的市总工会职工思想政治引领骨干队伍；齐齐哈尔市制定"产改"工作要点，要求高质量、高标准完成职工思想政治引领骨干培训任务。

辽宁省总工会印发《辽宁省总工会关于进一步加强服务振兴发展服务职工群众工作的实施意见》，同步出台《全省工会加强和改进职工思想政治工作三年工作方案》等 10 个三年工作方案。2019年，辽宁省总工会牵头起草制定《关于加强和改进新时代辽宁产业工人队伍思想政治工作的实施意见》，落实思想政治工作联席会制度，推动新时代产业工人思想政治工作走深走实。辽宁省总工会把引导职工坚定不移听党话、跟党走作为重要政治任务，把强化职工

思想政治引领，加强和改进职工思想政治工作等重要内容纳入《辽宁省总工会 2021—2025 五年计划》之中，逐步建立起具有工会组织特点、服务振兴发展、服务职工群众的工会宣传思想文化建设体系，基本形成职工创造活力迸发，职工思想政治工作队伍日益壮大，工会宣传思想文化建设蓬勃发展的新格局。

中国联通工会以充分发挥基层工会的凝聚力、战斗力为着力点，坚持抓基层、打基础、固根本，切实履行工会基本职责，持续深化工会改革和建设，在充分发挥党联系职工群众的桥梁纽带作用中体现新作为。面对新形势新任务新要求，结合《中国联通党组贯彻落实实施细则》，为在服务职工群众中强化思想政治引领，进一步提升职工队伍整体素质，集团工会制定下发了《关于加强职工思想政治引领保持队伍和谐稳定工作的通知》，将强化思想政治引领工作作为重要内容纳入新出台的《关于建立健全中国联通工会机关人员赴基层蹲点工作长效机制的意见》《中国联通工会劳模和一线职工兼职副主席管理服务暂行办法》等文件，修订了《中国联通集团工会宣传工作实施办法》，优化了新闻信息发布机制、宣传舆情引导机制，进一步强化思想政治引领责任担当、阵地管理、宣传教育、队伍建设。各级工会组织坚持从群众中来、到群众中去的工作方法，通过蹲点深入了解职工群体的思想状况和心理特点，把解决思想问题同解决急难愁盼问题结合起来，把思想引领同"我为群众办实事"实践活动结合起来。在 2022 年首次开展的蹲点工作中，全集团选派专兼职工会干部 1195 名，走访基层单位 737 个，各级工会累计访谈一线干部职工 12342 人，开展思想政治引领宣讲活动 1606 场，工会主流思想"根据地"不断壮大，争取人心的"同心圆"持续扩大。

二、打造职工思政联盟，拓展宣教工作平台

面对数智时代背景下职工思想多元化的新形势，作为党联系广

大职工群众的桥梁和纽带，构建工会宣传教育工作新平台既是工会组织践行党的初心和使命的本质要求，更是深化工会组织改革创新的内在要求。全国各省市工会积极开展新时代职工思想引领新探索、新实践活动，成立职工思想政治工作联盟，打造职工宣传教育工作新平台，推动职工思想引领工作创新发展。

如山东烟台市总工会通过组建"劳模工匠百人宣讲团"，集合"资深专家教授＋区市工会主要负责人＋基层党组织书记＋红色基地宣讲员＋各级工会骨干＋职工艺术团＋心理关爱服务志愿者＋法律援助律师"八大队伍，广泛组织开展"一团八队"宣讲进企业、厂矿、车间活动，让党的创新理论"飞入寻常百姓家"。江苏省无锡市总工会联合无锡市委党校、市委讲师团、无锡博物院、江南大学、无锡商业职业技术学院、中国企业管理无锡培训中心、无锡物联网产业研究院、无锡民营企业马克思主义研究会，共同成立"无锡市职工思想引领新探索联盟"。河南省洛阳市总工会发挥"工会＋"职工思想政治工作新平台优势，促进工会、高校、企业之间和校企、校校、企企之间的合作，打造一批职工思想政治教育联盟特色品牌。

三、借势借力多维宣传，促学促思见实效

充分运用"线上＋线下"的融媒体时代宣传特性，因时利导、因地制宜、因人施策，持续在个性化需求的"精准对接"上下功夫，汇聚更多资源力量，奋力开创思想政治工作新局面。

（一）开辟线上线下新阵地，稳固思政之基

一是高标准打造思想政治引领教育基地。2021 年 6 月 30 日，烟台市"光荣传统——胶东根据地工运陈列馆"开馆。作为全国首批职工爱国主义教育基地，也是目前全国首个根据地工人运动专题

陈列馆，该馆特色鲜明，成为教育职工坚定不移听党话、跟党走的生动教材。在胶东根据地工运陈列馆的带动下，全市已命名 30 家"新时代职工思想政治引领教育基地"，实现了红色基地区市连点成线全覆盖。烟台工会将教育阵地建设延伸到职工书屋、妈妈小屋、工友创业园区、工匠孵化基地、疗休养基地等 3400 多个工会服务阵地中，形成市、县、镇街（园区）三级阵地体系。同时，结合职工工作生活实际，将宣讲场所搬到车间走廊、企业班车、职工公寓中，"红心快递""红色巴士"穿梭城乡，"口袋书屋""红色长廊"遍布企业厂区，"思政大街道""红色工地"等扎根一线，让职工随时随地接受感染熏陶。

二是开辟网络传媒新阵地。临涣焦化公司突出融媒宣传的时代性特点，将思政教育内容与职工思维特点相结合，微信公众号开辟《红色故事绘》，采用连环画的形式，图文并茂地讲解党的发展历史；邀请职工录制《学党史·听百年初心》音频节目，让职工聆听经典，不忘初心使命；举办"红色经典影片"周周看活动，不仅丰富职工业余文化生活，增强爱国情操，又成为职工休闲的舒心之地；在公司网站开辟"榜样之光""职工天地"板块，展示职工文化风采，丰富职工精神风貌；开辟"绿色焦化"抖音账号，累计拍摄各类专题视频超过 100 部，参演职工超过 500 人，播放量超过 30 万次，真正将思政教育"灌输式"的常规做法向"启发式""参与式""共情式"等更多更丰富的模式转变。

三是筑牢工会意识形态安全网。牢牢掌握工会意识形态工作领导权，加强工会宣传文化阵地建设管理，加强网上引领，推动工会媒体融合向纵深发展。积极稳妥加强舆情引导，敢于和善于发声亮剑，筑牢工会意识形态安全"护城河""防火墙"。中国联通工会以联通职工之家"一网一号"为主阵地，组建浙江、福建、中讯等分子公司工会组织微信公众号融媒体宣传矩阵，与中国联通、联通先锋、联通科技创新、沃视频等新媒体结成联盟，整合资源，构建大范围、多层次、高效率的综合传播矩阵。截至 2022 年年底，一网一号活跃用户 30 余万人，累计发布信息 8846 篇，发布视频 6188 部，合计时长超过 3.3 万分钟，总活跃 PV 541 万人次。加强网上主题宣传，深耕宣传内容，策划设置"劳模宣传月""好员工风采""荣誉殿堂""劳模谈新战略""创新成果展""为群众办实事""全民健身"等品牌主题专栏；针对重要节点、当下社会热点策划推出"建功新时代喜迎二十大""巾帼英雄"等特色专题专栏，使网上宣传舆论保持常规与重点不断交替上升的持续态势。

（二）打造价值引领新格局，牢筑思政之魂

一是将中华优秀传统文化与职工思想文化引领相结合。北京城建集团工会与国家京剧院自 2018 年开始合作创办职工喜闻乐见的京剧班，为喜欢京剧的职工们提供一个传承国粹、学习国粹的渠道，为大家提供展示的舞台，培养大家对传统文化的认同感、自信心。京剧班开办 5 年来，从当初的两个班 51 名学员扩展到现在四个班 150 名学员。从零基础到逐步掌握京剧的韵律，再到唱功和手眼身法步的逐步提升。集团京剧班以习近平新时代中国特色社会主义思想为指导，敏锐地抓住党史学习教育主题，将中国共产党党史浓缩成歌词，用戏歌的形式创作，并在集团工会京剧培训班学员中教唱，大力弘扬新时代劳模精神、劳动精神和工匠精神，展现广大职工奋进新征程、建功新时代的精神风貌。通过每年结合一个重点事件创作一个原创作品，宣传党的方针政策和企业精神、劳模精神和工匠精神。让学员用国粹京剧唱自己的企业文化，把岗位工作和业余爱好结合起来。截至 2023 年已经创作了 5 个原创作品，包括《中国共产党》《城建一家人》《工地慧见》《新时代国匠风采》和《抗疫英雄·心愿》。城建集团与国家京剧院合作，让劳模精神、工匠

精神和劳动精神通过戏曲传唱下工地、上讲堂，成为工会思想政治教育工作的新路径。

　　二是将公益慈善与职工思想文化引领相结合。完美世界控股集团每年举办员工公益跳蚤市场，共筹得善款 9 万余元，所有善款全部用于完美世界成长奖学金项目。开展"有爱才完美—线上阅读营"活动，以阅读助力乡村教育振兴。完美世界读书俱乐部负责人担任"完美世界·沙依坡小学"线上读书营讲师，部分俱乐部成员还担任"沙依坡小学教育公益·有爱才完美作文大赛"评委，共同助力完美世界员工读书活动，以公益形式延展到云南等边疆地区。自 2015 年起，完美世界正式启动云南公益支教活动。每年在公司内部招募员工组成志愿者分队，前往云南山区开展为期一周的支教活动。2021 年起，完美世界工会联合会通过开展"植得·完美"绿色公益活动，通过植树造林、举办植物认知课堂等方式，引导带动员工保护、修复森林，助力我国实现 3060"双碳"目标。完美世界通过开展志愿者植树、植被捐赠等活动，在八达岭长城、库布齐沙漠种下百余亩树木。从海棠、黄栌到白皮松和丁香，他们用实际行动践行着完美世界员工志愿者的环保梦想。在开展员工志愿植树的同时，完美世界为了倡导员工关注气候变化、践行绿色生活，通过鼓励员工在明信片上书写对环境保护的寄语，再将明信片从库布齐沙漠当地邮局向全国各地寄出，从而向更多利益相关方传递环保理念，引导公众从点滴小事做起，力所能及地为改善环境尽一份绵薄之力。

　　三是将时代主题与职工思想文化引领相结合。社会主义核心价值观是当代中国精神的集中体现，凝结着全体人民共同的价值追求。要把社会主义核心价值观融入社会发展各方面，转化为人们的情感认同和行为习惯。社会主义核心价值观蕴含着深厚的中华优秀传统文化基因，反映了社会主义制度的本质属性和价值取向。工会要在职工群众中唱响主旋律，凝聚正能量，就要坚持以社会主义核心价值观引领职工，大力倡导一切有利于爱党、爱国、爱社会的思想，大力倡导一切有利于改革开放和社会主义现代化建设的精神，大力倡导工人阶级的优良传统和优秀品格，深化"中国梦·劳动美"主题宣传教育，加强以职业道德为重点的"四德"建设，组织动员广大职工群众围绕为实现中华民族伟大复兴的中国梦而奋斗这一时代主题建功立业。过去五年，吉林工会围绕庆祝新中国成立 70 周年、中国共产党成立 100 周年、党的二十大胜利召开等重大历史节点，吉林工会举办"中国梦·劳动美"职工文艺汇演、党史创意"悦"读、书画摄影展、党的二十大精神宣传宣讲、职工书画摄影展等系列活动 1510 场，以多种形式反映祖国巨大发展成就，讴歌党的丰功伟绩，推动党的创新理论进工厂车间、进生产一线，极大地激发了职工群众爱党爱国和岗位建功热情。

四、上接天线下接地气，顶天立地践行社会主义核心价值观

（一）上接天线，以先模示范引领社会主义核心价值观

党的十八大以来，习近平总书记多次围绕劳模精神、劳动精神、工匠精神等进行深刻论述，内涵丰富、思想深邃。2022 年 4 月 27 日，习近平总书记致首届大国工匠创新交流大会的贺信上指出，我国工人阶级和广大劳动群众要大力弘扬劳模精神、劳动精神、工匠精神，适应当今世界科技革命和产业变革的需要，勤学苦练、深入钻研，勇于创新、敢为人先，不断提高技术技能水平，为推动高质量发展、实施制造强国战略、全面建设社会主义现代化国家贡献智慧和力量。2023 年 5 月 1 日，习近平总书记向全国广大劳动群众致以节日的祝贺和诚挚的慰问，强调各级党委和政府要充分激发广大劳动群众的劳动热情和创新创造活力，切实保障广大劳动群众合

法权益，用心帮助广大劳动群众排忧解难，推动全社会进一步形成崇尚劳动、尊重劳动者的良好氛围。党的二十大报告将努力培养造就更多大国工匠、高技能人才，作为实施人才强国战略的重要举措，将在全社会弘扬劳动精神等作为提高全社会文明程度的工作要求。中共中央办公厅、国务院办公厅印发的《关于加强新时代高技能人才队伍建设的意见》指出，应当大力弘扬劳模精神、劳动精神、工匠精神。

劳模工匠是引领社会发展的"火炬"，也是宣传贯彻党的精神的"火种"。全国各级工会充分发挥劳模工匠的技能引领作用，加强团队建设和劳模工匠工作室建设，实现"传帮带"，扩大影响力，推动技能示范引领作用抓实落地；特别是以劳模工匠工作室为平台，推动广大劳动者主动适应新一轮科技革命和产业变革的需要，勤学苦练、深入钻研，提升技术素质，不断丰富专业知识和专业素养，提升专业能力和专业水平，努力成长为本专业、本行业的行家里手。通过劳模工匠的技能引领和技术示范，推动广大劳动者成为专业型、专家型劳动者，实现从崇尚劳动、热爱劳动、辛勤劳动、诚实劳动到可持续劳动、高效劳动、科学劳动、创造性劳动、完美劳动的发展和跃升。

（二）下接地气，以员工故事形象诠释社会主义核心价值观

全国各级工会还创新方式方法，强化正面教育，突出典型引领，用基层鲜活的员工形象诠释社会主义核心价值观。搞好员工思想教育，主体在员工，活力在基层，关键在方式。只有立足基层生活实践，吸引员工自觉而广泛参与，春风化雨、润物无声，才能够落实好"使核心价值观的影响像空气一样，无所不在，无时不有"的指示要求，达到"百姓日用而不知"的程度，真正成为员工日常生活工作的基本遵循。如中国建设银行自2011年下半年开始，按照

中央办公厅《关于培育和践行社会主义核心价值观的意见》和国家机关工委的部署要求，结合全行战略转型和员工思想实际，积极探索开展"培育和践行核心价值观——员工故事宣传教育"活动。

第三章

加强单位民主管理，
奏响和谐"主旋律"

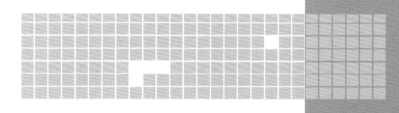

全过程人民民主作为党的理论创新最新成果，为世界民主理论和实践贡献了中国智慧，精准确立了中国特色社会主义民主的文明坐标。习近平总书记在党的二十大报告中就"发展全过程人民民主，保障人民当家作主"做出论述，将发展全过程人民民主作为中国式现代化的本质要求之一。报告在"发展全过程人民民主，保障人民当家作主"一章提到，"深化工会、共青团、妇联等群团组织改革和建设，有效发挥桥梁纽带作用"，这为包括工会在内的群团组织改革和建设指明了方向。工会作为党领导的工人阶级群众组织，承担着代表和组织职工参与国家和社会事务管理、参与企事业单位和机关民主管理的重大职责，在推进全过程人民民主中发挥着不可替代的重要作用。

党的二十大报告强调，"基层民主是全过程人民民主的重要体现"，凸显了基层民主在全面发展全过程人民民主、保障人民当家作主方面既不可或缺又不可替代的重要地位和作用。作为全过程人民民主制度框架与运行机制的重要构成，有学者将基层民主分为三大直接民主形态，即以村民自治与居民自治为核心的城乡社区基层群众自治制度，以职工代表大会为基本形式的企事业民主管理制度，各种决策议事协商会议民主制度（如以各类重大法律、重大规划、重大决策、重大项目为主的立法联系点制度、意见征求征询会、专家座谈会、听证会、恳谈会、评议会、议事会等）[①]。由此可见，企事业单位民主管理制度是基层民主的重要组成部分。目前我国在企事业单位民主管理制度设计中，选择工会这一国家唯一承认合法的劳动者结社组织作为载体进行推动，形成了以工会为支点的特色体系，工会的组织形态塑造了层次分明的职工民主参与制度，宏观层面由中华全国总工会、各省市总工会等代表劳方与政府、企

---

① 唐亚林：《全过程民主：运作形态与实现机制》，《江淮论坛》，2021 年第 1 期，67－75。

业组织构建了多层次劳动关系三方协调机制，中观层面由区域（行业）工会、集团工会等代表劳方构建了区域（行业）型、集团型职工民主参与机制，微观层面由企事业单位工会代表劳方构建了企事业职工民主参与机制。

第一节　工会加强企事业单位民主管理工作的必然性

一、从历史逻辑把握工会加强企事业单位民主管理工作的历史自觉

新中国成立前我国工会组织一直致力于推进广大职工群众积极参与基层民主，中国劳动组合书记部（中华全国总工会的前身）早在 1922 年的《劳动法案大纲》和《劳动立法原则》中就已经声明了在工厂内部实施民主管理的主张。受到党主张工人参加企业管理的思想影响，在 1926 年出现了最早的工人民主管理企业尝试即湖北华记水泥厂，由工会代表工人向厂方建议，工人有参加工厂管理之权。在革命根据地时期工厂民主管理制度最具典型的是"三人团"和工人大会，其中"三人团"的人员组成上包括党支部书记、厂长和工会委员长，工人借助工会作为"三人团"的人员组成之一来实践民主管理。而工人大会也是由工会召集全厂工人参加。1949 年 8 月，华北人民政府通过下发《关于在国营工业企业中建立工厂管理委员会和职工代表会议制度的决定》，其中工厂管理委员由厂长、副厂长、总工程师、工会主席，以及其他生产负责人和相当于以上数量的工人职员组成，职工代表会议中工会的角色是负责会议召集。

　　新中国成立后到改革开放前，我国工会组织发展全过程人民民主的具体实践几经周折与调整。建国初期为适应当时大规模企业生产的客观要求，我国移植苏联模式，推行了厂长负责制和一长制，取代了原有的工厂管理委员会和职工代表会议制度。直到1956年中共八大确立了党委领导下的职工代表大会制，将由工会主持的职工代表会议改为职工代表大会，与以往相比工会工作任务扩大，从以往仅负责会议召集开始扩大到会后日常工作主持。至此，企业职工代表大会暗含在国家体系特征之中，并承载着体系作为合法性与有效性的期望。[①] 但是1958年，全国掀起了"大跃进"和人民公社行动，"左"倾思潮在企业迅速膨胀，职工代表大会制度在一些企业被再度取消，加之"为工会消亡而斗争"的声浪泛起，很多基层工会也名存实亡。为恢复和健全企业规章制度以及企业正常民主生活，1961年由邓小平主持制定了《国营工业企业工作条例（草案）》（"工业七十条"），并将"工会与职工代表大会"专列一章，该章阐述职代会与工会的关系问题，"企业各级的职工代表大会和职工大会，必须按时由工会召开，不能以干部扩大会议代替。职工代表大会在闭会期间，日常工作由工会主持"。在1965年又形成了《国营工业企业工作条例（修正草案）》，进行修改与补充，其中指出"大会闭会期间，由工会委员会作为常设机构"。从1961年的"工业七十条"直至1965年的修正草案，历经多年曲折成长、艰难前行才逐步形成的职代会制度，在"文化大革命"时期遭到重创，几乎停滞。

　　自1978年改革开放以来，我国工会组织作为职工代表大会的工作机构被正式确立下来。邓小平同志于1978年在中国工会九大中进行致辞，重要精神之一是把工会作为职工代表大会的工作机构，这

---

　　① 李晚莲：《国企职代会实践变迁中的矛盾与国家基层治理》，《求索》2015年第9期，110－114。

一定位一直延续至今。为配合我国企业"党委集体领导、职工民主管理、厂长行政指挥"的领导体制的确立，在 1981 年 7 月出台了《国营工业企业职工代表大会暂行条例》，其中第十六条把工会作为职工代表大会的工作机构职责进行明确，即"基层工会委员会承担职工代表大会工作机构的任务，会同有关部门进行大会的筹备工作、会务工作以及大会闭会期间的日常组织工作，办理职工代表大会或主席团交办的事项"。其中为贯彻落实《国营工业企业职工代表大会暂行条例》，中央专门下发通知，提出了几点明确要求，其一是工会工作重点在于推进职工代表大会制度，其二是配强工会主席（通知要求要选配相当于企业党政副职一级的干部担任企业工会主席）。

1992 年中共十四大明确了建立社会主义市场经济体制的改革目标，1993 年《公司法》出台，将"老三会"（党委会、职代会、工会）和"新三会"（股东大会、董事会、监事会）这两个体系并存于同一个公司。在市场经济体制逐渐深化改革的同时，我国企事业单位基层民主制度形式更加多元化，集体协商集体合同制度、厂务公开制度、职工董监事制度等在 20 世纪 90 年代也成为职工参与民主的重要载体。我国工会组织以"职工利益代表者"角色在这些新的基层民主实践形式中不断赋予重要职责，如《劳动法》第三十三条规定"集体合同由工会代表职工与企业签订；没有建立工会的企业，由职工推举的代表与企业签订"；1999 年 2 月，中共中央纪律检查委员会、国务院经济贸易委员会和中华全国总工会联合会发出的《关于推行厂务公开制度的通知》中指出"各级工会组织要积极主动地承担厂务公开的日常工作"；2006 年中华全国总工会《关于进一步推行职工董事、职工监事制度的意见》中强调"工会主席一般应作为职工董事的候选人，工会副主席一般应作为职工监事"。

自党的十八大以来党中央对工会组织推进企事业单位基层民主也提出了新的更高的要求，党的十八大明确指出："全心全意依靠工人阶级，健全以职工代表大会为基本形式的企事业单位民主管理制度，保障职工参与管理和监督的民主权利。"党的十九大强调："扩大人民有序政治参与，保证人民依法实行民主选举、民主协商、民主决策、民主管理、民主监督。"党的二十大报告指出："全心全意依靠工人阶级，健全以职工代表大会为基本形式的企事业单位民主管理制度，维护职工合法权益。"这些都为工会组织发展全过程人民民主提出了明确要求。2012年包含全总在内的国家六部委联合下发了《企业民主管理规定》，对新时代我国职工代表大会、厂务公开、职工董监事制度等进行规范。2022年《工会法》修订实施，把第六条修订为"工会依照法律规定通过职工代表大会或者其他形式，组织职工参与本单位的民主选举、民主协商、民主决策、民主管理和民主监督"，增加了全链条式全过程人民民主内涵中的"民主选举""民主协商"。

二、从理论逻辑把握工会加强企事业单位民主管理工作的思想自觉

全过程人民民主的理论基础源于马克思主义民主政治理论，马克思主义民主政治理论提出，人民当家作主是社会主义民主政治的本质特征。这一理论回答了为什么要全过程人民民主，全过程人民民主为了谁依靠谁的问题。人民当家作主则是全过程人民民主的价值旨归，人民至上、以人民为中心是全过程人民民主的本质内核。全过程人民民主理论是体现人民意志、维护人民利益的社会主义民主观的生动体现，也是发展民主的基本遵循。全过程人民民主是新时代中国共产党人根据马克思主义民主理论与中国特色社会主义民主实践探索得出的理论概括，反映了人民民主的价值属性和本质要求。同时也需要看到，全过程人民民主是党领导人民创造出来的理论和实践成果，因此全过程人民民主将党性和人民性内在统一起来。

马克思恩格斯对于工会理论的探究主要体现在工会与无产阶级政党二者之间的关联性上，对在无产阶级革命事业中作用来说，马克思恩格斯认为，无产阶级政党发挥着核心与引领作用，工会的三个主要作用是保护作用、组织作用和教育作用。其中在阐述组织作用中指出，"它使工人阶级作为一个阶级组织起来"。① 列宁在深入分析马克思恩格斯的工会理论的基础上，创立了社会主义工会理论，列宁提出了工会的"古典二元理论"。他认为，在无产阶级专政的过程中，工会肩负双重任务和职能，工会既代表党和国家的利益，强调工会的组织职能；同时又代表职工的利益，强调工会的教育和管理的职能。② 马克思恩格斯理论界定了工会组织职工的作用，列宁的"古典二元理论"赋予了社会主义工会的双重属性，我国《工会法》第六条，"工会在维护全国人民总体利益的同时，代表和维护职工的合法权益"符合列宁的"古典二元理论"。

党的十八大以来，习近平总书记亲切关怀工人阶级，围绕工人阶级和工会工作多次发表重要讲话，作出重要指示批示，形成了习近平总书记关于工人阶级和工会工作的重要论述，成为习近平新时代中国特色社会主义思想的重要组成部分。2022年《工会法》把原有条款"工会是职工自愿结合的工人阶级的群众组织"修订为"工会是中国共产党领导的职工自愿结合的工人阶级群众组织，是中国共产党联系职工群众的桥梁和纽带"，工会组织发展全过程人民民主承载了政治性与群众性的内在统一。一方面，作为职工自愿结合的群众组织，以职工为导向是工会开展工作的出发点，维护职工合法权益包括民主权益是工会基本职责之一；另一方面，政治性是工会组织的首要属性，秉承党全心全意为人民服务的根本宗旨，要把执行党的意志的坚定性和为职工服务的实

---

① 《马克思恩格斯全集》（第2卷），人民出版社，1963年版。
② 《列宁选集》（第4卷），人民出版社，1995年版。

效性统一起来，把党的路线方针政策和决策部署落实到工会各项工作中去，把党的意志和主张落实到广大职工群众中去。

党的十八大以来，习近平总书记对工会等群团组织参与国家治理多次作出重要指示，2018年10月29日在同中华全国总工会新一届领导班子成员集体谈话并发表重要讲话时强调，"我国工运事业是党的事业的重要组成部分，工会工作是党治国理政的一项经常性、基础性工作"。习近平总书记在2015年7月6日党中央的群团工作会议上讲话指出，"我们必须把群团组织建设得更加充满活力，更加坚强有力，使之成为推进国家治理体系和治理能力现代化的重要力量"。党的十九届四中全会在坚持和完善共建共治共享的社会治理制度中明确提出："构建基层社会治理新格局。完善群众参与基层社会治理的制度化渠道。"同时提出"要发挥群团组织、社会组织作用，发挥行业协会商会自律功能，实现政府治理和社会调节、居民自治良性互动，夯实基层社会治理基础"。我国工会组织作为国家治理体系内最大的群团组织，其政治性、先进性和群众性的根本属性决定了工会组织参与国家治理、社会治理的必然性和发挥作用的独特性。工会组织站在推动党和国家事业发展，巩固党执政的阶级基础和群众基础的高度，工会代表和组织职工群众参与基层民主政治建设成为践行习近平总书记关于全过程人民民主重要论述要求的应有之义。

三、从实践逻辑把握工会加强企事业单位民主管理工作的行动自觉

当前我国劳动关系正在发生变化，以往学界在研究中把"转型""调整""转变"作为关键词来描述。例如，有学者强调我国劳动关系正在由个别劳动关系调整向集体劳动关系调整转型，有学者认为我国劳动关系已经从个别劳动关系阶段发展到集体劳动关系的调整阶段，还有学者则认为我国从个别劳动关系向集体劳动关系转

变。虽然各位学者界定当前劳动关系的变化关键词有异，但对当前工人集体行动能力增强这一态势，绝大部分学者持认同观点，直观印证是当前工人集体行动数量增加，加之工人集体行动实现工人诉求概率提升。工会服务的对象广大职工群众民主意识日益增强，以新生代农民工为例，有学者对 90 后新生代员工进行社会表征探索分析后认为，与传统员工相比，90 后员工具有"敢想敢为""民主意识强""自我""有主见"等特征。[①] 他们在维权行为中逐渐意识到不仅要保护自己被损害的经济权益，而且保护自己的公民权益，包括组织权、社会保障权、参与权、选举权等。虽然诸如劳动报酬、保障等之类的经济利益是工人行动选择的首要诉求，但民主管理权成为工人行动选择的附加诉求。工人在企业中缺少民主管理权利，在政治体制中缺少真正代表，往往是工人选择集体行动的原因。

第二节 贯彻落实中国工会十八大关于加强企事业单位民主管理工作精神

一、中国工会十七大以来工会组织加强企事业单位民主管理的工作成就

（一）制度层面实现民主建制全覆盖

在全国各级工会组织积极推动下，建立健全以职代会为基本形式的民主管理制度并非圈定在公有制企业，越来越多的非公有制企

---

① 张君，孙健敏，尹奎：《90 后新生代员工的特征：基于社会表征的探索》，《企业经济》2019 年第 8 期，111—117。

业、事业单位和民办非企业单位也都在加大民主管理建制力度。目前基层民主建制已经实现三个打破，即打破企业与事业单位限制，打破公有制企业与非公有制企业限制，打破企事业单位规模大小限制。近年来，全国厂务公开协调小组着力健全企业民主管理制度，制订全国企业民主管理工作五年规划，印发意见指导各地大力推进非公有制企业民主管理工作，开展全国厂务公开民主管理先进表彰活动和"公开解难题、民主促发展"主题活动等。截至 2021 年 9 月，全国已建工会的企事业单位单独建立职代会制度的有 320.7 万家，覆盖职工近 2 亿人；建立厂务公开制度的有 311.8 万家。与此同时，民营企业、互联网平台企业民主管理也迈出了新步伐。

京东集团在 2021 年率先建立平台企业中的全国性、跨区域的集体协商及职代会制度，签订的集体合同聚焦薪资待遇、福利保障、安全保护等重要议题，覆盖快递员、仓储分拣员、货运司机等数十万人；2023 年"饿了么"平台（全网）一届一次职代会（扩大）会议审议通过全网集体合同及 3 个全网专项集体合同，覆盖平台自有职工及全国 1.1 万个配送站点超过 300 万名骑手，标志着全国外卖行业首个全网职代会、首份全网集体合同诞生。

（二）制度层面民主体系打造全层级

在公有制企业，工会组织积极推进企业集团职代会制度建设，探索推进与企业管控模式、管理层级相匹配的多层级职代会制度体系。根据相关资料，95 家中央企业中已有 74 家建立了集团职代会制度，二、三级及以下企业职代会基本实现全覆盖。以笔者对北京市推行集团型职代会制度的调研来看，北京市集团职代会建设工作始于 2015 年，利用一年的酝酿时间，2016 年，北京市总工会下发《关于加强国有及国有控股公司集团型职工代表大会制度建设的意见》，并确定全市13家集团企业为试点单位，集团职代会建设工作全面展开。在调研中很多全民所有制企业在实践中建立了厂、车间、班组上下贯通、权责分明的三级民主管理体制，民主体系实现了从上到下的全层级贯穿。这种在单个企业特别是规模较大的企业推行的多层级职代会制度，让企业车间、班组职工人人都有参与民主管理的机会。

（三）制度层面民主向度力求全链条

2022年1月1日实施的《工会法》增加规定工会"组织职工参与本单位的民主选举、民主协商"，与原有的"民主决策、民主管理和民主监督"并列，共同构成了用人单位民主管理的完整链条。

民主选举包括通过职工代表大会或全体职工大会选举或者罢免职工董事、职工监事，选举依法进入破产程序企业的债权人会议和债权人委员会中的职工代表，根据授权推荐或者选举企业经营管理人员；民主协商是指职工可以通过职工代表大会或其他形式参与民主管理或者就保护劳动者合法权益与用人单位进行平等协商，在法律和实践层面更多由工会组织代表职工与用人单位进行协商；民主决策主要体现在《企业民主管理规定》的第二十一条，即"职工代表大会在其职权范围内依法审议通过的决议和事项具有约束力，非经职工代表大会同意不得变更或撤销。企业应当提请职工代表大会审议、通过、决定的事项，未按照法定程序审议、通过或者决定的无效"；民主管理更多指用人单位在制定重大决策过程中充分考虑职工意见，落实职工知情权、参与权、表达权和监督权；民主监督则更多指审查监督用人单位执行劳动法律法规和劳动规章制度情况。

（四）制度层面突出民主形式全方位

当前我国用人单位在推进基层民主治理中建立以职代会为基本形式，辅之以多种形式的民主管理制度体系，如厂务公开、职工董事监事、集体协商和集体合同制度、劳动关系三方协商机制、劳动争议调解制度等。

在对北京、天津、河北等七家用人单位调研中发现，有的单位的民主参与形式包括职工代表大会、厂务公开栏、QQ或微信群、集体合同、工会主席面对面、意见箱、合理化建议征集、工会主席电话＋邮箱这8种。有的单位民主参与形式包括职工代表大会、集体合同、厂务公开、意见箱这4种。有的单位民主参与形式包括职工代表大会、公开栏、工会主席热线电话及邮箱、职工问与答、工会主席面对面这5种。有的单位民主参与形式包括职工代表大会、厂务公开栏、工资集体协商、劳动争议仲裁委员会、月度面对面沟通会、实体＋线上意见箱、工会主席接待日、工会主席电话＋邮箱这8种。可以看出，7家被调研的案例企业的民主参与数量不同，但是"厂务公开"是这些案例企业共同采取的参与形式，这说明企业都愿意通过一定的渠道或载体把企业发展的大事小事或职工关心的大事小事进行公示或公开来保障职工的知情权。

（五）企事业单位民主管理法治化建设得到长足发展

中国工会十七大以来，企事业民主管理法治化建设得到长足发展。2022年1月1日新修订的《工会法》指出"工会依照法律规定通过职工代表大会或者其他形式，组织职工参与本单位的民主选举、民主协商、民主决策、民主管理和民主监督"，新增"民主选举""民主协商"的民主程序内容作为基本内容，为工会推进职工民主管理工作提供了更加完善的法律依据。2023 年《公司法》（修订案三审稿）围绕强化公司民主管理制度提出了修改意见和建议，新增了"建立健全以职工代表大会为基本形式的民主管理制度"。在各级厂务公开协调领导机构的努力下，全国已有 29 个省（区、市）制定了 36 个有关企业民主管理的地方性法规。《2019—2023 年全国企业民主管理工作五年规划》中总体目标确定为"中央企业全部建立职代会制度，符合条件的公司制企业建立职工董事职工监事制度；已建工会的国有企业及其控股企业、100 人以上的非公有制企业普遍建立职代会、厂务公开制度。推进事业单位普遍建立职代会、厂务公开制度；普遍推行区域（行业）职代会制度，鼓励小微企业结合自身特点开展多种形式的民主管理活动，实现 100 人以下非公有制企业民主管理制度覆盖率稳步增长"。

为规范职工代表大会操作流程，完善职工代表大会运作机制，充分发挥职工代表大会积极作用，推动企业民主管理工作高质量发展，依照相关法律法规和政策文件规定，全国厂务公开协调小组办公室于 2022 年 3 月 17 日制定《职工代表大会操作指引》。全国总工会于 2020 年 12 月 28 日印发《关于推行企业集团职工代表大会制度的意见》，对推行集团型职工代表大会制度的重要意义、基本原则、工作要求、职工内容、制度建设等进行表述。

二、中国工会十八大对工会组织加强企事业单位民主管理工作的部署要求

加强企事业单位民主管理制度建设。把企事业单位民主管理作为发展全过程人民民主的重要形式，努力推动以职工代表大会为基本形式的企事业单位民主管理制度落地落实。推动国有企业加强民主管理，促进非公有制企业建立健全民主管理，保障职工群众主人翁地位，提高职工群众创造性和企业竞争力。

第三节 工会加强企事业单位
民主管理工作的路径探索

一、奖惩结合，优化制度加强企事业单位民主管理

笔者把"民主管理""职工代表大会"作为关键词对中国内陆31省（区、市）民主管理及职代会条例进行搜索，发现有些省（区、市）如山西、浙江、湖北、青海、天津、内蒙古等早于2012年制定本省的民主管理规定，其他一些省市如甘肃、河北、海南、安徽等在2012年国家六部委企业民主管理规定颁布之后出台相应的条例。而对每个省区在职代会建设的法律责任规定中，有些省区如青海、新疆、宁夏、河北等给予经济惩罚，不建职代会或职代会执行不力将给予罚款；大部分省区最常见的是在评优评先上设置障碍，推进单位建立职代会；还有一些省市，例如，2015年上海工会运用"两书"——"工会劳动法律监督整改意见书、工会劳动法律监督处理建议书"，将违反《上海市职工代表大会条例》的企事业单位"书"进"市公共信用信息服务平台"将成为新常态。违反《职工代表大会条例》，将被公共信用信息服务平台"记录在案"。2022年，新《工会法》施行后，上海市总工会主动对标对表新法的精髓要义，结合上海劳动关系日益多元、劳动业态更加丰富的实际，及时启动并顺利完成了《上海市工会条例》的修正工作，成为全国首个依据上位法修改情况而对地方性工会法规进行修改完善的省（区、市）。新修订的《上海市工会条例》，赋予工会"两书"制度更强的威慑力，对于拒不组建工会、职代会和集体协商建制或不规范运行的企业，工会有了将其纳入市公共信用信息服务平台负面

清单的权利。

除了全总层面表彰全国厂务公开民主管理工作先进单位之外，省（区、市）工会地方层面也对民主管理先进单位进行表彰。例如，五星级厂务公开职代会单位是陕西省民主管理工作的最高荣誉，由陕西省纪委、省委组织部、省总工会等组织开展，活动分三星级、四星级、五星级三个层次，各层次均有严格、系统的考核标准和内容，相应的目标、管理办法及要求。厂务公开职代会星级单位实行动态管理，每两年复查确认一次。

二、扩面覆盖，联合推进企事业单位民主管理

（一）集团型民主管理

京能集团坚持把党的领导作为民主管理工作的根本保证，坚持把民主管理作为落实全心全意依靠工人阶级方针、加强企业民主政治建设的重要内容，将民主管理工作贯穿于企业经营管理的全过程，融入党建工作、纪检监察工作等各领域，形成了"党委统一领导、党政共同负责、工会主动作为、有关部门齐抓共管、职工群众广泛参与"的领导体制和工作格局。把民主管理工作纳入党建工作总体部署，将"三重一大"决策机制修改完善工作开展情况，企业党组织设置及干部选拔任用工作流程执行情况，党务、厂务公开制度及执行情况等5方面、6部分内容纳入年度企业党建工作专项检查；工会组织是民主管理领导小组的工作机构，负责日常工作；纪检、工会有关人员和职工代表组成监督小组，负责监督检查工作内容是否落实，组织职工对民主管理工作开展情况进行评议和监督，确保民主管理工作的有序推进。

1. 第一阶段：基层覆盖，以点带面，健全职代会

第一步，抓试点，以点带面，全面启动基层企业职代会建设。

随着集团跨越式的快速发展，集团新建企业每年都在逐年递增，企业呈现干部队伍、职工队伍年轻化趋势，对职代会在企业民主管理工作中发挥的作用认识不够，2011年，大部分企业民主管理职代会制度建设比较薄弱，针对此现象，集团工会从强化思想意识和职代会作用入手，把所属京西发电公司作为示范单位，召开了全系统职代会建设现场观摩会。观摩会期间，集团工会还特别请来了北京市工会干部学院的专家，就如何开好职代会，为与会工会主席们进行了一次专题培训，提高了各企业对职代会召开意义的认识。

第二步，抓培训，规范程序，不断提升基层企业职代会质量。观摩会后，大部分企业开始着手启动职代会，但是多以工作会内容为主，会议议程增加了职代会的部分内容，没有真正发挥职代会的作用。为此，集团工会坚持每年在举办的工会干部培训班课程里，就如何开好职代会进行专题培训，每年的侧重点都有不同的针对性，并对工会干部们在筹备和召开职代会过程中遇到的问题进行答疑，更加清晰了职代会的作用和职工代表的权利义务。同时，集团工会制定了《京能集团关于进一步加强和完善企业职工代表大会制度建设的指导意见》，为基层企业规范召开职代会提供指导。工会工作处下发了《关于规范召开职代会的通知》，建立了基层企业职代会召开上报制度，对基层各企业上报的职代会议程严格把关，保证了职代会在内容上和形式上的有效性。

2. 第二阶段：夯实管理，强化议题，提升职代会

抓交流，互动推进，进一步夯实基层企业职代会制度建设。"近年来"，职代会制度建设逐步推进，各基层企业职代会工作得到了有效落实并逐步规范，各基层企业工会严格按照《指导意见》组织、筹备、召开会议，会议各项议程紧密结合企业实际。集团工会多次组织经验交流会，推选优秀单位介绍经验，达到互相交流、互相学习的目的，借鉴好的做法，以更好地维护、落实职工权益。

3. 第三阶段，制度落实，加强审核，规范职代会

一是认真审查职工代表资格，确保职工代表的人数、比例、资格符合法律规定，一线职工人数占职工代表比例的50%以上，代表性强。同时，按照《指导意见》，各企业对主席团成员结构进行了规范，改变了过去主席团成员全部是领导班子成员的格局。

二是成立提案审查委员会，做好提案征集、审查、立案和监督落实工作。各企业高度重视提案征集工作，会前广泛征求职工意见和建议，对征集上来的提案进行审查、分类和落实，确保提案的合理性和代表性。

三是在规范职代会程序的同时，不断丰富和充实职代会确保职工民主权利的内涵，充分发挥职代会审议企业重大事项的法定权利的作用。企业年度工作报告、财务预决算报告、工会工作报告、业务招待费和工会经费使用情况报告、提案落实情况、年度集体合同履行情况报告等；部分企业结合实际，将《公司薪酬方案》《温暖基金专项方案》等作为会议议程在大会上向职工做报告。

四是职工代表认真听取、审议各项报告，职工的知情权、参与权、表决权、评议权得到充分落实。职代会上职工代表对企业经营工作报告、业务招待费使用情况、工会经费使用情况、提案落实情况和集体合同执行情况等进行讨论、审议和表决，职工参与企业民主管理的积极性、主动性和创造性得到了充分的调动。

4. 集团型职代会建设情况

2017年12月，根据市总、市国资委《关于加强国有及国有控股公司集团型职工代表大会制度建设的意见》（以下简称《意见》）文件精神，经集团党委研究决定，京能集团启动第一届一次职工代表大会筹备工作。

京能集团职代会从开始筹备到正式召开共用两个月的时间。下面主要从会议筹备、文件起草、会议准备和大会召开四个部分做

介绍。

从筹备阶段起，京能集团工会在集团党委的领导下，按照"提高站位，坚持党的领导；精心组织，选好职工代表；加强宣传，提高参政议事能力；理清权限，工作衔接顺畅；落实责任，确保大会召开"的整体工作原则全面启动集团型职代会各项筹备工作，将筹备阶段总结为以下 10 个环节。

（1）起草筹备工作方案，报集团党委审批。

集团工会向集团党委提出召开一届一次职代会的建议，《京能集团职工代表大会筹备工作方案》（草案）报集团党委常委会批准。

（2）成立筹备工作领导小组，组织实施具体工作。

筹备工作领导小组成员设置：

组　　长：集团党委副书记、工会主席

副组长：集团工会副主席

成　　员：集团工会负责人

（3）细化筹备工作方案，商定代表产生办法和进度安排。

筹备工作领导小组讨论研究并细化筹备工作方案。

一是酝酿代表名额、构成比例、分配原则、产生办法和大会筹备时间安排。

代表名额：根据北京市总工会《关于加强国有及国有控股公司集团型职工代表大会制度建设的意见》运作原则，参考上海市总工会《集团公司多级职代会操作问答》中关于"集团公司职代会代表人数的确定应掌握哪些工作原则"的回答说明，结合集团实际，确定京能集团职工代表名额总数为 175 名。

构成比例及分配原则：市总出台《意见》中明确"职工代表构成中应有工人、技术人员、管理人员、领导干部和其他方面代表。一线职工（包括二级单位中层领导、技术人员、一般管理人员）不少于 50%，集团总部中层以上领导干部和二级企业党政领导班子成员不超过职工代表总数的 40％，劳模、女职工、青年职工代表占适当比例"。按照比例原则，集团工会做好人员界定，并制订各企业职工代表的分配原则建议草案。

职工代表产生办法：集团工会根据市总《意见》和上海市总具体实施办法中的相关要求，用按照"分别推选、差额酝酿、等额选举"原则的民主方式进行推选。企业中的各分工会、工会小组分别推荐企业中集团级职工代表建议人选，在本企业党委进行差额酝酿，将酝酿结果在企业职工代表大会上进行等额选举。集团工会制定《京能集团第一届职代会职工代表选举办法（草案）》的统一模板，规范各企业职工代表的选举流程。

二是起草《关于召开京能集团第一届职代会的请示》。

（4）集团党委常委会审议通过集团职代会工作方案及代表资格审查有关事项。

集团工会将《关于召开京能集团第一届一次职代会的请示》上报集团党委常委审议通过，正式确定大会召开时间，筹备工作各节点，进一步细化时间节点安排。同时，集团工会酝酿京能集团第一届职代会代表资格，审查委员会委员建议名单，上报集团党委常委会审议通过，为下一阶段全系统职工代表选举工作提供保障。

（5）组建职代会各专项筹备小组，具体负责大会各项工作。

根据大会筹备工作需要，成立大会筹备工作小组，设组织组、会务组、宣传组。由组织组负责大会文件起草、制度建设、整体流程安排；会务组负责大会会务工作，为会议顺利召开提供保障；宣传组制订大会宣传工作方案，从筹备期起进行全过程跟踪宣传，加深全系统对集团型职代会的认识，营造氛围。

（6）召开全系统工作部署会，广泛宣传，营造氛围。

召开全系统集团职代会工作部署会，全面启动集团一届一次职代会工作部署。在部署会上，集团党委下发《关于召开集团第一届一次职代会的通知》，提出"提高站位，坚持党的领导；精心组织，选好职工代表；加强宣传，提高参政议事能力；理清权限，工作衔接顺畅；落实责任，确保大会召开"的整体工作原则要求。集团工会下发《关于做好集团第一届职代会代表选举工作的通知》，对各基层单位选举集团职工代表工作提出具体要求。至此，全系统职工代表选举工作正式开始。

（7）指导基层单位推荐选举集团职工代表。

在此阶段，集团职代会筹备工作组组织指导各基层企业做好集团职工代表选举工作。

指导选举单位按代表分配名额、结构、条件酝酿推荐代表候选人；

选举单位向集团工会呈报代表候选人预备人选名单时，要呈报《代表候选人预备人选名册》和代表候选人预备人选酝酿情况的报告；

集团工会收到代表选举单位报送的代表候选人预备人选名单后，主要审查代表候选人预备人选的酝酿提名程序和方法，代表构成比例是否符合规定，对不符合规定程序和不符合条件的要提出调整意见；

将分配到基层单位参加选举的集团领导人员情况进行介绍，及时提供给选举单位，由选举单位职代会直接选举。

（8）汇总审核职工代表选举结果，上报党委审议并制册。

选举单位按照规定的要求选举产生出席职代会的代表，及时向集团工会呈报选举结果。报告内容一般包括选举产生代表的会议形式、选举方式、代表名额、代表构成比例等，还应附代表名册、代表登记表等。

集团工会收到报告后，对选举单位的选举方式和代表资格进行审查；

审查代表是否符合代表条件，代表选举是否符合规定的程序；

审查完成后，做出批复；

代表资格审查小组起草代表资格审查报告；

代表资格通过审核后，由筹备组上报集团党委审议通过后制作代表名册和代表证。

（9）拟定职代会各专委会工作制度，酝酿建议人选名单。

大会组织组根据集团型职代会工作职能安排，成立职代会各专门委员会，起草工作制度草案，并提出建议人选。根据某集团实际情况，提出代表资格审查工作委员会、提案审查委员会、职业安全与健康委员会、劳动争议调解委员会、民生建设与权益保障委员会5个专门工作委员会。

（10）研究确定集团职代会工作机构及议程。

提出大会主席团和秘书长、副秘书长建议名单；

提出大会执行主席名单；

编制代表名册和大会手册；

划分代表团，提出代表分团名单。

确定向集团党委常委会汇报和审议的事项（筹备工作情况，职工代表选举及组团情况，提出大会主席团候选人建议名单，各专委会组成人员建议名单，大会日程安排等）提请集团党委审议通过，大会筹备阶段转入会务组织阶段。

在筹备阶段进行的同时，大会组织组开始研究起草集团型职代会的相关文件制度。制定了《集团职工代表大会实施细则》和各专委会工作简则等重要制度，建立健全集团型职代会组织架构。此外，大会各项文字材料需各企业职工代表进行会前审议的，提前7日下发职工代表，收集反馈意见。

在会议准备阶段，会务组主要根据大会的议程日程安排，对会议所需的各项硬件设施和参会人员进行安排，确保大会过程的顺利进行。

大会正式召开期间，京能集团集团型职代会体现出一定的特点。

集团党委副书记在会前就职工代表如何发挥作用，当好示范者、开拓者和代言人进行了培训。明确职工代表的定位，即职工代表是职工权益的维护者、职工群众的教育者、生产工作的先进者、职工参与的组织者。

大会第一次全体会议听取了"一讲话、两报告"，来自各基层一线职工首次原汁原味地获悉集团党建经营整体情况、未来发展主线、年度任务目标等一系列重要信息。

在分组讨论环节中，根据职工代表总人数设置了 9 个讨论组，延长了讨论时间，每个讨论组中均有集团领导参与其中，听取职工代表意见、建议。在讨论组代表分配时，也考虑到集团各板块之间的融合，代表结构设置均衡，不同业务板块、组织层级的声音都能得到有效传递。大家共同商讨集团未来发展的大事、要事，以及对集团的意见、建议。各子企业对彼此有了更深一步了解，在集团发展的大局更能找准各自的定位。

四次主席团会议起到了明确任务、听取讨论、汇总意见、形成决议的效果。多名一线、劳模主席团成员更是将最基层的声音直接反馈到集团管理经营层。

最后一次全体会议审议通过了集团经营管理工作报告、《职工代表大会实施细则》《职工代表大会各专业委员会工作简则》和《职工代表大会各专业委员会委员名单》等会议文件，表决通过了大会决议，形成了"抱团取暖、抱团奋斗"的一盘棋思想。

总结本次集团职代会的召开，有以下几个特点。

流程规范：集团工会在大会筹备初期仔细研究市总工会《关于加强国有及国有控股公司集团型职工代表大会制度建设的意见》文

件精神，在制度搭建的过程中，严格遵循《意见》中的相关要求起草制定。

大会制度建设和提交大会审议的相关工作报告和工作制度经过充分研讨、多方会审拟定的，体现了制度的政策性、严谨性和可操作性，符合集团实际。

精简高效：大会从开始筹备到正式召开共经历了 2 个月的筹备期。筹备组目标分工明确，在制订筹备方案时将任务细化分解落实，筹备期各项工作紧张有序。大会正式会期 2 天，包含会前职工代表培训，预备会 5 项议程，2 次全体会议，9 个小组、2 次分组讨论，4 次主席团会议。会议各项安排衔接紧密，内容充实。

覆盖全面：全系统 4.1 万职工，176 名职工代表覆盖全系统各企业，代表由一线职工到企业高管等各岗位构成，涉及＊＊集团运营、生产的方方面面，体现了集团大融合。

上下沟通、形成合力：京能"集团型职代会"的一个特点是推动职工参与。职工参与主要体现在会前培训、代表结构改变和讨论工作报告时间的延长等方面。"集团型职代会"还增进上下沟通。一方面，会前领导和职工代表就"如何做一个合格规范的职工代表"一起接受工会组织的培训，并下组参加讨论，听取职工意见。另一方面，一线职工对集团有了更多了解。

（二）区域性、行业性民主管理

在当前地方推进职工民主参与制度建设中，存在单独民主和覆盖民主两种类型。

单独民主即以企业内部单独民主建制如职代会、厂务公开等为常见形式，覆盖民主即把区域或行业各级企业尤其是规模小、人数少的小微企业在区域内或行业内联合推进民主建制，以区域性或行业性职代会为基本形式。覆盖型民主已超越传统企业民主管理的范畴，更多承担了基层社会治理功能，成为企业治理与社会治理的有机衔接①，也同时成为地方层面完成国家民主指标任务尤其是职代会建制数量的重要策略，推进区域或行业职代会是扩大职代会建制数量的最为直接且快捷的方式。在笔者访谈北京市某街道工会干部时了解到，在上级统计职代会建制数量中是把区域或行业职代会覆盖的企业独立计算数量，如街道下面的行业职代会覆盖了 20 家企业，则职代会建制数量并非是 1 家而是按照 20 家计算，这驱动地方加大区域或行业覆盖民主力度。

三、技术赋能，有效拓展企事业单位民主管理空间

中铁第四勘察设计院集团有限公司认真贯彻落实习近平新时代中国特色社会主义思想，坚持以职工为中心，落实"依靠"方针，广泛实施以职代会为基本形式的厂务公开民主管理制度，尤其是主动应对疫情带来的不利影响，创新形式、开辟载体、丰富手段，探索形成了线上民主管理的新模式，为促进企业高质量发展发挥了重要作用。

（一）"云上"职代会搭建起企业职工"连心桥"

2020 年年初，新冠疫情突如其来，公司身处疫情风暴最中心，绝大部分职工处于居家隔离、各地分散的状况。面对疫情带来的不利影响，公司工会拓宽思路、创新形式、积极筹划。当时，公司职代会在疫情前刚刚召开完毕，如何将职代会精神及时传达至基层，让民主管理工作不掉线；如何继续发挥职代会群策群力作用，在疫情期间能够逆势而上，布置并完成好年度生产经营各项工作，成为公司工会的"心头事"。基于"人人都有手机，家家都有电脑"的

---

① 王珍宝：《区域性、行业性职代会的制度功能及其推进路径》，《工会理论研究》2017 年第 4 期。

实际，和企业自动信息化系统平台，公司工会充分利用信息化手段，通过远程视频、企业"云"端、微信会议平台等，将分散在全国各地的职工代表聚集起来，实现了"云上"召开职代会的目标。截至 2020 年 3 月 27 日，28 个应召开职代会（职工大会）的单位，全部召开了会议，圆满完成了职代会各项议程。

"云上"职代会严格按照规定程序进行。各单位的每个报告人均通过视频向全体代表作报告，会议所有材料均传达到代表中。报告审议、分团讨论、投票表决、提案征集、民主测评等程序均在"云上"得以实现。特别是各单位的领导干部测评，事关企业生产经营和职工切身利益的重要事项，工会采用二维码或宏景云平台，实现了无记名线上投票表决，确保职工依法履行职权，保障了职工民主管理权利。

2020 年疫情期间，公司先后召开三次职代会联席会议，线上通过了全国劳动模范推荐人选、《公司新型冠状病毒感染肺炎疫情防控期间项目现场人员激励保障暂行办法》《公司职工工服定制方案》等重大事项。各级职代会的及时召开不仅按规定履行了民主程序，更提高了工作效率，也将职代会开成了明任务、定方向、听真言、纳良策、聚力量的胜利大会。

"会议直播开、提案线上传、报告网上审、建议群内提、表决分组投"的新模式，实现了职代会"标准不降、程序不减、内容不少"的目标。这也使职代会更加"接地气"，打破了传统会议会场大小、职工代表人数等的限制，吸引了众多职工"云听会"，进一步实现了对职代会规范、高效、有序的"云监督"和"云管理"目标。

（二）"云端"厂务公开铺就民主管理"齐心路"

公司工会充分发挥互联网、大数据等新兴技术的作用，找准互联网和公开工作的结合点，努力打造厂务公开工作在观念、流程、载体的更新再造，不断增强民主管理工作在网络空间的影响力。

公司结合疫情实际，将防疫工作及生产任务同步部署，通过"云端"及时传达上级关于疫情防控工作要求，研究部署应对疫情措施，在特殊时期体现了企业的人文关怀。各单位坚持各类会议报告制度，通过稿件、微信等及时总结和反馈会议情况，广大职工在"云端"联系在一起，孤立的个体与国家、企业的发展联系在一起。为了不影响全国各地重点工程项目的推进，在省委省政府的大力支持下，2020年3月30日（武汉4月8日解封）之前，公司共组织30余批，1000多名职工奔赴全国各重点工程返岗工作，确保了国家重点项目建设按期推进，为实现"六保""六稳"做出积极贡献。

复工复产后，针对人员长驻现场、高度分散的现实，工会组织积极呼吁，主动争取，开辟了"职工服务"线上模块，将职工权益维护、厂务公开、绩效考核、教育培训等切身利益内容上网，建立起网络信息库和沟通平台，做到"维权到网、公开在网、考核于网、教育上网"。以手机短信、QQ群、微信群消息等形式，把重要事项及时告知驻外职工；将工作报告、领导讲话制成多媒体网上播放；利用局域网转播职代会，让职工代表和全体职工网上阅读文件，行使职权；建立职工建议库，运用大数据技术，掌握并回应职工关注的热点。

2020年，公司利用网站、电子报刊、办公自动化系统发布公文、公告、公示1000多个，千里之外的现场职工点开电脑、拿出手机，企业信息一应俱全。"互联网＋公开"有效地解决了职工难以集中、时间难以统一、日程难以安排等短板，提高了职工参与率，推动了民主管理工作再创新。

（三）"线上"建言献策构筑共建共享"同心圆"

公司工会积极动员职工代表在网上提交提案，通过"我为企业发展献一计""合理化建议和技术改进成果征集"等活动搭建平台，广纳群言、广集民智，引导职工为企业转型升级献计献策，提升企业民主管理质量。

为进一步密切联系职工，充分了解民意，公司工会制定出台《关于进一步听取处理职工意见和群众诉求的暂行办法》。在所有二级单位室、所、队建立的民主管理委员会制度，依靠职工民主决策、民主监督，提升了职工的主人翁精神和责任意识。2020年以来，仅集团公司层面累计征集职工提案意见218件，合理化建议97条，组织职工代表巡视2次，深入基层现场一线调研28次。各部门认真对待职工的提案、建议，积极抓好整改落实及答复反馈，评选表彰优秀提案26件，优秀合理化建议23条，优秀提案处理部门（单位）14个，所有整改答复情况及时向全体职工予以公布。很多职工提案和建议成为企业决策的重要依据，对加强产业布局、明确科研攻关方向、完善企业管理起到了积极作用。有1项职工技术创新成果荣获全国职工技术创新成果二等奖。在每年厂务公开民主管理工作检查中，职工的满意度持续保持在95％以上。

第四章

培育一流人才，锻造新时代高素质产业工人队伍

党的十九大报告作出"我国经济已由高速增长阶段转入高质量发展阶段"的科学论断，党的二十大报告更进一步指出"高质量发展是全面建设社会主义现代化国家的首要任务""功以才成，业由才广"。实现高质量发展，离不开高素质产业工人队伍的强力支撑。产业工人是工人阶级中发挥支撑作用的主体力量，是创造社会财富的中坚力量，是创新驱动发展的骨干力量，是实施制造强国战略的有生力量。加快推进产业工人队伍建设，努力打造一支有理想守信念、懂技术会创新、敢担当讲奉献的宏大产业工人队伍，是工会组织落实党中央指示精神的必然要求，是工会组织服务大局、服务职工职责的重要内容。面对新时期新形势新任务，各级工会组织要勇担重任、勇于创新，调动多方资源、凝聚改革合力，以更大的力度、更实的举措，推动产业工人队伍建设改革向纵深发展。

第一节　扎实推进产业工人队伍建设改革走深走实

制定和实施《新时期产业工人队伍建设改革方案》，是以习近平同志为核心的党中央着眼于巩固党的执政基础、实施制造强国战略、全面提高产业工人素质做出的重大决策部署，事关改革发展稳定大局，事关国家和民族的长远大业，事关产业工人的根本利益和整体利益，充分体现了党中央对包括产业工人在内的工人阶级的高度重视和巨大关怀，释放了我们党始终坚持以人民为中心的发展思想和全心全意依靠工人阶级方针的强烈信号。

一、产业工人队伍建设改革的基本原则

宏大的改革涉及方方面面，有序推进改革，全面落实产业工人队伍建设改革的目标任务，必须坚持正确的工作原则。《改革方案》明确提出，推进新时期产业工人队伍建设改革必须"坚持党的领导，把握正确方向；坚持服务大局，发挥支撑作用；坚持以人为本，落实主体地位；坚持问题导向，勇于改革创新"。这四条基本原则，深刻反映和总结了党对产业工人队伍发展变化与特点规律的认识，是推进新时期产业工人队伍建设改革的重要依据。

（一）坚持党的领导，把握正确方向。

中国特色社会主义最本质的特征是中国共产党的领导，中国特色社会主义制度的最大优势是中国共产党的领导。自觉接受中国共产党的领导是中国工人阶级的优良传统，也是中国工人运动不断从胜利走向胜利的根本保证。工人阶级在政治上坚决贯彻党的路线方针政策，在思想上坚持以党的科学理论为指导，在组织上通过党领导的工会组织聚集起来。产业工人作为工人阶级中发挥支柱作用的主体力量，最富有组织性、纪律性和革命性，理应在接受党的领导方面更自觉、更坚定。加强和改进党对产业工人的领导，必须坚守忠诚党的事业、竭诚服务职工的责任担当，按照政治上保证、制度上落实、素质上提高、权益上维护的总体思路，为产业工人成长成才、就业创业、报效国家、服务社会创造更多机会，最广泛地把产业工人组织动员起来，为实现党和国家的目标任务建功立业。

（二）坚持服务大局，发挥支撑作用。

我国工人运动始终与党领导的伟大事业紧密相连，始终把实现党在不同历史时期确立的目标作为自身的历史使命和时代主题。随

着时代发展，社会进步，工人阶级队伍不断壮大，在社会主义建设、改革开放、新时代各个时期发挥了先进阶级的重要作用，展现了领导阶级的伟大力量。党的十八大以来，以习近平同志为核心的党中央提出了实现中华民族伟大复兴中国梦的重大战略思想，赋予了包括产业工人在内的亿万职工庄严的历史使命。产业工人只有坚持把个人梦与中国梦紧密联系在一起，把党和国家确定的奋斗目标作为自己的人生目标，以民族复兴为己任，自觉把人生理想、家庭幸福融入国家富强、民族复兴的伟业中，自觉维护大局，服务大局，始终以主人翁姿态为坚持和发展中国特色社会主义做出贡献，才能在推动国家富强、民族复兴的过程中实现人生理想和个人价值；也只有充分调动产业工人的积极性、主动性，引导他们满怀信心投身于为实现中国梦而奋斗的火热实践中，才能形成万众一心、众志成城的磅礴力量。

（三）坚持以人为本，落实主体地位。

人民是推动发展的根本力量，实现好、维护好、发展好最广大人民根本利益是发展的根本目的。习近平总书记多次强调，要坚持以人民为中心的发展思想，坚持发展为了人民，发展依靠人民，发展成果由人民共享的理念。贯彻落实以人民为中心的发展思想，具体到产业工人队伍建设改革问题，就是要明确改革的落脚点，推动改革往有利于维护社会公平正义方向前进，往有利于增强产业工人的获得感、幸福感、安全感的方向前进。从产业工人普遍关心的方面入手，着重围绕落实产业工人的主体地位，以公平正义为价值追求，建立维护产业工人权益机制，排除阻碍产业工人参与发展、分享发展成果的障碍，维护产业工人切身利益，全面提高产业工人的经济、政治、文化、社会地位，让产业工人实现体面劳动、全面发展。

（四）坚持问题导向，勇于改革创新。

推动产业工人队伍建设改革取得实效，必须有直面问题的勇气、解决问题的担当以及破解难题的能力，从制约产业工人队伍建设的突出问题入手，勇于改革创新，坚决破除束缚产业工人队伍建设的思想观念和体制机制，清障搭台，强化保障，切实提高产业工人队伍建设改革的针对性、实效性。产业工人队伍建设改革面临的是一个结构复杂、分布广泛的队伍群体，内部存在较大差异，要抓住重点和难点，在目标任务、工作举措、支持保障等方面有统一且清晰的具体要求的前提下，大胆改革探索，力求突破。

二、产业工人队伍建设改革的目标任务和主要举措①

《改革方案》包括总体要求、主要举措和组织实施三部分内容。按照政治上保证、制度上落实、素质上提高、权益上维护的总体思路，改革不适应产业工人队伍建设要求的体制机制，充分调动广大产业工人的积极性、主动性、创造性，为实现"两个一百年"奋斗目标，实现中华民族伟大复兴的中国梦更好地发挥产业工人队伍的主力军作用。

（一）产业工人队伍建设改革的目标任务

改革的目标任务是把产业工人队伍建设作为实施科教兴国战略、人才强国战略、创新驱动发展战略的重要支撑和基础保障，纳入国家和地方经济社会发展规划，通过改革，产业工人队伍不断壮大，综合素质明显提高，保障产业工人地位的制度更加健全，产业工人合法权益进一步实现，劳动光荣、技能宝贵、创造伟大的时代

---

① 中国工会新闻网，"产业工人队伍建设改革五周年"新闻发布会，http：//acftu. people. com. cn/n1/2022/0630/c67502−32462009. html，2022 年 6 月 3 日。

风尚更加浓厚，造就一支有理想守信念、懂技术会创新、敢担当讲奉献的宏大的产业工人队伍。

（二）产业工人队伍建设改革的主要举措

主要改革举措包括加强和改进产业工人队伍思想政治建设，构建产业工人技能形成体系，运用互联网促进产业工人队伍建设，创新产业工人发展制度，强化产业工人队伍建设支撑保障等 5 方面 25 条具体内容。

在加强和改进产业工人队伍思想政治建设方面，主要是强化和创新产业工人队伍党建工作，突出产业工人思想政治引领，健全保证产业工人主人翁地位的制度安排，创新面向产业工人的工会工作。

在构建产业工人技能形成体系方面，主要是完善现代职业教育制度，改革职业技能培训制度，统筹发展职业学校教育和职业培训，改进产业工人技能评价方式，打造更多高技能人才，促进农民工融入城市、稳定就业。

在运用互联网促进产业工人队伍建设方面，主要是创新产业工人队伍建设网络载体，打造网络学习平台，推行"互联网＋"普惠性服务。

在创新产业工人发展制度方面，主要是拓宽产业工人发展空间，畅通产业工人流动渠道，创新技能导向的激励机制，改进劳动和技能竞赛体系，加大对产业工人创新创效扶持力度，组织产业工人积极参与实施"走出去"战略和"一带一路"建设。

在强化产业工人队伍建设支撑保障方面，主要是加强有关产业工人队伍建设的法治保障，完善财政投入机制，建立社会多元投入机制，完善产业工人劳动经济权益保障机制，深化产业工人队伍建设理论政策研究，营造尊重劳动、崇尚技能、鼓励创造的社会氛围。

三、产业工人队伍建设改革工作的组织与推进

《新时期产业工人队伍建设改革方案》明确提出："建立贯彻落实协调机制，由全国总工会牵头，各相关部门参与，加强对产业工人队伍建设改革的宏观指导、政策协调和组织推进，实现产业工人队伍建设与宏观政策、产业政策、就业政策、社会政策联动，打破部门界限，形成整体合力，勇于担当责任，提高产业工人队伍建设科学化水平。"

按照方案要求，全国总工会切实履行宏观指导、政策协调、组织推进、督促检查的职责，发挥好牵头作用。2017 年，全总会同中组部、发改委、教育部、工信部、人社部、财政部、国资委等 8 部委作为成员单位，中宣部等 22 个部委作为参与单位组成全国推进产业工人队伍建设改革协调小组。协调小组建立了会议制度、改革任务牵头工作机制、联络员工作机制、调研督查督办工作制度等。各地方、各产业工会和基层工会也在同级党委领导下，按照统一部署，积极参加贯彻落实协调机制，搞好协调配合，主动开展工作。各省（区、市）均已成立推进产业工人队伍建设改革组织领导机构。各地方制订产改专项规划或纳入地方整体规划，把产改工作列入年度考核或督查范围，压紧压实责任，创新改革举措，狠抓任务落实。

2021 年全国总工会成立推进产改工作领导小组，进一步强化牵头抓总职责，全总党组书记、副主席、书记处第一书记陈刚担任领导小组组长，部署开展大调研、大走访、大交流活动，加大成员单位间协调推进力度。推动制定产业工人队伍建设改革评价考核机制、全国产业工会作用发挥机制、专题培训机制、发挥企业主体作用机制、分类指导机制等工作机制。协调小组办公室通过召开联络

员会议，印发年度产业工人队伍建设改革工作要点，举办专题培训班，编发产改专报等方式，加强协调联系、综合指导、经验交流和组织推进。

四、近年来工会组织推进产业工人队伍建设改革的主要成效

产业工人队伍建设是一项具有战略性、全局性的重大部署改革。自 2017 年 4 月启动产业工人队伍建设改革以来，各级党委、政府、工会和各相关部委围绕产业工人思想引领、建功立业、素质提升、地位提高、队伍壮大等重点任务扎实开展工作，推动改革取得积极进展。顶层设计上，一大批聚焦思想引领、建功立业、素质提升、地位提高、队伍壮大等重点任务的顶层设计陆续出台，中共中央、国务院及相关部委出台改革配套文件 100 多个，全总出台相关文件 20 多个，31 个省（区、市）和新疆生产建设兵团均已出台改革实施方案及配套政策文件，为落实改革举措提供了制度保障。组织领导上，全国总工会积极牵头抓总，会同中央组织部、国家发展和改革委员会、教育部、工业和信息化部、人力资源和社会保障部、财政部和国务院国资委成立推进产业工人队伍建设改革协调小组，30 个部委参与其中。各省（区、市）均成立推进改革组织领导机构，其中 23 个省（区、市）的省委副书记、6 个省（市）的省委常委担任协调（领导）小组组长；各地方制订改革专项规划或纳入地方整体规划，把此项工作列入年度考核或督查范围。

按照《改革方案》和中央改革办要求，全总认真履行牵头抓总职责，部署开展"产业工人队伍建设改革深化年""产业工人队伍建设改革提升年"活动，推动召开全国推进产业工人队伍建设改革工作电视电话会和经验交流会，组织开展十大产业、百家企业深化产业工人队伍建设改革专项行动等，指导改革工作稳步扎实推进。在全国，推进产业工人队伍建设改革工作成为各级工会的"一把

手"工程；先试先行，典型引领，25 个地方和企业分两批开展了全国层面试点，带动各级各类试点超过 4000 个。[①] 改革主要成效包括以下几点。

思想引领方面，产业工人听党话、感党恩、跟党走的信念更加自觉坚定。积极宣传贯彻习近平新时代中国特色社会主义思想，通过劳模宣讲、职工演讲、主题阅读、知识竞赛、文艺展演等多种方式，引导产业工人用党的创新理论成果武装头脑。开展"与共和国同成长，与新时代齐奋进""决胜小康，奋斗有我""永远跟党走，奋进新征程""喜迎二十大，建功新时代"等系列宣传教育活动，凝聚思想共识、激发奋进力量。先后印发《关于加强新时代职工文化建设的指导意见》《关于加强和改进新时代中等职业学校德育工作的意见》等，召开加强和改进新时代产业工人队伍思想政治工作推进会，开展全国新就业形态劳动者思想状况调查，指导技工院校开足开好思想政治理论课，产业工人思想政治工作得到加强。大力弘扬劳模精神、劳动精神、工匠精神，开展"最美职工""大国工匠年度人物"等评选和学习宣传活动，打造"中国梦·劳动美"五一特别节目，制作《大国工匠》系列人物专题片，举办"大国工匠进校园"全国性示范活动，"劳动光荣、技能宝贵、创造伟大"的理念进一步深入人心。

建功立业方面，广泛深入持久开展劳动和技能竞赛，产业工人主力军作用得到更好发挥。积极搭建产业工人建功立业平台，基本建立起以世界技能大赛为引领，以全国职业技能大赛为龙头，以全国行业职业技能竞赛和地方各级职业技能竞赛以及专项赛为主体，以企业和院校职业技能比赛为基础的具有中国特色的职业技能竞赛

---

① 中国工会新闻网，《一支高素质产业工人队伍逐渐壮大，为高质量发展提供强大人才支撑——推动产业工人队伍建设改革走深走实》，http://acftu.people.com.cn/n1/2023/0905/c67502-40070981.html，2023 年 9 月。

体系。制订劳动和技能竞赛 5 年规划以及出台《关于进一步提高非公企业劳动和技能竞赛工作水平的意见》，围绕国家重大战略、重大工程、重大项目、重点产业，组织动员 3.7 亿人次产业工人参与多种形式的劳动和技能竞赛，在推动高质量发展中建功立业。大力支持产业工人创新创造，深化"五小"等群众性创新活动，探索创建跨区域、跨行业、跨企业的创新工作室联盟，命名 297 家全国示范性劳模和工匠人才创新工作室，创建各级各类创新工作室 8.2 万余家，20 个一线产业工人创新项目获国家科学技术进步奖。成功举办首届大国工匠创新交流大会，495 项职工创新成果在线签订成果转化意向书，不断激发产业工人创新创造活力。

素质提升方面，强化职业教育和培训，产业工人队伍技术技能水平显著提升。推动职业教育制度改革，深化校企合作、产教融合，每年培养 1000 万左右高素质技术技能人才。着力加大技能培训力度，实施职工素质建设工程，打造"技能强国——全国产业工人学习社区"平台，完善"职工技能培训与岗位练兵在线平台"、职工电子书屋、中国职工教育服务网等，建设新时代工匠学院，全面推行学徒制培训，近 3 年共完成企业新型学徒制培训 124 万人。着力加强产业工人技术创新交流，举办首届大国工匠创新交流大会，实施国家高技能人才振兴计划，加快建设高技能人才培训基地。

地位提升方面，切实提高地位落实待遇，主人翁意识进一步增强，产业工人地位和待遇进一步提高。各有关方面不断推动健全保证产业工人主人翁地位的制度性安排，政治站位，产业工人在各级党委、人大、政协、群团组织的代表大会代表、委员会委员中的比例均有所提高，截至目前，28 个省级工会配备产业工人兼职副主席 46 名。注重提升经济地位，建立健全培养、考核、使用、待遇相统一的激励机制，中央企业推行高技能人才年薪制，将高技能领军人才纳入激励范围。开展第十四届、十五届高技能人才评选表彰活动，对 60 名中华技能大奖获得者和 600 名全国技术能手进行奖励。推荐高技能人才享受国务院政府特殊津贴。注重提升社会地位，加大对产业工人的表彰力度，多名产业工人被推荐获得"改革先锋"称号和"七一勋章"。自 2018 年起，在全国五一劳动奖评选中，产业工人获奖比例被单列并要求不得低于 35%，2018 年、2019 年和 2021 年分别达到 41.6%、40.3% 和 42.5%。加强对工匠人才的选树培养、关心关爱，广大产业工人体面劳动、舒心工作、全面发展的职业荣誉感和自豪感逐步提升。

队伍壮大方面，积极推动"三新"领域企业建会和货车司机等"八大群体"入会，开展入会集中行动试点和百人以上企业建会入会工作，加大互联网企业等建会力度，推进社会组织建会，不断扩大工会组织的有效覆盖，2020 年新发展八大群体会员 219.6 余万人，发展新就业形态劳动者会员超过 350 万人。各级工会投入资金 9.38 亿元，建设户外劳动者服务站点 78217 个，服务以农民工为主体的户外劳动者群体 5990.9 万人。产业工人队伍不断壮大，组织化程度日益提高。

五、工会组织在推动产业工人队伍建设改革中的工作重点

新时期新阶段，工会要在全面推进改革的基础上进一步突出重点，抓好以下几方面的工作。

一要扎实做好产业工人思想政治工作，运用多种形式、渠道和载体，广泛开展主题宣传教育活动，特别是要把工作的重点更多放到基层和企业、车间和班组，更好发挥基层工会主席、社会化工会工作者、工会积极分子和产业工会干部作用，把产业工人思想引领工作落到实处，不断增强思想政治工作的吸引力、感召力。

二要组织动员广大产业工人建功立业，继续围绕国家重大战略、重大工程、重大项目、重点产业，广泛深入持久开展多种形式

的劳动和技能竞赛，深入开展"五小"等群众性创新活动，大力弘扬劳模精神、劳动精神、工匠精神，把亿万职工群众中蕴藏的创新创造活力充分激发出来，为经济社会发展建功立业。

三要引导产业工人立足岗位创新创造，围绕实施制造强国战略，推动高质量发展，充分发挥劳模和工匠人才（职工）创新工作室、新时代工匠学院、"技能强国——全国产业工人学习社区"等作用，引导产业工人勤学苦练、深入钻研，提高创新意识和创新能力，为全面建设社会主义现代化国家做贡献。

四要不断提高产业工人技术技能水平，加大产业工人职业技能培训力度，加快构建产业工人技能形成体系，建设一批产业工人技能实训基地，引导企业加大在岗培训力度，向产业工人提供普惠性、均等化，贯穿学习和职业生涯全过程的终身职业技能培训，大力深化职业教育改革，发挥职业教育在推进产业工人队伍建设改革中的重要作用。

五要扎实做好产业工人维权服务工作，推动落实就业优先政策，完善工资平等协商机制、正常增长机制、支付保障机制，推动提高技术工人待遇政策落实，助推实现多劳者多得、技高者多得的目标。加大对相对困难职工的常态化帮扶力度，构建服务职工工作体系，发挥服务职工阵地作用，不断提升产业工人生活品质，推动实现共同富裕。

六要以实际举措壮大产业工人队伍。加大对产业工人队伍发展状况的分析研判力度，聚焦存在的突出矛盾，推动解决影响队伍壮大的主要问题。要坚持"抓两头"，一头抓制造业工人队伍，以推动提高工资收入水平、加强技术技能培训、改善工作环境和条件、强化企业民主管理和社会保障、提升工作稳定性、畅通职业发展通道等为重点，着力破解劳动者不愿进工厂、当工人的难题，努力保持制造业工人队伍总体稳定并逐步壮大；一头抓新就业形态劳动者队伍，巩固拓展新就业形态劳动者建会入会成果，推动解决新就业形态劳动者反映强烈的劳动报酬、社会保险、休息休假、职业安全等突出问题，让新就业形态劳动者成为产业工人队伍的重要力量。

七要发挥产业工人在维护社会大局稳定中的中坚作用。围绕贯彻总体国家安全观，有针对性地对产业工人加强形势任务教育、国家安全教育，推动构建和谐劳动关系，筑牢维护劳动领域政治安全的群众防线，以实际行动维护企业和社会大局和谐稳定。

第二节　产业工人队伍建设改革的创新实践

自 2017 年 4 月中共中央、国务院印发《新时期产业工人队伍建设改革方案》以来，在中央全面深化改革委员会办公室的指导下，全国总工会积极牵头抓总，各相关部委协同推进，各级党委、政府、工会认真贯彻落实，制订改革方案，出台改革举措。2020 年年初，针对落实《新时期产业工人队伍建设改革方案》中存在的问题、短板与不足，为探索解决矛盾困难的办法举措，推进产业工人队伍建设改革协调小组部署开展产业工人队伍建设改革第一批试点工作。2021 年年初，推进产业工人队伍建设改革协调小组在巩固第一批试点成果的基础上，部署开展了第二批改革试点工作，在 12 个单位或地区开展了 11 个项目试点。两批试点单位围绕产业工人队伍建设改革重点任务和难点问题，大胆探索、创新举措，形成一些针对性操作性强、可复制可推广的经验做法，取得了重要成果，为全国产业工人队伍建设改革向纵深发展提供了宝贵经验。此外，各级党委、政府、工会和各相关部门、企事业单位也积极推进，实践探索出一些务实有效的工作经验。

一、强化产业工人思想政治引领

习近平总书记指出，加强思想政治引领，要提高针对性实效性，采取职工喜闻乐见、寓教于乐的形式和对路管用的方法。做思想引领工作，单凭空洞说教达不到入脑入心的目的，只有不断创新载体手段、理论联系实际，才能真正发挥培根铸魂、凝聚力量之作用。

大庆油田有限责任公司（以下简称"大庆油田"）在第二批试点工作中承担"强化产业工人思想政治引领"专项试点任务。面对新形势新任务，大庆油田依托新媒体平台，面向全体干部员工开展"践行岗位责任·弘扬严实作风"岗位"云讲述"活动，以岗位责任制为切入点，推动石油精神和大庆精神、铁人精神的再学习、再教育、再实践、再传播，推动严实作风内化于心、外化于行，提升队伍履职能力，助力人才强企工程，为油田高质量发展贡献力量。开展讲述活动，首先明确"1＋N"的内容。"1"即讲述岗位职责，做到目标任务、岗位职责、技能水平、安全风险"四个讲清"；"N"即在革新创效、技术技能或安全经验中任选一种来讲，鼓励员工讲出岗位特色。之后通过自主研发的大庆油田工会 App"短视频"板块将活动推向"云"端。同时注重讲述质量，组建审核员队伍，围绕意识形态、技术保密、安全环保、精神文明等重要方面严格审查，对讲述内容给予指导和纠偏。大庆油田在"云讲述"平台开发了便捷的搜索、关注、收藏功能，实现信息的精准传递，让员工学有参照、赶有方向。建立评选表彰的激励机制，坚持精神激励与物质激励相结合。大庆油田坚持将"云讲述"作为查漏洞、补短板的抓手，帮助员工纠正习惯性违章、模糊性认识，帮助员工学习岗位创新创效优秀实践，不断改进工作方式，不断提升工作水平。活动极大激发了员工的主人翁责任感，有力促进了严实作风内化为全员的价值标准，提升队伍履职能力。

为进一步推进新思想、新理念进园区、进企业、进班组，浙江省总工会联合省委宣传部组织了"守好红色根脉·班前十分钟活动"，将高深的理论搬到"接地气"的班前会上，用职工身边小事，讲活政治理论，讲好红色故事，在润物无声中将党的理论内化于心。浙江省总工会出台《关于高质量推进"守好红色根脉·班前十分钟活动"的指导意见》，建立健全了省总工会统筹、各市和省产业工会推进、县（市、区）工会负责、镇街（园区）工会主抓、企业工会落实的五级联动工作机制，实现跨部门协同合作、联合推进的目标；还规定了一系列常态化保障机制，包括联系指导制度、评价反馈制度、关心激励制度、责任落实制度，探索建立评价机制、星级领讲员评定机制，确保活动常态高效高质量开展。在具体实践中，通过选聘领讲骨干，着力建设专业化领讲队伍，精选主题化宣讲内容，讲活科学理论、讲深伟大梦想、讲好红色故事、讲透"三个精神"、讲明发展愿景等，不断为各类企业发展注入红色动能。

二、创新开展劳动和技能竞赛

劳动和技能竞赛是产业工人发挥作用、锤炼技能、创新创造的重要舞台。近年来各地围绕国家重大战略、重大工程、重大项目、重点产业，聚焦"建功'十四五'、奋进新时代"主体，广泛深入持久开展劳动和技能竞赛，创新开展劳动和技能"云竞赛"，群众性创新活动百花齐放。

上海市以承办第 46 届世界技能大赛为契机，探索融"培训、练兵、比武、晋级、激励"为一体的劳动技能竞赛。在推进产业工人队伍建设改革过程中，健全多层级技能竞赛体系，市人社、市教委、市总工会等 7 部门出台《关于推进本市职业技能竞赛体系建设的若干意见》，构建以世界技能大赛为引领，以国家级技能大赛为龙头，以市级技能大赛为主体，以区域性技能竞赛为基础，基层岗位练兵和技能比武活动广泛开展的技能竞赛体系，塑造竞赛活动品牌，放大竞赛溢出效应。

为推动全省新旧动能转换十强产业高质量发展，更好发挥劳动竞赛"比学赶超"正向激励作用，山东省总工会、省新旧动能转换综合试验区建设办公室和省人力资源社会保障厅联合出台了推动"十强"产业高质量发展，全面开展创先争优劳动竞赛工作的意见，每年选择80项左右项目开展劳动竞赛，形成了重点项目类、技术技能类、创新创意类、工作推进类"四位一体"，基层赛、选拔赛、省决赛"三层推进"，国内竞赛、国际交流"双向延伸"的劳动竞赛新格局。为做好十强产业劳动竞赛，省总工会每年发布省级劳动项目征集通知，对服务"八大发展战略"实施，特别是服务十强产业发展的相关项目进行梳理，选择一批作用大、基础好、意愿强、措施实的竞赛申报劳动项目。由省总工会会同省新旧动能转换综合试验区建设办公室对申报项目进行审查，确定年度省级劳动竞赛新增项目名单。各级工会要建立健全本级劳动竞赛委员会（劳动竞赛领导小组），负责本级劳动竞赛的组织领导工作，组织动员各方面力量参与竞赛。

陕西省总以"大抓项目，抓大项目，促大发展"为导向的劳动竞赛"十百千万"工程于2021年3月全面实施。"十"即省总在全省国家级、省级重大建设工程项目中，打造十个示范性竞赛项目；"百"即省级产业工会抓好百个重点竞赛项目，在各自领域引领带动；"千"即选树千个竞赛标兵，激发广大职工参赛的积极性；"万"即全省各级工会推动指导万户企业开展各具特色的竞赛。在陕西省总工会的推动下，全省各级工会结合实际开展各具特色的劳动竞赛，在460万名职工中形成了"比、学、赶、帮、超"的浓厚竞赛氛围，为推进项目高质量发展聚力赋能。

三、加强职业技能培训

加强职业技能培训，是产业工人提高技能水平、提升就业创业能力和职业生涯发展能力的主要途径。技能形成体系为产业工人生存和发展提供最坚实的保障，也为成功实施产业转型升级提供强大的技能支撑和人才保障。根据工人日报报道，截至 2021 年年底，全国技能劳动者超过 2 亿人，其中高技能人才超过 6000 万人。这一成绩背后是各地各部门在提高产业工人素质上的不懈努力。

黑龙江省齐齐哈尔市总工会牵头，推广"人教岗"模式，构建了"以政府为主导，以企业为主体，以技工院校为重点，以校企合作为基础，社会各方广泛参与"的产业工人来源和职业技能形成的区域性联合体，建设高素质产业工人大军，有效破解了企业招工难，技术工人总量不足，年龄老化等问题。具体做法包括以下几点。（1）成立产教融合发展中心。以技师学院为核心，引入二十余家大中型企业，构建起确保产业工人来源、提升职工岗位技能的区域性联合体。中心下设办公室，与市专班合二为一开展工作。（2）订单式培养技能人才。首先，开展"人力调查"活动。组建了城乡青年劳动力资源信息库和规模以上工业企业职工培训需求信息库，实名制收录三十五周岁以下未稳定就业"两后生"和未来 3 年企业拟培训职工。其次，强化"技工教育"。统一市技师学院和一重技师学院编制待遇，实现两校一体化；组织县区协助市本级技工院校招生。最后，挖掘"用工岗位"。组建了规模以上工业企业用工需求信息库，收录未来 3 年企业用工岗位。2020 年对接落实订单企业用工 1662 人，其中新生占近 70%；技工院校与用工企业（单位）分别签订了培养协议。同时，2020 年全市开展补贴性职业培训 9.7 万人次，发放补贴 1.02 亿元。其中，针对畜牧企业落户迅猛的实际情况，4 个月内协助畜牧企业招工 750 余人，开展职业技能提升培训 5060 余人，发放补贴 350 余万元。（3）强化校企合作资金政策支持。把技师学院招生纳入高中阶段毛入学率考核；对技工教育招生对象免除学费，对其进行培训并发放补贴；对吸纳技工院校毕业生见习和就业的企业给予补贴或奖励，对开展岗位技能提升、新型学徒制等培训的企业进行补贴；把劳动和技能竞赛前置，使之进入市本级技工院校的课堂，给予活动经费。

福建高速集团漳州管理分公司，面对高速公路转型升级、高质量发展的新形势、新任务，根据企业自身性质和特点，积极搭建职业技能培训平台，提升产业工人竞争力。全面推行企业新型学徒制度，通过建立"导师带徒"人才培养机制，挑选业务骨干，抓好"传、帮、带"工作；制订年度教育培训计划，全面开展技能培训；搭建网络学习平台，开展各类形式网络培训，促进职工提升各项业务知识的掌握能力，营造浓厚的学习氛围。

凌源钢铁集团有限公司通过政策导向激励、活动载体牵引，着力培育高素质产业工人队伍，助力企业高质量发展。广泛开展"拜师学技"活动，突出青年技能人才培养，着力弥补思想技术断层。通过师徒结对、明确师徒责任、制订培养计划、建立双奖机制等措施，推进师徒技术传承、思想传承、文化传承。开发网上练兵学习系统，推进职工素质提升平台建设"智能化"，开发了职工网上练兵学习系统的电脑版和手机版，设置闯关练兵、在线考试、试题征集、网上创新、网上图书馆、精品课堂等多个功能模块，50 个工种、20 万道题库，涵盖了钢铁生产关键岗位工种，职工可以利用计算机或手机随时随地进行学习训练和测试。拓展职工网上自学、闯关练兵、专题培训内容，采取月、季、年积分排名奖励机制，提升网上学习培训效果。针对钢铁生产的重要工序和关键岗位，分别建立了高炉炼铁、转炉炼铁生产仿真实训操作系统，以劳模创新工作室为依托，将炼铁、炼钢生产过程"搬"到网上，利用系统平台对职工开展网上仿真实训，实现职工实操"零成本"培训目标，促进了关键工序岗位职工的素质能力提升。建设职工技能培训基地，在辽宁省总工会的支持下建成凌钢维修工技能培训基地，不仅满足了日常技能培训需要，还兼备比武鉴定考核功能，具备承办市级、省级技能大赛能力。

福建省三明市立足老工业基地优势和产业发展实际，把"构建和完善产业工人技能形成体系"作为加强产业工人培育的重要抓手，积极搭建平台，健全机制，抓好服务，着力为三明市产业高质量发展培养、造就一支高素质的产业工人队伍。省总工会牵头召开三明市产业工人队伍建设改革工作专题会议，制定出台《三明市关于开展构建和完善产业工人技能形成体系全面试点工作方案》，提出改革措施16项，确定3个试点县（市、区）和21个项目试点单位。优化教培体系方面，大力推进职业技能培训基地建设，培育、创建省级高职院校产业学院，依托中小企业公共服务平台和龙头企业创建"二元制"产业学院，引导推动学校与公司共建教学点，支持技工学校升级升格。建强师资队伍方面，制定出台《三明市教育局关于做好2022年职业院校"双师型"教师认定工作的通知》，深入开展职业院校教师进企业实践，企业技术人员进学校教学和"双师型"教师认定工作。抓实技能培训方面，落实职业教育宣传财政专项经费，组织开展各形式各类型的培训，通过农民工"求学圆梦"行动计划，为农民工提供参加机械设计制造及其自动化技术、机电一体化技术、汽车检测与维修技术、电子信息工程技术等内容的学习机会。产教融合方面，实施《三明市深化产教融合推动职业教育高质量发展实施方案》，落实职业院校毕业生实习实训管理制度和跟踪服务制度，持续深化"新型学徒制""名师带高徒"活动，引导职业教育学院安排应届毕业生到企业一线进行实践锻炼，加大订单式复合型人才培养力度，以交通运输类、焊工、电工、叉车工等职业（工种）为重点，大力推行"二元制""订单班""特色小班"等人才培养新模式，组织职业院校（技工学校）与企业开展"校中厂、厂中校"合作办学活动，积极组织产教融合培训。

四、引导产业工人立足岗位创新创造

在中国海员建设工会的统筹指导下，宁波舟山港集团有限公司以世界大港"责无旁贷"的担当，曹妃甸港集团股份有限公司以时代新港"舍我其谁"的精神，提高政治站位、树立大局意识、找准合作契机，共同打造跨区域、跨行业、跨企业的劳模和工匠人才创新工作室联盟，进一步推动群众性技术创新活动融入国家创新体系。这是中国港口圈首个跨区域、跨企业的创新联盟，以"共建、共创、共享"为合作理念，以实现港口圈经验共享、技艺共商、成果共创、文化共融、管理共进为发展愿景，旨在通过资源共享、优势互补，打造港口间"创新共同体"，助推群众性技术创新活动高质量融入国家创新体系。截至 2021 年 6 月，创新联盟共涵盖两港创新工作室 10 家，其中全国示范性劳模创新工作室 2 家，全国技能大师工作室 2 家，省级高技能人才创新工作室 2 家，省级劳模创新工作室 2 家。牢固树立联盟"一盘棋"思想，从规范联盟创建、促进联盟发展的角度出发，宁波舟山港集团与曹妃甸集团经过多次讨论、研究和完善，成功制定《港口工匠创新联盟章程》和《港口工匠创新联盟创新成果管理办法》，各联盟成员工作室相继建立工作、培训、考核等日常工作运行制度，从根本上保证创建活动朝着规范化、制度化和长效化方向发展。联盟成员以匠心致敬初心，以恒心攻破难点，深入钻研、精益求精，通过加大联合攻关力度，已经实现了《件杂船舶装卸工艺方案研究》《高水分类货物作业工业研究》等项目的圆满落地。以创建"港口工匠创新联盟"为契机，两港首次将门座式起重机、门式起重机两个作业工种的技能比赛推进全国一类竞赛。与此同时，广泛搭建产业工人教育培训"立交桥"。两港将"港口工匠创新联盟"从理念转化为行动，在高质量发展的大潮中不断升华，激起了两港职工积极担当的最大热情。

河南省中信重工机械股份有限公司，在深入贯彻中央和省委关于产业工人队伍建设改革部署要求的过程中，弘扬工匠精神，发挥工匠劳模创新工作室，引导工人勤学苦练、深入钻研，打造高素质技术技能人才队伍，凝聚工人力量擦亮"中国制造"品牌。企业制定《中信重工践行工匠精神实施细则》，将劳模精神、工匠精神纳入企业文化建设体系，提升产业工人文化自信、发展自信。充分发挥党的十九大代表、全国劳模刘新安和大国工匠杨金安等模范先进的引领作用，开展"工匠讲堂"活动，引领产业工人讲政治、学理论、听党话、跟党走。实施"金蓝领工程"，为生产一线工人设置了从初级工、中级工、高级工到技师、高级技师、大工匠的6个技能等级，打通了技能等级晋升通道。强化技能价值激励导向，设立"金蓝领技能津贴"，技师以上技能工人在承担公司工匠创新课题期间，按月发放津贴。支持创新孵化，公司投资建设了二十多个劳模工匠创新工作室，工匠职工通过工作室开展攻关，完成课题，申报专利，创造效益。

五、提高产业工人政治、经济、社会地位

江苏省徐州矿物集团有限公司在提高职工三大地位方面积极部署、多措并举，研究制定了具有徐矿特色的产业工人队伍建设改革十大措施，着力打造一支有理想守信念、懂技术会创新、敢担当讲奉献的产业工人队伍。

在提高产业工人的政治地位方面，一是强化产业工人队伍党建工作，集团公司优先从优秀产业工人中发展党员，提高一线产业工人的党员比例，创建党员先锋示范岗。二是强化产业工人源头参

与，集团公司提高产业工人在党的代表大会、职工代表大会中的代表比例，坚持企业重大决策听取产业工人意见，涉及产业工人切身利益的重大问题必须经职代会审议通过，完善职工董事、职工监事制度，保证产业工人有效参与企业治理。三是加大产业工人培养力度，集团公司建立优秀产业工人在工会、协会等群团组织中兼职制度，集团公司"十佳区队长""十佳优秀班组长"及劳模创新工作室（技能大师工作室）领军人才，优先被列为后备干部推荐人选；集团公司技能大赛、技术比武优胜选手和技师、高级技师，优先作为班组长推荐人选。

在提高产业工人的经济地位方面，一是建立完善工资增长机制，建立技能水平与薪酬等级挂钩制度，实行协议工资、项目工资、股权制、年薪制等分配方式。国家、省（部）级、地市级劳动模范、五一劳动奖章获得者及集团公司劳动模范，在岗期间月度岗位工资标准分别不低于所在单位正处级、副处级、正科级、副科级干部的工资标准。二是建立完善保障激励机制，公司建立完善补充医疗保险制度，提高劳动模范、高技能人才（在聘任期内）的年金企业缴费比例，国家级、省（部）级劳动模范分别增加 2.5%、2%，市级劳动模范或连续两次集团公司劳动模范增加 1.5%，高级技师、技师、高级工分别增加 1.5%、1%、0.5%。三是建立完善津贴激励机制，高级工、技师、高级技师与本单位助理工程师、工程师、高级工程师享受同等标准津贴，建立完善劳模创新工作室（技能大师工作室）领军人才津贴、补贴制度。四是建立完善奖励激励机制，产业工人在国家级、省（部）级专业技术大赛中获得优胜名次的，视获奖名次，由所在单位分别给予不同档次奖励。产业工人新取得技师、高级技师职业资格的，也有相应奖励。

在提高产业工人的社会地位方面，一是提升产业工人荣誉感，公司持续开展劳模、工匠、好人、"六个十佳"及岗位标兵、技术能手等评选活动,增加产业工人在各级各类先进评选中的名额比例。二是提升产业工人幸福感,获得国家级、省(部)级、市级荣誉的产业工人,由集团公司分别安排家庭疗休养;集团公司劳动模范及"六个十佳"等荣誉称号获得者,安排个人疗休养;集团公司技能大赛、技术比武优胜选手,由所在单位适时安排疗休养;加强劳动保护,实现职业健康体检全覆盖。三是提升产业工人获得感。集团公司持续开展产业工人技能培训、岗位技能提升活动,每年选送 100 名骨干产业工人到国内外知名院校、大型企业、培训机构进行学历、技能提升培训;集团公司每年举办一次职工技能大赛或青工技术比武活动,组织优秀产业工人进行交流研讨。

江苏省徐州矿物集团有限公司通过推行产业工人队伍建设改革"十条新规",切实提高了职工"三大地位"。而安徽海螺水泥股份有限公司,则是在提高产业工人经济地位方面加大力度,着力改革薪酬管理体制,多渠道提高产业工人收入水平。

安徽海螺水泥股份有限公司,以开展"提高产业工人经济地位"项目试点工作为契机,建立健全薪酬管理"一体系四调整"机制,着力提高产业工人收入水平。明确重实绩、重贡献、差异化的收入分配制度,突出"多劳者多得、技高者多得",让职工收入水平随企业效益同步增长。建立职级薪酬体系,对标行业和市场薪酬水平,确定员工职级薪酬,每月开展工作绩效评估,实现薪酬与岗位、技能、业绩、企业效益挂钩。完善最低工资、业绩目标调整和合理增长机制,工资增长向关键岗位、科研开发和生产一线岗位倾斜,确保职工收入水平处于本地区、本行业领先水平。强化制度顶层设计,制定实施《海螺集团三项制度改革专项行动实施方案》《海螺水泥区域子公司工资总额管理暂行办法》《海螺水泥特别绩效贡献奖励方案》《海螺水泥专项奖励方案》等,建立长效机制,确保薪酬改革具有可持续性。2021 年发放科技创新、生产稳定运行、多种经营等奖励金逾 3.24 亿元，职工人均月收入达 1.08 万元，较产业工人队伍建设改革实施前增长约 37.5%，产业工人的经济地位得到稳步提升，获得感、幸福感、安全感进一步增强。

　　通过各项提升产业工人地位措施，广大产业工人对产业工人队伍建设改革成效看得见、摸得着，体面劳动、舒心工作、全面发展的职业荣誉感和自豪感不断提升，获得感、幸福感、安全感更加充实。

第五章

强化责任担当，聚力
新业态群体维权服务

第一节　关于"新业态群体"的政策与措施

一、鼓励创新：大力推进新业态蓬勃发展

随着全球分享经济快速增长，基于互联网等方式的创新创业蓬勃兴起，众创、众包、众扶、众筹（以下统称"四众"）等大众创业万众创新支撑平台快速发展，新模式、新业态不断涌现，线上线下加快融合，对生产方式、生活方式、治理方式产生广泛而深刻的影响，动力强劲，潜力巨大。同时，在四众发展过程中也面临行业准入、信用环境、监管机制等方面的问题。为落实党中央、国务院关于大力推进大众创业万众创新和推动实施"互联网＋"行动的有关部署，就加快构建大众创业万众创新支撑平台、推进四众持续健康发展，国务院 2015 年发布《关于加快构建大众创业万众创新支撑平台的指导意见》，指出要积极探索交通出行、无车承运物流、快递、金融、医疗、教育等领域的准入制度创新，通过分类管理、试点示范等方式，依法为众包、众筹等新模式新业态的发展营造政策环境。针对众包资产轻、平台化、受众广、跨地域等特点，放宽市场准入条件，降低行业准入门槛。

十八届五中全会公报首次提出了新业态的概念，"新经济"首次被写入《政府工作报告》，显示出对灵活就业、新就业形态的支持力度。国家明确提出了"鼓励创新，包容审慎"的分享经济调控原则，政府鼓励分享经济的创新，同时以包容和审慎的方式进行监管。政府为新经济新业态的发展提供政策支持与管理服务，最大限度减少对市场的行政干预，放宽市场准入条件，从人力到物力，从资源到资金支持，为新技术、新产业、新业态的发展提供更广阔的

"伸展"空间。此外，政府对新业态发展的重点行业给予更多的关注，专门推动出租汽车行业的改革进程。针对网约车所带来的新问题，交通运输部联合多部委于 2015 年至 2016 年相继出台了《关于深化改革进一步推进出租汽车行业健康发展的指导意见》和《网络预约出租汽车经营服务管理暂行办法》等，坚持在发展中逐步规范市场秩序。2017 年，国家邮政局出台了《邮政局召开会议部署加强和改进快递员职业保障工作》，提出在发展中解决问题，补齐行业发展短板，研究制定相关政策文件，加快推进非公快递企业工会建设，通过职业培训提升快递人员素质。

二、包容审慎：支持新业态新模式发展

随着新就业形态的进一步发展，政府出台了一系列指导性政策，促进新业态的健康发展。2018 年李克强总理在市监局座谈会上对包容审慎进行了解释，对未知的新业态采取包容的态度，在新业态的新生时期，"不要一上来就管死，而要给它一个观察期"。2019 年的《政府工作报告》指出，坚持包容审慎监管，支持新业态新模式发展，促进平台经济、共享经济健康成长。2019 年国务院出台了《国务院办公厅关于促进平台经济规范健康发展的指导意见》，指出要建立健全适应平台经济发展特点的新型监管机制。2020 年国务院出台了《国务院办公厅关于支持多渠道灵活就业的意见》指出要实施包容审慎监管，促进数字经济、平台经济健康发展。国家发改委等八部委也在《关于促进分享经济发展的指导性意见》中，强调了鼓励创新、包容审慎的原则。对新业态新模式强调发展的同时逐步兼顾公平，以宽容和审慎的方式监管。交通运输部细化了新业态相关政策，2018 年相继出台了《关于加强和规范出租汽车行业失信联合惩戒对象名单管理工作的通知（征求意见稿）》《出租汽车服务质量信誉考核办法》和《进一步加强网络预约出租汽车和私人小客

车合乘安全管理》，针对网约车行业存在的诸多乱象，既关注了个体的网约车经营者，也强调了平台企业的责任。

三、全面规范：坚决维护新业态劳动者合法权益

依托互联网平台就业的网约配送员、网约车驾驶员、货车司机、互联网营销师等新就业形态劳动者数量大幅增加，维护劳动者劳动保障权益面临新情况新问题。加强灵活就业和新就业形态劳动者权益保障问题，习近平总书记念兹在兹，为新时代工会改革创新指明方向。

为深入贯彻落实党中央、国务院决策部署，支持和规范发展新就业形态，切实维护新就业形态劳动者劳动保障权益，促进平台经济规范健康持续发展，经国务院同意八部委（人力资源社会保障部、国家发展改革委、交通运输部、应急部、市场监管总局、国家医保局、最高人民法院、全国总工会）于2021年7月出台了《关于维护新就业形态劳动者劳动保障权益的指导意见》，"不完全符合确立劳动关系情形"的表述首次被规范性文件引入。《意见》提出了"强化思想政治引领、加快推进建会入会、切实维护合法权益、推动健全劳动保障法律制度"等举措。2022年8月，中华全国总工会印发《"县级工会加强年"专项工作方案》，指出要推行"重点建、行业建、兜底建"模式，实现对新就业形态劳动者的有效覆盖。通过基层工会的组建，更全面地维护新业态劳动者的合法权益。针对维护具体行业的新业态劳动者权益的相关文件也陆续出台。

（一）针对外卖送餐员群体的相关举措

2021年7月，市场监管总局、国家网信办、国家发展改革委、公安部、人力资源社会保障部、商务部、中华全国总工会联合印发《关于落实网络餐饮平台责任切实维护外卖送餐员权益的指导意见》（以下简称《意见》），对保障外卖送餐员正当权益提出全方位要

求。针对网约配送员、网约车驾驶员、网约货车司机等新就业形态劳动者大多在户外劳动工作的特点，《意见》提出加快城市综合服务网点建设，推动在新就业形态劳动者集中居住区、商业区设置临时休息场所，解决停车、充电、饮水、如厕等难题，为新就业形态劳动者提供工作生活便利。

（二）针对快递员群体的相关举措

2021年7月，交通运输部、国家邮政局、国家发展改革委、人力资源社会保障部、商务部、市场监管总局、全国总工会联合印发了《关于做好快递员群体合法权益保障工作的意见》（以下简称《意见》）。《意见》明确了到"十四五"末期要实现的主要目标，即快递员群体合法权益保障的相关制度机制基本健全，快递员群体薪资待遇更趋合理，社保权益得以维护，专业技能有效提高，企业用工更加规范，从业环境更加优化，就业队伍更加稳定，职业的自我认同和社会认同持续增强，快递员群体的获得感、幸福感、安全感持续提升；提出了利益分配、劳动报酬、社会保险、作业环境、企业主责、规范管理、网络稳定、职业发展等八项任务措施，初步明确了做好快递员权益保障工作的路径。

（三）针对货车司机群体的相关举措

2021年10月，交通运输部、中央网信办、国家发展改革委、工业和信息化部、公安部、财政部、人力资源社会保障部、自然资源部、生态环境部、住房城乡建设部、商务部、中国人民银行、国家税务总局、国家市场监督管理总局、中国银行保险监督管理委员会、中华全国总工会联合发布了《关于加强货车司机权益保障工作的意见》，围绕广大货车司机的关心关切问题，着力规范行政执法，畅通投诉举报渠道，改善工作休息条件，优化市场营商环境，健全社会保障体系，切实增强广大货车司机的从业获得感和职业归属感，加快建设交通强国，促进社会经济持续健康发展。

（四）针对交通运输新业态从业人员群体的相关举措

2021 年 11 月，交通运输部、中央宣传部、网信办、发展改革委、公安部、人力资源社会保障部、市场监管总局、中华全国总工会联合出台了《关于加强交通运输新业态从业人员权益保障工作的意见》，《意见》围绕解决交通运输新业态从业人员最关心最直接最现实的权益保障问题，着力规范交通运输新业态企业经营行为，维护公平竞争市场秩序，健全完善从业人员权益保障制度，营造良好从业就业环境，全力维护从业人员合法权益，促进交通运输新业态规范健康持续高质量发展。具体而言，需要完善平台和从业人员利益分配机制。各地相关部门要督促网络预约出租汽车（以下简称网约车）平台企业向驾驶员和乘客等相关方公告计价规则、收入分配规则，保障驾驶员知情权和监督权。督促网约车平台企业加强与经营服务所在地工会组织、行业协会的沟通协商。强化网约车驾驶员职业伤害保障，鼓励网约车平台企业积极参加职业伤害保障试点，为网约车驾驶员在线服务期间劳动安全提供保障。督促网约车平台企业依法为符合劳动关系情形的网约车驾驶员参加社会保险，引导和支持不完全符合确立劳动关系情形的网约车驾驶员参加相应的社会保险。[①]

四、聚焦发力：牢牢把握新征程下新就业形态劳动者权益保障方向

2023 年 1 月，全国总工会印发《关于推进新就业形态劳动者权益协商协调机制建设工作的通知》（以下简称《通知》），要求以货

---

① 中国政府网，关于加强交通运输新业态从业人员权益保障工作的意见，https://www. gov. cn/zhengce/zhengceku/2021－11/30/content＿5654949. htm，2021 年 11 月 17 日。

运、网约车、快递、网约配送等 12 家头部平台企业为重点，推动建立与劳动者的协商协调机制，畅通和规范劳动者的诉求表达、利益协调通道。针对推动平台企业与工会、劳动者建立协商协调机制，《通知》要求，定期召开会议，就计件单价、抽成比例、报酬支付办法、劳动量与劳动强度、工作时间、劳动安全与卫生和订单分配、奖惩制度、补充保险等直接涉及劳动者权益的事项开展协商，保障劳动者的知情权、表达权和建议权。同时，以快递行业龙头企业为重点，推广京东集团集体协商模式，推动签订覆盖全国职工的集团集体合同，并探索将加盟企业等合作用工企业劳动者权益保护纳入协商议题。

2023 年 1 月，人力资源社会保障部、国家发展改革委、教育部、公安部、财政部、住房城乡建设部、农业农村部、国家医保局、全国总工会发布了《关于开展县域农民工市民化质量提升行动的通知》，《通知》指出，要强化劳动权益保障。督促指导用人单位依法与农民工签订劳动合同。进一步扩大农民工参加企业职工基本养老保险、医疗保险、失业保险、工伤保险规模，切实保障工伤农民工返乡后各项工伤保险待遇的落实，社保转移接续服务便捷顺畅。及时有效查处拖欠农民工工资等相关案件，畅通劳动争议仲裁"绿色通道"，健全法律援助和法律服务网络。加强灵活就业和新就业形态劳动者权益保障。[①]

2023 年 6 月，中华全国总工会发布《深入推进新就业形态劳动者工会工作三年行动计划（2023—2025）》（以下简称《三年行动计划》），对以实施"三年行动"为抓手，深化新就业形态劳动者工会工作提出新要求、做出新部署。《三年行动计划》明确，通过 3

---

① 中国政府网，人力资源社会保障部等 9 部门关于开展县域农民工市民化质量提升行动的通知，http://www.mohrss.gov.cn/xxgk2020/fdzdgknr/qt/gztz/202301/t20230117_493622.html，2023 年 1 月 12 日。

年的努力，一是实现工会组织对新就业形态劳动者的思想政治引领显著增强，凝聚力量建功新时代的行动更加自觉；二是新就业形态劳动者建会入会数量持续增加，对工会组织的认同度、归属感进一步提升；三是新就业形态劳动者权益保障机制更为系统完善，服务精准化、智能化水平不断提高；四是新就业形态劳动者工会工作组织领导和各项保障机制更加健全，系统性更强。

2023 年 9 月，人力资源社会保障部办公厅会同中华全国总工会、中华全国工商业联合会、中国企业联合会办公厅（室）联合印发《关于开展基层劳动人事争议调解组织建设行动的通知》，人力资源社会保障部调解仲裁管理司负责人在回答记者关于重点加强企业劳动争议调解委员会、乡镇（街道）劳动人事争议调解中心、劳动人事争议仲裁院调解中心、商（协）会调解组织建设实施预期效果时回答道"四川省绵阳市人社局设立了新就业形态劳动者权益维护联合调解中心，由仲裁院负责日常工作，由相关部门安排工作人员集中办公，推进新就业形态劳动争议和民事纠纷实质化解"。《通知》要求加强仲裁院调解中心建设，切实发挥仲裁院专业优势，为人民群众提供"综合性""一站式"矛盾纠纷化解服务。

2023 年 10 月，中国工会第十八次全国代表大会审议并一致通过了中华全国总工会第十七届执行委员会提出的《中国工会章程（修正案）》，《章程》在有关条文中明确新就业形态劳动者入会权利，明确区域性、行业性工会联合会组织形式，规范基层工会委员会名称和任期，明确工会干部能力本领要求等，有利于各级工会持续深化改革和建设，有效发挥党联系职工群众的桥梁纽带作用。

2023 年 10 月 9 日，中华全国总工会主席王东明在中国工会第十八次全国代表大会上的报告中指出，"中国工会第十八次全国代表大会，是在我国迈上全面建设社会主义现代化国家新征程，向第二个百年奋斗目标进军的关键时刻召开的一次十分重要的大会。要以习近平新时代中国特色社会主义思想为指导，组织动员亿万职工为强国建设民族复兴团结奋斗"。针对新业态群体的工会组建问题，他指出"扎实推进改革创新，有效激发工会组织的生机活力。积极参与工会法等法律法规修改工作，加强工会工作法治化建设。推行'重点建、行业建、兜底建'模式，开展新就业形态劳动者入会集中行动、百人以上企业建会专项行动和社会组织建会专项行动，实现全国互联网百强企业全部建会，新增新就业形态劳动者会员1227万余人。扎实开展'转作风、解难题、促发展、保稳定'专项行动，推进'县级工会加强年'专项工作，加强财务管理、资产监督管理、经费审查审计监督等，工会工作的整体效能不断提升"。

蔡奇在中国工会第十八次全国代表大会上致辞工会是中国共产党领导的工人阶级群众组织，承担着组织动员广大职工为完成党的中心任务而团结奋斗的历史使命。新征程上，各级工会要坚持走中国特色社会主义工会发展道路，忠诚党的事业、竭诚服务职工，勇于担当，奋发进取，推动党中央决策部署在工会系统落地见效，奋力谱写党的工运事业崭新篇章。针对新就业形态劳动者群体，蔡奇指出，要切实提高维权服务质量。维护职工合法权益、竭诚服务职工群众是工会组织的基本职责。各级工会要坚持以职工为中心的工作导向，完善以普惠性服务和精准帮扶为重点的服务体系，为职工群众提供贴心服务。要高度关注新就业形态劳动者、农民工、城市困难职工等群体，帮助他们解决急难愁盼问题。要突出企业工会主体作用，健全以职工代表大会为基本形式的企业民主管理制度。要健全劳动关系协商协调工作机制，夯实和谐劳动关系基础，坚决维护劳动领域政治安全。

2023年10月12日，中华全国总工会党组书记、副主席徐留平在中国工会第十八次全国代表大会闭幕会上，再次强调了要始终坚持履行维权服务基本职责，不断增强职工群众获得感、幸福感、安全感。要牢固树立以职工为中心的工作导向，聚焦"维护职工合法权益、竭诚服务职工群众"主责主业，切实维护好、服务好亿万职工群众的劳动经济权益、民主政治权利和精神文化权益，大力推进产业工人队伍建设改革，着力解决好新就业形态劳动者、农民工、城市困难职工等重点群体的急难愁盼问题，真正让亿万职工群众深切感受到党的温暖、关怀和工会的维权、服务。持续推动构建和谐劳动关系，坚决维护好劳动领域政治安全。

第二节　新业态群体工会工作创新实践

一、新业态群体工会组建创新实践

新就业形态劳动者群体有着规模庞大、分布广泛、就业灵活、流动性强等特点，这与传统用工形式中的劳动者明显不同。随着以新产业、新业态、新商业模式为核心的"三新"经济蓬勃发展，平台就业、灵活就业大量出现并呈加速增长趋势，"八大群体"（卡车司机、快递员、护工护理员、家政服务员、商场信息员、网约送餐员、房产中介员、保安员）劳动者队伍越来越庞大，同时也出现这类劳动者流动性大、组织性弱、权益维护难等问题。2021年7月，中华全国总工会印发了《中华全国总工会关于切实维护新就业形态劳动者劳动保障权益的意见》，明确提出要加快推进新就业形态劳动者建会入会，最大限度吸引新就业形态劳动者加入工会，就维护新就业形态劳动者劳动保障权益工作做出安排部署，各级工会要聚焦解决新就业形态劳动者最关心最直接最现实的急难愁盼问题，推动建立健全新就业形态劳动者权益保障机制，不断增强新就业形态劳动者的获得感、幸福感、安全感。

新就业形态劳动者入会是维护新就业形态劳动者权益的重要路径之一。把工会组织机构建到新就业形态劳动者群体身边，可以将更多原本游离在工会组织之外的物流卡车司机、快递员、送餐员等新就业形态劳动者纳入。

（一）"重点建、行业建、兜底建"的三建模式

近年来，以网约车司机、外卖员、快递员等为代表的新就业形态劳动者不断涌现，他们成为我国劳动者群体的新兴力量。如何将劳动者稳定下来，并吸引其加入工会组织之中，成为工会工作创新的重点。全国总工会深入开展新业态劳动者建会入会的集中行动，联合多部门共同推动，初步探索形成"三建"模式。围绕新就业形态重点群体，聚焦"重点建、行业建、兜底建"，可以最大限度地将新就业形态劳动者组织到工会中来，推动新就业形态劳动者建会入会全面提速。

1. 重点建：抓住头部企业和重点群体

各级工会针对平台经济的行业特征，紧抓平台企业，实施"重点建"。聚焦道路货运、网约车、快递、外卖配送等重点行业，开展新就业形态劳动者入会集中行动，梳理本地区、本产业的平台企业特别是头部平台企业及其分支机构的情况，通过舆论宣传、入企宣讲、会商座谈、服务引导、下达建会"一函两书"等方式，推动平台企业及其下属企业、关联企业普遍建立工会组织，集中推动重点行业企业特别是头部平台企业、大型骨干企业及其下属企业、关联企业依法建立工会组织。

北京市总工会坚持突出重点，开展头部平台企业集中建会专项行动，推出头部平台企业建会专项服务包，支持 50 万元启动经费、1 万份职工专项互助保障，选派优秀干部驻企联络，集中推动头部平台企业及其下属企业、关联企业依法建会。上海市总工会聚焦

"重点建"，推动头部平台企业建会，2021年先后推动美团上海公司、拼多多、享道出行等平台企业建会。目前，饿了么、京东到家、独立日、叮咚买菜、"三通一达"等头部平台企业均已属地建会。

广东省抓住重点建，突破有影响的平台（龙头）企业建会入会。广东省总工会与顺丰集团举办万名快递小哥集体入会仪式，拉开了集中行动的序幕。2022年，广州、深圳市总工会奋力攻坚，实现了在粤15家全国互联网百强企业全部建会的目标。全国总工会确定的12家重点平台企业，顺丰、"三通一达"、滴滴、路歌、美团、饿了么等平台建会入会有较大进展。

青岛市总工会召开全市基层重点工作部署会议，聚焦四类群体重点突破，推动新就业形态建会入会进入快车道。青岛市总工会将新就业形态建会入会纳入分管领导牵头落实的重点任务，成立领导小组，制定《四类重点新就业群体建会入会工作规划》，分别召开全市龙头物流链企业、网约车司机、快递员、外卖送餐员建会推进会，全市网约车头部企业滴滴、T3、曹操、万顺叫车，快递头部企业邮政、顺丰、德邦、中通、申通、外卖送餐头部企业美团、饿了么，均已成立工会组织，14个物流园区建立工会联合会，四类重点群体建会242个，3.6万名新就业形态重点群体劳动者入会。

近年来，贵州各级工会坚持党建带工建机制，构建党委领导、政府支持、工会主导、各方协同、劳动者参与的工作格局。贵州省坚持"三建"模式，即突破"重点建"，以贵州顺丰公司为试点组建工会，覆盖全省280个网点，吸纳近万名职工加入工会；扩展"行业建"，全省成立交通运输行业工会联合会64个，建成103家以覆盖新就业形态劳动者为主的县市级行业工会联合会；夯实"兜底建"，省总工会设立省级工会"兜底建"补助项目，指导建立一批示范性乡镇（街道）工会和区域性、行业性工会联合会。截至目前，贵州共组建新业态领域工会 1388 个，发展新就业形态劳动者会员 22.2 万人。

2. 行业建：推动新业态行业建会入会，新业态劳动者入会加速度

区域性、行业性工会联合会是基层工会的一种组织形式，是扩大组织覆盖、扩大工作覆盖的探索实践中形成的一种有效形式。聚焦行业工会联合会运行情况，各级工会实施"行业建"模式。依托行政主管部门、龙头企业工会，借助行业协会力量，一些地区按单一行业或综合多个行业成立各层级的行业工会联合会，通过行业工会联合会直接发展会员，并将其作为吸纳新就业形态劳动者入会和管理服务的重要阵地。在工作过程中，要遵循联合制、代表制原则，规范建立工会联合会，完善相关制度机制，规范工作运行；保障工作经费，有条件的配备社会化工会工作者；通过项目制补助等方式，培育一批示范性行业工会联合会。

2021 年 12 月 24 日，第十三届全国人民代表大会常务委员会第三十二次会议通过《关于修改〈中华人民共和国工会法〉的决定》，新修改的《工会法》第三条第二款规定："工会适应企业组织形式、职工队伍结构、劳动关系、就业形态等方面的发展变化，依法维护劳动者参加和组织工会的权利。"《工会法》修改施行后，新就业形态劳动者被工会全覆盖，不再处于"真空"之中。对于行业特征明显、管理体系健全的行业，各省市总工会以"归类"的形式，发挥龙头组织作用，借助行业协会、商会等力量组建行业性工会联合会。大力推进"行业建"，加强行业主管部门与行业协会组织的工作协同，推动货运挂靠企业、快递加盟企业、外卖送餐代理商、劳务派遣公司等企业规范建立工会，着力建设一批以新就业形态劳动者为主的县（区）级、市级行业工会联合会。广东省推动行业建，全省各市级新业态行业工会全部成立，80% 以上的县级工会建立至少一家新业态行业工会。肇庆、湛江、云浮等市总工会积极推进各层级新业态行业工联会建设，东莞推动全市 33 个镇街成立新业态行业工联会。全省新业态工会组织网络基本健全。

上海市总工会聚焦"行业建"，在区和街镇层面，持续推进行业工会联合会建设。宝山、杨浦等区在货运物流、医养照护等行业，形成区级行业工会联合会牵引，街镇行业性"小二级"工会联合会广泛覆盖的"1＋N"行业工会联合会组织体系。上海采取在街道成立网约送餐行业工会联合会的模式，吸纳街道所属的美团、饿了么等平台企业的从业者加入工会。2017 年，上海普陀区范围内 5 个街镇的网约送餐员联合工会全部组建成功，共吸纳 400 余名网约送餐员加入工会。在此基础上，普陀区正式成立网约送餐行业工会联合会。

山东青岛平度网约送餐员组织工会联合会，共吸收大型网约送餐单位 2 家，会员达到 150 余人。在平度市总工会设立工会联合会办公室，由联合会的主席、副主席及经审委主任、女工委主任轮值当班。2020 年 10 月 1 日，《江西省企业工会工作条例》正式施行，明确无固定用人单位的货运司机、网约车司机、快递员、网约送餐员、护工护理员、家政服务员、商场信息员、房产中介员、保安员、创客等灵活就业人员，可以申请加入工作时间较长或者具有挂靠关系的所在企业工会，也可就近申请加入区域或者行业联合工会。

天津市总工会、市交通运输委积极探索，健全多项工作机制，成立天津市交通运输行业工会工作委员会，以"行业建"为牵引，以货车司机、网约车司机等新就业形态劳动者为工作目标，坚持活动吸引、服务先行，快速发展和吸纳交通运输行业新就业形态劳动者入会，取得显著成效。截至 2023 年 3 月 30 日，天津市交通运输行业发展新就业形态劳动者会员 42055 人，新就业形态建会企业 1390 家。为加大工作落实力度，行业工委建立了各区总工会和各区交通运输等多部门"数据共享、联合调研、共同摸排、联动协作、边摸边建"的工作模式，突出"行业建"，加快区行业工会联合会成立步伐，根据实际需要推动组建街镇行业或综合性新就业形态劳动者工会联合会，形成多层级、广覆盖的"1＋N"交通运输新业态工会组织体系。

3. 兜底建：探索"兜底建"新方案，有效覆盖新业态劳动者

新业态的迅速发展给传统的工会组建模式带来了挑战。由于新业态企业往往小而散，在镇街、园区和楼宇等区域建立联合工会、区域性工会联合会，能够引导新就业形态劳动者加入所在区域的"小三级"工会。通过做好区域性工会联合会"兜底建"，健全完善镇街、村社、园区、楼宇、商圈等区域性工会联合会，发挥保障本区域新就业形态劳动者入会的兜底作用。"兜底建"是新就业形态劳动者建会入会的基础性工作，是"重点建""行业建"的有效补充，是破解新就业形态劳动者工会组织覆盖不到位问题的重要手段，对于夯实工会基层组织基础，发挥区块集合作用，打通联系服务职工的"最后一公里"，扩大对新就业形态劳动者有效覆盖具有重要意义。

在开展新就业形态劳动者权益保障工作中，全国总工会要求各地工会根据地方和行业实际，按一个或多个行业成立以覆盖新就业形态劳动者为主的行业工会联合会、行业联合工会，作为吸收新就业形态劳动者入会和管理服务的重要载体。有条件的要配备社会化工会工作者，保障工作经费。与此同时，努力完善"小三级"工会组织体系，建强乡镇（街道）、村（社区）工会组织，承担新就业形态劳动者入会"兜底"功能。此外，对应党建片区、社会治理网格、园区、商圈、楼宇等，建立相应的区域工会，推行工会网格化模式，扩大有效覆盖。

浙江湖州历史文化街区是融特色商贸、休闲服务、文化旅游、

餐饮服务业态为一体的综合性游憩型街区，有三条古街，每一条街上都聚集着大量的商户。湖州历史文化街区联合工会的成立，让街区内 50 家规模不一的商户有了"娘家"。

北京经济技术开发区总工会结合区域实践，总结归纳园区建会"七步法"。第一步，"建联系"，即与园区楼宇管理方建立联系，了解企业、职工基本情况；第二步，"进园区"，即进入园区楼宇进行摸底调研及走访，掌握已建会企业情况；第三步，"谈筹备"，即与管理方及建会企业座谈，研究推荐园区楼宇工会联合会筹备组成员，建立工会联合会筹备组；第四步，"定办法"，即根据各园区楼宇的实际，制定工会联合会组织办法，并征求筹备组成员单位意见；第五步，"开大会"，即召开选举大会，正式成立园区楼宇工会联合会，确定组织办法；第六步，"纳会员"，即通过职工沟通会等活动宣传工会，发展会员，吸引中小微企业加入联合工会；第七步，"搞活动"，即按照工会联合会组织办法，开展各类活动，服务职工。

上海市总工会聚焦"兜底建"，发挥"小二级"工会作用。坚持"条里牵头、块里兜底、属地建会、在地服务"的工作思路，对应党建片区、社会治理网格，建立 1094 家区域性、行业性"小二级"工会联合会，条块结合，推动美团、饿了么、顺丰约 500 个工作站点建立工会小组，就近加入"小二级"工会。

云南省总工会加强与政府部门、行业协会的联系，以"小三级"工会为主要力量，加大调度力度，集中力量开展摸底调研工作，基本摸清全省新业态企业分布情况及卡车司机、网约车司机、快递员、外卖配送员 4 个重点群体的基本情况，在省总工会层面，初步建立了头部平台企业在滇关联企业花名册和在滇其他平台企业花名册。同时，各地工会因地制宜制定相关措施。昆明市以 5 个主城区为重点，探索在五华区翠湖周边以楼宇工会的方式覆盖有关重点群体。普洱市结合蹲点工作推进"双覆盖双推进"工作，建立了每日报告、每周五通报、每月底总结制度。曲靖市通过发布一封信、一组标语、一套海报的"三个一"加大宣传力度，集中开展"5个100"活动，组织开展100场集中入会仪式、100场宣传宣讲、100场法律维权、100场帮扶服务活动，挖掘100名新就业形态劳动者代表人物。保山市总工会开展"双覆盖双推进"示范单位创建活动，按每家两万元给予专项工作经费补助，并明确对新业态企业新建工会给予1000元至4000元的建会工作经费补助。

兰州市总工会通过推进县域街道、社区、园区（村社）的"小三级"工会组织体系建设，带动区域性和行业性工会及所辖区内各法人单位工会的各基层工会组织建起来、活起来。组建兰州蓝骑士外卖送餐行业工会联合会和兰州铁塔网约配送行业工会联合会等基层工会组织，探索并形成"组织围着老家建，服务跟着车轮转"的货运物流行业工会"兜底建"等模式。

（二）互联网百强企业建会

互联网百强企业建会工作是全总2022年的一项重点工作，关于推进互联网百强企业建会的通知下发后，全国各地总工会积极响应，高度重视。2022年12月8日，全国总工会在北京召开推进互联网百强企业建会工作总结交流会。会议上全总党组书记、副主席、书记处第一书记陈刚强调，要结合学习贯彻党的二十大精神，聚焦重点企业、关键环节、难点问题持续发力，以点带面、分类施策，推动互联网企业工会工作走深、走实，不断扩大工会组织和工会工作对互联网企业职工的有效覆盖，切实维护他们的合法权益，助力互联网企业高质量发展，团结引导广大互联网企业职工听党话、跟党走。在全国总工会的持续推动下，至2022年年底，全国互联网百强企业已经全部建立工会。

互联网百强企业建会工作是新就业形态劳动者群体建会入会工作的重点任务和举措。互联网企业给新业态劳动者群体提供了大量的就业岗位，有助于社会的稳定。新就业形态劳动者具有"四化"的特点，即组织方式平台化、工作机会互联网化、工作时间碎片化、就业契约去劳动关系化，同时还存在流动性强、组织化程度偏低等特点。他们的就业形式复杂，难以用传统的就业模式进行劳动关系判定，由此获得的社会保障权益也明显不足，导致劳动争议频发。因此，各级工会组织需要吸引、组织新业态劳动者加入工会，便于正确引导劳动者及为他们提供维权服务等。互联网企业作为新业态群体的主要就业平台，建立工会能够吸引其平台下的新业态劳动者，有助于大力推进全国新业态劳动者群体的入会工作。

作为新业态企业，京东集团于 2015 年 11 月正式迁入北京经济技术开发区。京东集团是具有一定规模的企业法人联合体，但集团自身不具备法人资格。自加入北京经济技术开发区以来，京东集团下属三家企业即在北京成立了工会组织，分别是北京京东叁佰陆拾度电子商务有限公司（2016 年 04 月成立工会筹备组）、北京京东世纪信息技术有限公司（2016 年 12 月成立工会筹备组，并于 2017 年 9 月选举产生第一届工会委员会）和网银在线（北京）科技有限公司工会（2018 年工会组织关系由海淀区转入北京经济技术开发区），在其他一些省市也建有工会。京东集团工会委员会成立于 2021 年 9 月 13 日，已纳入京东集团工会委员会的单位有 20 余家，共覆盖职工 3 万余人，公司属于典型的"三高一低"企业，即社会责任高、福利待遇高、缴税高，企业利润率低。京东集团在建会过程中遇到了两大问题。一是工会经费问题。由于单位对员工各项福利待遇都按照标准缴纳，导致京东集团整体工资总额较高，集团在计算工会经费时表示承担不起。京东集团提出，建议由集团统一缴纳工会经费并设定固定金额；由于集团年度预算没有工会经费，担心缴纳工会经费导致财报下降，造成京东股票波动。二是工会管理问题。京东集团整体机构较为庞大，但希望对全部在京单位，甚至是全国京东职工进行统一管理。由于京东集团的企业文化与工会文化方向相同，建会组在约谈京东各相关部门研究工会经费问题时发现，京东集团内部向员工提供各项便捷服务，例如，班车、宿舍、员工食堂、子女托管等，此类均为京东行政支出，合计支出金额远高于工会经费缴纳额。建会后，工会经费完全可以代替一部分行政支出，同时还能够和工会提供的服务有机结合，扩大了服务内容，整体计算，工会经费并没有对京东集团产生负担。同时，工会经费还能够纳入成本，抵扣企业所得税。另外，针对工会经费缴纳问题，建会组也给予了明确回答，不能由集团统一缴纳，应由20余家单位按照工资总额的2%每季度分别缴纳工会经费。北京经济技术开发区还可以针对京东新建会单位实施三年内经费补贴计划。最后，为了方便服务，京东集团工会建会采取属地管理的政策，并整体建立集团工会委员会。京东集团成立工会意在发挥工会的统筹和纽带作用，整合资源，进一步做好京东集团数十万职工的关怀服务，为企业发展保驾护航。京东集团工会将实现工会会员统一管理、活动统一开展、权益统一维护、困难统一救助的"四个统一"。总结京东集团建会的经验，工会经费是每个单位讨论的重要问题之一，但由于工会的理念与大部分企业结合度较高，尤其许多大型企业十分关注员工的各项福利待遇，完全可以与工会经费的使用相结合，节约企业行政支出，故工会经费的问题是一个必谈且需详谈的一个问题。同时，也应该关注企业的核心关注问题，比如，对海外单位的影响，对于工会组织隶属关系的统筹管理等。

（三）新业态行业工会联合会实践探索

近年来，随着新技术、新产业、新业态、新模式的蓬勃发展，依托互联网平台的大量涌现从业人员，呈现出用工关系复杂、就业灵活分散、流动性强等特点。中国工会对新业态的长期持续关注，自 2018 年起上升为工会重点工作，并开展一系列建会行动，探索吸纳从业者加入工会。2017 年，《中国工会章程（修正案）》在第二十五条增写"从实际出发，建立区域性、行业性工会联合会，推进新经济组织、新社会组织工会组织建设"的内容。党的二十大报告对加强灵活就业和新就业形态劳动者权益保障作出部署。习近平总书记强调，工会要通过多种有效方式，把快递员、送餐员、卡车司机等群体吸引过来、组织起来、稳固下来。最大限度把新就业形态劳动者组织到工会中来，是习近平总书记和党中央交给工会的一项政治任务。各级总工会积极建设新业态行业的工会联合会，进一步推进新就业形态劳动者群体入会和服务工作，努力实现新就业形态劳动者工会组织覆盖和工作覆盖双提升目标。

建立新业态工会联合会是持续深化新就业形态劳动者入会集中行动的重大突破。建立新业态工会联合会，拓展劳动者入会渠道，是工会适应社会经济发展和职工就业方式发展变化的重要举措，是破解新就业形态劳动者入会难题的创新之举。新业态工会联合会把不断壮大的新业态劳动者队伍吸引过来、凝聚起来、稳固下来，不断增强其获得感、幸福感、安全感。不同行业的工会联合会成立工会联盟，组织工会活动，促进工会之间的交流，进一步增强了工会在新业态劳动者中的影响力。工会联合会引导工会成立和建设，鼓励更多工会加入联合会，让基层工会发挥主观能动性，最大限度地吸纳新业态劳动者加入工会，持续推进新业态劳动者集中入会行动的任务完成。工会联合会还积极举办集中入会活动，在活动中为各行业的新就业形态劳动者派发新业态入会宣传单，讲解工会职能、入会福利、入会流程等事项，对新就业形态劳动者所提出的问题给予一一解答，耐心、细致指导新就业形态劳动者通过实名制入会，帮助新业态劳动者认识工会组织，清晰了解入会权利及权益，有利于新业态劳动者积极主动加入工会组织。

建立新业态工会联合会是切实维护新就业形态劳动者劳动保障权益的重要措施。新业态工会联合会结合新就业形态各行业发展、就业分布和劳动者工作生活特点，解决新就业形态劳动者最关心的实际问题，切实维护新就业形态劳动者劳动保障权益，不断提高新就业形态劳动者归属感、幸福感和获得感。工会联合会全面履行各项职能，切实发挥联合会作用，加强新业态劳动者服务阵地建设。各区各行工会联合会的成立，让新业态劳动者享受到更好的工会"娘家人"服务，其中会为新业态劳动者提供安全保障和法律援助等服务，让新业态劳动者的维权更便利、更迅速、更有力。

2021 年，深圳市总工会出台《工会联合会综合改革工作方案》，按照分类分级分层原则，根据工会联合会的类型、职工人数、企业数量、"三新"领域新就业形态群体情况等，将全市工会联合会分为五等级十类型。市、区、街道总工会和市各产业工会等各层级工会，对应不同层级的工会联合会，开展指导、管理和建设工作，进而实现对各层级工会联合会的组织、工作、服务"三覆盖"目标。近年来，深圳市聚焦快递员、外卖骑手、网约车司机等"三新"（新产业、新业态、新商业模式）领域的新就业形态劳动者，不断提高工会联合会的组织与服务能力，努力打通联系服务职工群众的"最后一公里"。截至 2022 年年底，深圳已成立各类工会联合会 941 家，覆盖职工 535 万人，覆盖会员 430 万人。为破解工会联合会资源配置不足的问题，深圳市总工会在精准分类分级分层的基础上，重点关注蓝领工人、农民工、新就业形态群体集中的一级、二级工会联合会，将 80% 的"人财物"资源向其倾斜，实现资源的合理有效配置。

2022 年 8 月 19 日，上海浦东新区成立外卖行业工会联合会，让外卖小哥等新就业形态劳动者有了暖心的"娘家人"。工会联合会成立当天，浦东新区外卖行业工会第一次代表大会召开，来自上海壹佰米网络科技有限公司（叮咚买菜）、上海盒马网络科技有限公司（盒马）、北京三快科技有限公司（美团）、拉扎斯网络科技（上海）有限公司（饿了么）等企业的浦东网站点的30名外卖行业职工代表，选举产生了浦东新区外卖行业工会联合会第一届委员会委员、主席、副主席和经费审查委员会委员、主任。浦东新区总工会一直把推进新就业形态劳动者入会和服务工作作为夯实基层基础、彰显工会工作活力的重要抓手，专门制定和下发了《关于开展新就业形态劳动者入会集中行动的通知》《关于推进新就业形态劳动者入会集中行动的告知书》。在推进过程中，区总工会以"条里牵头、块里兜底、属地建会、在地服务"为原则，主动了解和掌握该行业企业在浦东的网站点分布情况，及时对接企业平台和行业主管部门，依托街镇、开发区等，以建立工会小组，属地加入区域性、综合性联合工会，有条件的站点单独建会，加入站点所在地"小二级"工会等方式发展会员、提供"在地服务"，为成立全区外卖行业工会联合会提供了重要保证。

2023年10月25日，佛山市南海区新业态行业工会联合会第一届委员会（扩大）会议顺利召开，标志着南海区新业态行业工会联合会正式成立，全区新业态劳动者将享受到更加贴心的工会"娘家人"服务。据了解，截至目前，南海区新业态劳动者登记工会会员约1.6万人。南海区总工会正持续大力推动新业态行业服务工作，通过建立健全新业态劳动者劳动法律关系及职工权益保障机制，引导新业态劳动者入会，积极组织各相关部门与新业态龙头企业沟通联系等，加强新业态劳动者技能提升、安全保障、生活关怀、法律援助等服务，将党和政府以及工会的关心关爱送到他们身边，不断提升新业态劳动者的获得感、幸福感、归属感。

（四）网上入会、扫码入会的方式推广

移动互联网时代，职工的工作和生活突破了以往的时间和空间限制，工会服务职工的方式和范围也需要顺应时代发展的节奏，探索新的服务模式与路径。为进一步贯彻落实全国总工会关于推进新就业形态劳动者建会入会工作精神，切实做好新业态劳动者权益保障工作，各级工会积极推广"网上入会""扫码入会"活动，积极探索灵活简易的入会方式，通过线上线下集中力量推进新就业形态劳动者建会入会。网上工会是联系职工、服务职工的重要平台。近年来，各级工会以平台思维与数字逻辑为牵引，通过网上工会建设，开辟新就业形态劳动者网上入会及会员管理模式新路径，助力货车司机、网约车司机、快递员、外卖配送员等新就业形态群体随时随地能在线上找到组织、听到声音、得到服务。①

通过网上入会、扫码入会方式的创新，有利于吸纳更多的新形态就业群体加入工会。新就业形态劳动者拥有"触网频繁、在线在网"的特点，全面畅通线上线下入会渠道，能够让新业态劳动者更方便、快捷地加入工会。依托智慧工会平台开通网上入会渠道，新就业形态劳动者通过工会网站、微信公众号、手机APP等渠道实现了网上入会目标。各级工会"一键入会"的启动，将工作重点落在各基层工会，结合新业态群体从业特点，"因地制宜"地开展线上入会的活动，可以有效解决货车司机、快递员、送餐员、外卖员等新就业形态劳动者群体加入工会难的问题，打造了网上边界入会数据系统和服务平台。

探索创新入会及服务方式，充分利用线上智慧平台为新业态劳动者群体提供更好的工会服务。在网上工会平台建立优化各类会员

---

① 搜狐网，网上入会，很方便，https：//m.sohu.com/a/510510904_121106902?_trans_=010004_pcwzy，2021−12−2.

普惠性服务，整合线上线下的各类资源，探索便捷、精准服务，激发网上工会的服务活力，让网上工会发挥更大的作用，新业态劳动者只需要在手机上动动手指，就能够享受便利的工会服务，真正感受到来自工会"娘家人"的温暖。

上海市总工会聚焦新业态群体特征，坚持数字赋能，充分运用上海"一网通办"的大数据技术，助力推动新就业形态劳动者入会模式和服务方式创新，不断扩大工会组织覆盖面、工作覆盖和服务覆盖。以扫码入会为切入点，建立适应新就业形态劳动者特点的入会转会模式。针对新就业形态劳动者在线在网、流动频繁的特点，上海工会对原来需要人工层层审核的网上入会进行流程再造，打造便捷精准的网上入会平台。一是入会通道更多。在"一网通办"移动端的"随申办"平台、工会官微"申工社"平台都开设"我要入会"通道。除此之外，上海各级工会拥有工会组织二维码，让新就业形态劳动者扫一扫即可实时入会。二是入会流程更精简。职工扫码后，对接大数据比对社保、医保、人口等数据信息，匹配所在单位工会，实现精准入会、精准转会，做到"让数据多跑路，让职工少跑腿"，确保会员流动不流失。三是会员分类管理更细化。针对一些新就业形态劳动者社保信息缺失的情况，通过设置特定会员标签（包括快递物流、外卖配送、家政服务等13类标签），根据职工意愿可加入居住地、单位所在地工会，确保职工应入尽入，并为精准服务打下基础。随着扫码入会工作的全面推进，新就业形态实名制会员大幅增加。截至2023年6月20日，上海工会实名制会员已达705万人，其中，实名制的新就业形态工会会员有49.9万人，新就业形态劳动者成为工会会员中一支重要的新生力量。

2023年，广东省总工会"粤工惠"平台实名认证会员数量已超过1000万。平台创新设计了"广东新业态入会小程序＋市级新业态行业工联会＋赠送意外医疗互助保障计划"的"三位一体"入会模式，广泛吸引新就业形态劳动者加入工会。广东省总工会的新就业形态劳动者网上入会系统结合人工智能技术，实现资料自动识别、自动填充、自动选择，避免用户的烦琐输入等操作，极大提升操作友好度。例如，美团众包、蜂鸟众包两个平台的网约配送员，在平台提交所服务平台的保单信息，平台即可自动匹配所属行业并推送到所属地市级新业态行业工联会，完成自助入会。如果申请入会的新业态劳动者其所在单位已经成立工会组织，在"粤工惠"平台上进行组织登记，且已经将申请者信息作为会员数据批量导入，则申请的新业态劳动者同样无须审批，自动匹配完成工会会员线上申请程序。

二、新业态群体工会维权服务创新实践

新就业形态劳动者作为新兴职业群体，具有不同的行业特征、群体特征、工作模式和特色需求，这就需要创新工会服务模式和载体，丰富工会服务内容和层次，为他们提供具有工会特点的系统性、普惠性、常态性、精准性服务。全国总工会印发的《关于切实维护新就业形态劳动者劳动保障权益的意见》系统规划了工会服务新就业形态劳动者的工作体系：在服务内容上，针对新就业形态劳动者的职业特点和需求，既有文体活动开展、职业素质提升、心理健康教育等服务，也有重点针对职业伤害、工作时间、休息休假、劳动保护等与平台用工密切相关的问题提供的法律服务；在服务阵地上，充分利用工会自有资源和社会资源，推进司机之家建设，规范和做好工会户外劳动者服务站点工作，加大普惠服务工作力度；在服务方式上，紧扣新就业形态劳动者，依托互联网平台开展工作，加快智慧工会建设，创新服务内容和服务模式，构建"互联网＋"服务职工体系，使新就业形态劳动者能随时随地在线上找到组织、听到声音、得到服务，增强工会的网络凝聚力、影响力和号召力。

（一）法律保障：新业态职业伤害保障试点

新业态区别于常规劳动关系的显著特征是从业人员依托移动网络和智能终端与互联网平台建立连接，实现劳务供需匹配，通常自备工具完成运输等内容的劳务订单。由于此类新就业形态大多以路面交通为基本劳动场景，交通事故成为从业人员发生职业伤害的主要成因。有关外卖骑手在送餐途中遭遇交通事故受伤，因其与平台或站点之间法律关系不明而陷入救济难题的新闻报道频出，反映出新业态典型行业的职业风险尚未得到有效管控，从业人员的职业伤害保障存在制度短板。

对此，早在 2019 年 8 月 8 日发布的《国务院办公厅关于促进平台经济规范健康发展的指导意见》中提出，抓紧研究完善平台企业用工和灵活就业等从业人员社会保障政策，开展职业伤害保障试点。2020 年 2 月发布的《中共中央国务院关于抓好"三农"领域重点工作确保如期实现全面小康的意见》从顶层设计的高度要求"开展新业态从业人员职业伤害保障试点"。2021 年 7 月 7 日国务院常务会议更为具体地提出，"以出行、外卖、即时配送等行业为重点，开展灵活就业人员职业伤害保障试点"。人社部等八部门发布的《关于维护新就业形态劳动者劳动保障权益的指导意见》明确规定了"以出行、外卖、即时配送、同城货运等行业的平台企业为重点，组织开展平台灵活就业人员职业伤害保障试点"。由于新业态从业者的劳动关系判定困难、社会保险门槛受限等因素制约，新业态从业群体暂时无法纳入现行工伤保险体系保障范畴。《中华人民共和国国民经济和社会发展第十四个五年规划和 2035 年远景目标纲要》中提出，"探索建立新业态从业人员劳动权益保障机制"。构建新业态从业者的职业伤害保障制度是我国当前社会治理的重要议题。

针对我国新业态从业者职业伤害保障问题，国家出台多部文件提出在全国开展新业态从业人员职业伤害保障试点。2021年7月印发的《关于维护新就业形态劳动者劳动保障权益的指导意见》规定，对社会关注较大、职业伤害风险较高的平台企业开展职业伤害保障试点，并要求平台企业应当按规定参加并缴纳职业伤害保障费。关于新业态从业者职业伤害保障的试点主要通过"纳入现行工伤保险制度""非工伤保险制度""单工伤保险制度"三种模式展开。

1. 以山东潍坊和江苏南通为代表的直接纳入现行工伤保险制度统筹模式

山东省潍坊市于2009年发布了《关于灵活就业人员参加工伤保险的通知》，规定建立代理劳动关系的各类灵活就业人员，每人每月按参保职工社会保险费月缴费基数的1‰缴纳工伤保险，按照《工伤保险条例》规定享受工伤保险待遇，但应由用人单位支付的费用，由灵活就业人员自己承担。江苏省南通市于2015年发布了《南通市灵活就业人员工作伤害保险暂行办法》，规定灵活就业人员可以直接参加工伤保险，但对工伤保险责任的承担主体没做明确规定，参保人员仅限于在该地区办理劳动人事事务代理手续的灵活就业群体。

2. 以江苏吴江、太仓为代表的职业伤害保障模式

江苏省太仓市于2015年发布了《灵活就业人员职业伤害保险暂行办法》，针对平台就业者建立专项职业伤害保险基金，平台企业及灵活就业人员无须缴费，保障范围仅限于参保人员的伤害待遇。2018年江苏省苏州市吴江区政府颁布《吴江区灵活就业人员职业伤害保险办法（试行）》，建立了政府主导下，独立于工伤保险的商业保险运营模式。通过政府购买服务的方式，委托商业保险公司承办，单独建立职业伤害保险基金，吴江区所有的新业态从业人员均可参保。

3. 以浙江省和广东省为代表的单工伤保险模式

2019年浙江省发布了《关于优化新业态劳动用工服务的指导意

见》，提出积极探索新业态从业人员职业伤害保障机制，具体包括以下几点：第一，新业态从业者可以按规定先行参加工伤保险；第二，由平台企业承担工伤保险责任；第三，鼓励平台企业购买商业保险，把自身应承担的工伤保险责任转由商业保险承担。广东省于2020年发布了《广东省灵活就业人员服务管理办法（试行）》，依此开展新就业形态人员职业伤害保障试点。主要内容：第一，逐步建立健全职业伤害保障制度，将各类新就业形态人员纳入职业伤害保障范围；第二，用人单位应当为灵活就业人员参加工伤保险；第三，未与单位建立劳动关系的从业者，由单位为其缴纳工伤保险费并享受工伤保险待遇。

2022年7月1日，人社部会同相关部门在部分地方、部分平台企业正式启动新就业形态就业人员职业伤害保障试点工作。自2022年7月以来，试点总体运行是平稳有序的，也取得了积极的阶段性成效。主要体现在以下几点。

一是制度覆盖稳步推进。试点工作在北京、上海、江苏、广东、海南、重庆、四川7个省市的出行、外卖、即时配送、同城货运4个行业开展，涵盖了曹操出行、美团、饿了么、达达、闪送、货拉拉、快狗打车7家平台企业。截至2023年9月，累计有668万人纳入职业伤害保障范围，试点对象总体做到应保尽保。

二是保障功能有效发挥。自2022年7月以来，试点省份累计做出职业伤害确认结论3.2万人次，支付职业伤害保障待遇共计4.9亿元，切实保障了新就业形态就业人员职业伤害权益，特别是对重大伤亡事故兜底保障功能得到有效的发挥。同时，也分散了平台企业经济风险，对促进平台经济规范健康发展发挥了积极的作用。

三是相关经验正在积累。对新就业形态就业人员这一新兴群体如何参加社会保险，应该说试点是进行了破题，先行先试，积累了宝贵经验。同时，依托职业伤害保障全国信息平台归集汇总的基础数据，为做好新就业形态群体就业服务和社保扩面等工作提供了重要的数据支撑。

全国各地工会积极推动新业态职业伤害保障的试点工作。以上海为代表，根据上海市总工会职工保障互助中心出台的《上海工会灵活就业会员专享基本保障条款（2021 版）》，符合条件的灵活就业从业人员可以自愿加入工会且一次性缴满 120 元年度会费，即可享受"住院天数补助金保障""特种重病保障（十二类重大疾病）""意外伤害、重残保障"和"疾病身故保障"四个保障项目，最高给付额高达 6 万元。上海还推出针对包括外卖骑手在内的灵活就业会员专享保障服务，涵盖"住院天数补助金保障""特种重病保障（12 类重大疾病）"和"意外伤害、重残保障"以及"疾病身故保障"。其中，参加"灵活就业会员专享保障"并一次缴满 120 元年度会费的会员，80 元保障费由项目经费承担，由行业工会或街镇（园区）工会在"申工通"工作平台进行实名登记参保。参加"灵活就业会员专享保障"但没有一次性缴满 120 元年度会费的灵活就业会员，保障费由区总工会补贴 50%，个人承担 50%，即个人缴纳 40元，由行业工会或街镇（园区）工会申请办理。

江苏泰兴市总工会拨出 94000 余元专款，签收前海人寿保险股份有限公司的《保险合同》为城区 629 名"快递小哥"、外卖员购买"意外伤害保险"。保险包含团体意外伤害保险、附加团体意外伤害险医疗保险、团体意外伤害住院津贴医疗保险。市总工会为此支付保费 94350 元，保期一年，投保期间如员工发生意外伤害事故，可享受最大总额 31 万元的赔付。

深圳市总工会于 2021 年 9 月正式推出"E 路守护"综合保障服务，服务对象为网约送餐员、网约货运司机、网约客运司机、快递人员等新业态劳动者。"E 路守护"综合保障服务为新业态劳动者免费赠送一年保障期的互助保障计划和专属意外保险，保障内容涵盖重大疾病保障、意外伤害保障、突发疾病身故（猝死）和第三者责任四大类 12 小项的综合权益保障，提高新就业形态劳动者抵御风险的能力。

饿了么（常州）工会自建立以来，相继推出了多项服务保障举措，先后组织货车司机、快递员、送餐员等"八大群体"参加免费专项健康体检；筹建了 200 多家户外劳动者驿站，解决他们纳凉取暖、喝水热饭、歇脚如厕等难题；为 10000 多名新业态从业者赠送了免费专项保障及恶性肿瘤险等。

（二）机制建设：新业态劳动者权益协商协调机制建设

随着平台经济的不断发展，新就业形态劳动者人数呈现上升趋势，劳动组织模式持续演进，新就业形态劳动者的权益保障问题也受到广泛关注，有关平台用工下的算法控制、劳动强度、职业安全等问题持续被探讨，推进新就业形态劳动者权益保障建设的必要性与紧迫性凸显。为贯彻党的二十大精神，全总于 2023 年印发《关于推进新就业形态劳动者权益协商协调机制建设工作的通知》，要求发挥全国工会组织系统合力，重点聚焦货运、网约车、快递、网约配送等行业的 12 家头部平台企业，推动建立与劳动者的协商协调机制，畅通和规范劳动者的诉求表达、利益协调通道，共同推进新就业形态劳动者权益保障水平提高。各级工会按照通知的要求，聚焦新就业形态劳动者权益保障，从全国到地方以"点"带"面"，多措并举积极推动新就业形态劳动者权益协商协调机制建设。

1. 推动全国性头部平台企业协商协调机制建设，建立全国层面的协商机制

全国总工会聚焦 4 个新业态行业的 12 家全国性头部平台企业，联合企业总部所在地的省（市）工会和相关全国产业工会积极探索平台协商机制建设，推动新就业形态劳动者和所属平台企业就劳动者切身相关利益进行协商。

签订集体合同保障头部快递平台劳动者权益。在北京市总工会的指导下京东集团签订《京东集团集体合同》《京东物流集体合同》，明确快递员、分拣员等岗位的最低工资标准、保险福利、绩效提成、劳动安全卫生等事项，覆盖了京东在全国各地的近 30 万员工，维护了一线配送员、货车司机、分拣员的合法权益；圆通速递 7 个大区的 180 位职工代表共同审议通过了全国快递行业首份全网集体合同，覆盖圆通速递 8 万多个服务网点、超过 45 万名劳动者。[①]

以恳谈会方式创新外卖平台企业协商形式。北京市总工会通过协商恳谈会方式，推动美团与北京的外卖骑手代表进行协商，建立起 16 万名骑手的诉求表达渠道，形成协商纪要或协议，就骑手权益内容达成一致，建立起通畅的诉求表达渠道。上海市总工会指导饿了么召开全国网约送餐行业首个（全网）职工代表大会，依托平台就业的全网劳动者通过推选代表组建职代会，通过职代会形成议事规则；推选协商代表开展集体协商并签订全网集体合同，经过职代会审议通过集体合同。饿了么运用"集体协商＋职代会＋集体合同"的制度框架确保集体合同的正当性与效力，签订覆盖全国 7 大片区、1.1 万个配送站点、超过 300 万名众包、专送骑手和站点服务商人员的首份（全网）集体合同，在全国范围内建立职工代表大会制度，完善集体协商机制。[②]

多方联动推进网约车企业签订集体合同。北京市、区、街道三级工会联动，多次前往滴滴总部，与平台企业党委、工会及相关部门负责人就企业生产经营、工会职能发挥、职工权益维护等问题进行深入座谈交流，引导建立"维护职工权益与促进企业发展是互利

[①] 沈建峰：《新业态领域集体协商的实践经验与完善对策》，载于《工人日报》2023 年 8 月 7 日第 7 版。

[②] 曹宏亮：《新业态领域协商协调机制建设的上海探索》，载于《工人日报》2023 年 8 月 7 日第 7 版。

双赢"的共识，在企业内部形成管理层支持，各部门积极支持配合，共同推动协商协调机制建设的工作局面。就关系网约车司机切身利益的事项进行充分协商，制定出包括协商机构与机制建设、职业伤害与安全保障等 6 项内容 23 条具体措施，形成了《2023 年滴滴（北京）网约车司机协商恳谈会专项协议》，实现全国性网约车平台企业建制突破。[①]

因时因势开展货运企业劳资沟通协商。在广东省工会的指导之下，货运企业货拉拉通过线上线下相结合的方式因时因势积极开展司机恳谈会，聚焦新就业形态劳动者的急难愁盼问题进行协商，涉及司机利益的重大决策均须先经过公司党委和工会进行前置风险评估，经评估风险极大的采取一票否决，形成常态化协商协议机制，建制工作在逐步推进中。[②]

2. 推动各省与全国平台企业分支机构或区域性平台开展二次协商

各省工会积极推动全国性头部平台企业的分支机构开展二次协商。在吉林省总工会的指导之下多方参与推动召开滴滴（长春）网约车司机协商恳谈会，来自滴滴出行长春分公司的企业方代表与网约车司机代表围绕网约车司机群体最为关注的各项权益保障问题，面对面展开互动协商，形成吉林省级新就业形态劳动者集体协商示范样本。[③] 江西省总工会积极推动全省快递行业集体协商"扩面建制"。截至目前，13 个设区市普遍开展了快递行业集体协商活动，全省签订 10 个市级、15 个县级共 25 个集体合同，覆盖快递企业

---

① 赖志凯：《23 项保障让网约车司机多了一份安心》，载于《工人日报》2023 年 2 月 2 日第 1 版。

② 《中国工运》编辑部，《广东创新推进新就业形态劳动者权益保障》，《中国工运》2023 年第 6 期。

③ 彭冰、柳姗姗：《一场直面"挠头事"的协商恳谈会》，载于《工人日报》2023 年 5 月 27 日第 1 版。

467家、从业人员10多万人。[①] 杭州市总工会推动新业态集体协商先行先试，在杭州市总工会的指导之下浙江顺丰速运有限公司通过工资集体协商建立"五级快递员"等级认定标准、正向激励和兜底保障机制，提升了公司薪酬竞争力与职工满意度，为杭州新业态集体协商建设提供示范模板。[②]

推动区域性平台企业开展协商。在广东省、广州市总工会、如祺出行行政方支持下，如祺出行工会组织了由人事行政、体验中心、运力、安全、产品、客服、司机代表等相关人员组成的协商工作组，针对产品优化、司机政策、社会保险等方面开展民主协商，共讨论事项20余项，涵盖派单机制、奖惩规则、地图导航、申诉渠道、社会保障等多个方面，初步建立起广州市网约车行业沟通协商范本和对话体系，推动了网约车平台决策和经营管理的民主化、规范化、科学化，增强了网约车司机与企业双方协商的意识，切实保障网约车司机合理权益。[③]

3. 在地市级以下层面，与平台合作企业、行业协会开展行业性集体协商

地市级及以下层组织行业工会联合会等工会组织与行业协会、平台合作用工企业就计件单价、抽成比例、报酬支付办法、劳动量与劳动强度、工作时间、劳动保护和订单分配、奖惩制度、补充保险等直接涉及劳动者权益事项开展集体协商、签订集体合同。审议通过行业集体合同（草案）、建立日常沟通对话机制、探索开展省级行业集体协商等方式探索协商协议机制建设。

---

① 江西省总工会：《守正创新再出发——江西工会工作五年回眸与亮点》，载于《江西日报》2023年8月20日。

② 杭州工会，《服务新就业形态劳动者杭州工会是认真的》，https：//mp.weixin.qq.com/s/9EAHETS26IToPgqioVoCIw2023年5月22日。

③ 林婷玉：《工会如何为网约车司机筑温暖的"家"？》，载于《南方公报》2022年10月。

　　各行业从自身特点着力就业内劳动者关注的重点内容推动协商协议建设进程。快递、网约配送行业重点就优化路线、派单量、在线时长、充电和休息场所、极端天气补贴等开展协商。网约车、货运行业重点就合理确定和调整信息服务费、会员费、计价规则、竞价机制、派单规则、能源价格等内容展开协商。

　　广东省各级工会深入新就业形态企业行业调研指导，结合企业行业用工特点，在全省开展劳资沟通协商试点培育取得良好效果，涌现出顺丰、货拉拉、如祺出行、广州市网约配送行业、湛江市霞山区货运行业、梅州市快递行业及中山市快递行业等一批先进典型，涵盖了全国性和区域性平台企业、新就业形态主要行业，具有较强的代表性和示范性。①

　　截至目前全总累计投入资金 18.9 亿元，建设站点 11.17 万个，覆盖服务职工群众 6000 多万人，年均服务超 4 亿人次；投入 1379 万元，建设"司机之家"1335 家，各级工会共建设"司机之家"3315家；连续两年组织开展"新就业形态劳动者温暖服务行动"，共筹集资金 7.65 亿元，慰问 712.27 万人次；各级工会通过建立救助保障和互助基金、赠送体检等多种方式开展"送健康"活动，建立健全互助保障制度；开展各类职业教育培训、岗位技能培训、心理健康教育、普法宣传等活动，拓展新就业形态劳动者职业发展空间。②

　　目前协商协调机制建设以多渠道、多形式推进协商沟通，使平台劳动者的利益诉求得以规范表达。在协商形式上，新就业形态集体协商既有以协商会议形式开展的正式协商，也有情况通报会议、交流座谈等其他形式的非正式协商。在协商程序上，新就业形态集体协商既遵循集体合同签订生效所必需的严谨规范的协商程序，也

　　① 《中国工运》编辑部：《广东创新推进新就业形态劳动者权益保障》，《中国工运》2023 年第 6 期。

　　② 来自全国总工会公布数据。

有适应情况通报会议、员工诉求座谈所实施的灵活的协商过程。

在各级工会的指导之下，京东、顺丰、申通、圆通等全国性头部快递企业已完成全国建制，外卖、网约车头部平台企业已召开省级协商恳谈会，货运平台建制在有序推进中。新就业形态劳动者权益协商协调机制建设工作逐步实现了从"点上探索"向"面上推开"的转变，在各级工会监督及指导之下平台用工趋向规范化发展，通过保障劳动者的知情权，畅通劳动者的沟通表达渠道保护劳动者的表达权，再辅以指导员驻派企业等措施促使劳动者主动发挥建议权，一批涉及劳动者切身利益的事项通过协商得到解决，劳动者的主要诉求得到一定程度回应，集体协商制度在维护新就业形态劳动者权益中的作用初步显现。

新就业形态劳动者协商协议机制建设已初见成效，但在建制的过程中仍具有需要完善之处。新就业形态劳动者协商协调机制存在行业发展不平衡区域发展不平衡的现象，在建制过程中作为行业发展时间较长、制度更为完善、员工相对聚集的快递行业在协商协议机制建设的进展上更为领先，而货运平台受到行业劳动者更为分散等方面因素影响，在建制的推进上与快递、外卖、网约车行业相比更为缓慢；区域上中部地区与东北地区进展尤为不平衡，头部企业较为集中的中部、东部地区建制开展工作更为顺利，而西部地区尤其东北地区的建制进展需要增强拉力。

相关法律仍有欠缺。现行劳动法规未将新就业群体纳入保护范围，在我国现行的劳动法律中缺乏关于新就业形态集体协商的规定，法律的缺位导致新就业形态集体协商缺乏支撑，制约着新就业形态集体协商协议机制建设开展。目前虽然在地方上尝试建立相关法律条例，如《江苏省集体协商条例》为当地新就业形态集体协商工作的开展提供了明确的法律依据，但作为地方性法例覆盖群体有限，同时在执行力度上也仍有欠缺。[①]

各方参与积极性有待提高。协商协调机制的建设需要多方主体参与共同推进，政府部门、平台企业、新业态劳动者三方共同参与形成良好互动，对于协商协议机制建设具有重要作用。目前部分地方党政对此不够重视，相关政府部门工作不积极，存在工会孤军突进的问题；而在企业层面，基于对集体协商能否增进企业经济效应的疑问对于平台企业参与集体协商的意愿也具有削弱作用；在劳动者层面上，对于相关政策的了解不足也会陷入"不敢谈"的困境之中。三者在建制的过程中都暴露出存在的问题，对于机制的建设构成了挑战。

协商主体尚不健全。从外部监管看平台合作企业多以科技、网络公司等名义登记，没有统一的主管部门，难以进行统一监管。而在管理模式上平台企业经营结构复杂、管理扁平化，与工会属地管理模式不对应。从工会方看，部分省级及以下产业工会不健全，组织推选行业代表开展协商难度较大。目前新业态产业仍处在发展的阶段，稳步推进行业规范发展，健全协商主体对于协商协议机制建设具备重要意义。

（三）品牌服务：新业态劳动者温暖服务季

为深入学习贯彻党的二十大精神，以更大力度持续深化新就业形态劳动者工会工作，2023 年 6 月 13 日，全国总工会召开全国新就业形态劳动者工会工作推进会暨"三年行动"启动仪式，部署实施《深入推进新就业形态劳动者工会工作三年行动计划（2023—2025）》（以下简称《三年行动计划》）。《三年行动计划》提出坚持改革创新，聚焦新就业形态劳动者所思所想以及他们的急难愁盼

---

① 李军：《新就业形态集体协商的探索、问题与思考》，《工会理论研究》（上海工会管理职业学院学报），2023 年第 3 期。

问题。在维权服务方面，紧紧抓住新就业形态劳动者最关心最现实的问题，努力提供更多可感可知、可达可得的贴心服务。提高服务水平，持续开展"新就业形态劳动者温暖服务季"活动，推行网上普惠服务精准化，推进"会、站、家"一体化、"司机之家"等服务阵地建设、"工会小站贴心大爱"工会服务站点双15工程，设立"关爱新就业形态劳动者"公益项目。

2021年，全国总工会启动了"工会进万家·新就业形态劳动者温暖行动"服务月活动，重点开展了送思想文化、送身心健康、送平安保障、送温暖关爱、送工作岗位、送技能提升等"六送"活动。新就业形态劳动者温暖行动是工会常态化送温暖活动的重要组成部分。据统计，2021年的活动筹集发放款物2.79亿元，慰问新就业形态劳动者240万人次，慰问新就业形态企业3万家。

2022年，全国总工会首次将"服务月"升级为"服务季"，联手公益基金会、社会慈善组织，共同推动解决新就业形态劳动者最关心最直接最现实的利益问题。温暖行动只是各级工会为新就业形态劳动者维权服务的一个缩影，通过为新就业形态劳动者送温暖、送文化、送健康，为他们解决急难愁盼的问题。近两年服务季活动中，各级工会筹集资金7.65亿，慰问新就业形态劳动者712万人次。各级地方工会，有的因地制宜设置服务项目和内容，发展线上线下结合的维权服务模式；有的探索组建行业工联会，创新服务形式；有的将工会主席接访、工会法律援助等引入新业态领域等。一系列工会服务特色品牌在各地打响，让大量新就业形态群体受益。

以职工需求为导向，围绕"新业态温暖服务季"的主题，北京市海淀区各级工会坚持"广泛覆盖、聚焦重点、突出特色"的工作方针，聚焦新就业形态劳动者统筹组织了多种形式的关怀慰问活动。其中，组织开展新就业形态劳动者体检4750余人次，结合传统节日、重点工作及"双11"购物节等特殊时间节点，组织开展"暑期送清凉""把海淀问候带回家"等新就业形态劳动者送温暖慰问活动，覆盖新就业形态劳动者 1.3 万余人。此外，结合新就业形态劳动者的职业特点，海淀区总工会暑期订制一批沐浴露、洗发水、数据线、分体式雨衣及食品等清凉用品，冬季订制自发热围巾、护膝等生活必需物资，切实满足新就业形态劳动者的实际需求。

2023 年 11 月 10 日，佛山市总工会、市邮政管理局联合市快递行业工联会开展 2023 年新就业形态劳动者温暖服务季慰问活动，向辛勤工作的快递员送上慰问品，把工会"娘家人"的温暖送到他们手中。慰问组一行先后前往顺丰、德邦、邮政站点，与奋战在一线的快递员亲切交谈，了解他们"双十一"期间的工作情况，嘱咐大家在做好旺季快递服务保障工作的同时，要注意劳逸结合、出行安全，并为他们迎战忙碌的"双十一"加油鼓劲。佛山市"新就业形态劳动者温暖服务季"送温暖系列活动是佛山市总工会认真贯彻落实党的二十大精神，聚焦新就业形态劳动者最关心、最直接、最现实的需求，通过交通运输行业工联会、快递行业工联会、城市配送行业工联会等工会组织开展的面向新就业形态劳动者群体的关爱活动和保障服务。截至目前，佛山市总工会已投入 27 万元经费开展慰问活动，累计为近 5500 名新业态劳动者送上温暖福利。

2023 年 10 月 31 日，由重庆市渝北区总工会、市金融财贸轻工纺织工会、美团主办的"骑手健康服务季"活动顺利举行，活动共为 110 名骑手提供便捷、专业、贴心的体检服务。活动将移动体检车、体检帐篷搬进商圈，为骑手提供了包括血常规 18 项、肝功能、肾功能、血脂、心电图等在内的常规体检项目，并针对骑手群体长期骑车等职业特征，提供风湿免疫、幽门螺杆菌检测（血检）等检查服务。"骑手体检车"项目，以定制体检车巡游形式，为辖区流动骑手提供专业、免费、快速、便捷的健康体检服务，旨在"将健康体检服务送到骑手身边"。活动还为外卖骑手们送上冬季御寒物资等。此类工会特色的关怀活动，帮助解决新就业形态劳动者急难愁盼的实际问题，着力提升新就业形态劳动者的政治凝聚力和职场归属感。

（四）服务阵地：户外劳动者服务站点

广大户外劳动者是城市环境的维护者、便利生活的提供者、一方平安的守护者。贯彻落实习近平总书记关于关心关爱新就业形态劳动者的重要指示精神，以深入开展学习贯彻习近平新时代中国特色社会主义思想主题教育为契机，大力推进服务站点建设，将其打造成为凝心聚力的宣传站、关心服务的前哨站、补能休息的中转站、传递爱心的接力站，紧紧抓住户外劳动者最关心最现实的问题，努力为他们提供更多可感可知、可达可得的贴心服务。要坚持共同发力，强化统筹协调、齐抓共建的工作机制；坚持需求导向，解决好户外劳动者"关键小事"；坚持因地制宜，以满足基本功能为重点，做到既建得好，又管得好，更用得好；坚持凝聚人心，把党的创新理论，习近平总书记和党中央对户外劳动者的关心关怀送到心坎上。

2016 年以来，全国总工会指导推动各级工会以自建和共建方式积极建设服务站点，致力于为户外劳动者解决"吃饭难、喝水难、休息难、如厕难"等现实问题。截至 2023 年 7 月，全国工会系统累计投入资金 21.5 亿元，建成各类服务站点 12.17 万个，打造了劳动者港湾、浓情暖域、爱心翼站、一平米温暖爱心驿站等多个品牌。[①]

2023 年 7 月 10 日，全国总工会发布工会服务站点"双 15"工程。全国总工会明确，在全国大力加强服务站点建设，推动实现 2023 年年底全国服务站点达 15 万个，全国主要城市和城市重点区域基本实现 15 分钟服务圈交叉覆盖的工作目标。全国总工会持续扩

[①] 中工网，"工会小站贴心大爱"工会服务站点双 15 工程发布会暨启动仪式在京举行，https：//www.workercn.cn/c/2023-07-11/7904121.shtml，2023-07-11.

大服务站点有效覆盖，探索数字化智能化管理手段和社会化市场化管理模式，推动服务站点在主要城市和城市重点区域实现 1 公里服务半径，15 分钟步行可达，区域内户外劳动者交叉覆盖的综合服务矩阵。同时，会同百度、高德等互联网地图服务商持续推进服务站点信息采集和数据上图，加强与美团等头部平台企业合作开发点位查询推送场景，因地制宜开展各类普惠性活动，努力让广大户外劳动者抬脚进站点、抬手享服务。2018 年至 2021 年，交通运输部会同全国总工会组织开展"卡车司机职业发展与保障行动"，在全国建成 700 余个"司机之家"，一张由点及面的服务网络正在加速形成。各级工会建设户外劳动者服务站点 8.6 万余个，投入 11.67 亿元，覆盖服务户外劳动者 6202.15 万人。

北京市总工会 2021 年下发《关于加强面向新业态、新就业群体的服务阵地建设的通知》，要求北京市各级工会要依托区级、街道乡镇、园区楼宇党群服务中心，分批建设面向新业态、新就业群体的公共区域职工之家或暖心驿站。同时，依托品牌形象好、社会责任心强的连锁餐饮饭店和其他社会资源建设暖心驿站。各产业工会也将积极推动有条件的服务阵地对外开放，结合产业特色和服务对象特点，新建一批服务于新业态、新就业群体的暖心驿站。探索与属地联动，共享服务资源，扩大覆盖面。北京各级工会的服务阵地建设将因地因需制宜设计服务内容，公共区域职工之家应有相对宽裕的服务场地，可设置共享会议室、心理减压室、劳动争议调解室、母婴关爱室等场所。通过 12351 职工服务平台搭载就业创业培训、职业介绍、心理疏导、法律咨询、健康管理、图书阅览、文体活动、权益维护、微心愿发布等服务，积极开发新的服务功能和项目。鼓励通过节假日开放、错时开放、预约服务等方式实现全时服务。暖心驿站应尽量设置在临街位置，便于以新就业形态劳动者为重点的广大户外劳动者进出。还可通过人员值守或人脸识别、扫码开门等科技手段，实现 24 小时服务。依托餐饮饭店等社会资源建立的暖心驿站可通过提供质优价廉的特惠"暖心早餐""能量午晚餐"、错峰折扣券和排队优先等方式，缓解户外劳动者的就餐难问题。

2021年7月22日，广东省深圳市总工会发布《深圳市新就业形态劳动者工会工作改革方案》，在服务阵地建设方面，提出打造"1＋11＋N"阵地服务体系，重点建设1家市级服务阵地，11家区级服务阵地，在新就业形态劳动者集中的重点区域和重点企业建设N个职工之家和服务站点，统筹规划建设一批暖工驿站，构建遍布全市的新就业形态劳动者服务阵地网络体系。暖工驿站主要分为三级：一级驿站，主要是指依托镇街党群服务中心、文化中心、大型楼宇服务站等建立，符合"六有、五要"建设标准，有专人值守，定期开展主题活动；二级驿站，主要是指依托社区（村）党群服务站、群众办事厅等建立，工作人员兼职服务管理；三级暖心角，主要是指依托新业态末端网点、超市、楼宇物业等建立，划定专门区域，提供充电、临时休息等服务。

2023年8月28日，北京市首家以服务网约车司机为主的工会服务站点"网约车司机小站"，在中关村软件园尚东·数字谷正式揭牌。这是海淀区总工会为新就业形态劳动者"量身定制"的服务项目之一。"网约车司机小站"由全国总工会滴滴蹲点组、海淀区总工会、上地街道总工会联合中国职工服务集团整合多方资源共同打造，集休息、用餐、手机充电、便民、医药等功能于一身，并突破性创新配备限时免费的停车位，提供可口热食的工"惠"小厨餐饮机等设施设备，有效解决了网约车司机们"泊车难、如厕难、吃饭难、休息难"的困扰。海淀区正在总结试点经验，将打造一批服务更精准、功能更强大的"驿站小家"，吸引更多新就业形态劳动者进"家"享受服务。为重点服务广大新就业形态劳动者，海淀区已经建设暖心驿站2394个，各类职工之家246家，可以为包括新就业形态劳动者在内的广大职工提供各类便捷暖心服务。

在北京市、区各级工会指导下，北京链家全市 1400 余家门店全部建成暖心驿站，已为户外劳动者及周边群众 2000 余万人免费提供服务，让环卫工人、网约车司机、外卖骑手、快递员等户外劳动者在工作之余随处都有温暖的"歇脚地"。截至 2023 年 11 月 12 日，暖心驿站 2023 年免费打印、复印已超 150 万人次。在暖心驿站里，可以看到张贴着工会 logo 的服务设施：走进暖心角，微波炉、饮水机、冰箱一应俱全，户外劳动者可以随时自助使用；坐在休息区，给手机充充电，和朋友聊聊天，能够防寒避暑；卫生间内干净整洁，工作时间对外开放，解决户外劳动者如厕难题；可供外部预约的会议室摆放了花束，让预约者工作期间也能有个好心情。这些"关键小事"的解决，让户外劳动者感觉到，工会的关爱无处不在。除了日常服务，北京链家已经连续两年举办了暖心驿站"五一"特别活动。2023 年，链家与美团、街道展开合作，根据户外劳动者的不同工作类型，建立了"骑迹驿站"等多个品牌站点，提高暖心驿站的知晓率，让更多户外劳动者敢进、愿进。

信阳市总工会按照"4＋1"模式推进新业态工会联合会组建工作，突出货车司机、网约车司机、快递员、外卖送餐员等 4 个重点群体，结合 1 种信阳本地特色行业，把更多灵活就业劳动者吸纳到工会组织中来。与此同时，高标准建设户外劳动者爱心驿站 341 个，实现了主城区每一平方公里就有一家爱心驿站的目标，累计投入驿站建设专项资金 450 余万元，配备完善基础设施，为快递员、外卖骑手等新业态劳动者提供休息、饮水、取暖、纳凉、充电、如厕等贴心服务。实施网格管理，将爱心驿站地址上传到高德地图，在站内摆放新业态劳动者扫码入会宣传栏和宣传彩页，使其成为新业态劳动者就近扫码入会的站点，让广大新就业形态劳动者在需要时想得到、找得到、用得到。

　　湖南东安县总工会力推户外劳动者服务站点建设提质增效，升级了八角街站点等多个服务阵地，配备专人管理，实现场地有依托、服务"不打烊"目标。八角街站点原是闲置的办税大厅，东安县总工会联手税务等部门将其打造为工会户外劳动者服务站点。站点占地面积约500平方米，于2023年10月对外开放。记者走进八角街站点看到，宽敞舒适的环境让人眼前一亮，饮水机、电视、微波炉、应急药箱、图书角、手机充电站等设施一应俱全。站内还独立设置劳动争议调解工作室、心理咨询室、休息室、职工书屋等。站点全天候开放，刘卫红作为站点专职管理人员，负责站点的卫生保洁、供电供水、设备配置维护等工作。八角街站点还联合相关部门及周边社区建立"党群红色联盟"，开展一月一主题活动，吸引各单位、各部门联动开展各类特色实践活动，让服务站点升级为综合性活动阵地。目前该县有4个人流量集中的服务站点聘请专人管理运营，以保证持续高效运转。目前，东安县工会户外劳动者服务站点总数达34家，构建起"15分钟服务圈"。依托这些服务站点，各级工会组织开展送温暖、送健康、送知识、法律讲座等活动60余场次，累计服务新就业形态劳动者和户外劳动者1万余人次。

　　2023年以来，安徽省将工会驿站建设纳入全省民生实事项目持续高位推进。目前，安徽省工会驿站管理模式分为4类：一是工会自建站点，由各级工会自行管理运行；二是依托银行、电信、环卫等共建单位管理的服务站点，工会制定考评细则，对年度考核达标的服务站点给予奖补和激励，对考核不达标的服务站点给予警示或摘牌处理；三是打造24小时无人值守的智慧工会驿站；四是通过购买第三方服务，对服务站点进行专业化管理。截至目前，已新建工会驿站10354家，较年初增长4倍。该省累计建成工会驿站12870家，服务户外劳动者超过864万人次，户外劳动者"15分钟暖心服务圈"正在加速形成。在聚焦重点区域、行业、单位条块结合、联合推动的基础上，安徽努力实现金融网点、邮政网点、加油站、连锁餐饮商超等服务站点建设全覆盖目标。据统计，全省现有的工会驿站中，金融系统服务站点 1950 家，电信服务站点 1194 家。在以往工会驿站有统一的标识、适当的场地、健全的设施、完善的功能、规范的管理、可查的地图标注等"六有标准"的基础上，安徽新增"有建设运营主体，有宣传教育功能"两项地方标准。同时，安徽省总工会制定《安徽省工会驿站建设管理运维工作实施细则》，开展机关 45 岁以下干部"当一天站长"活动，示范带动各级工会加强驿站运维管理。

（五）创新服务：新就业形态劳动者提供公益性法律服务

新就业形态劳动者之"新"，源于相关行业用工关系复杂、就业灵活、流动性大，因而劳动者收入的合理、岗位的稳定，以及社保的完善与职业安全等问题，都成为棘手的问题。人社部、最高法、全国总工会等部门近年来相继发布不少新就业形态劳动争议典型案例；全国两会上，总工会界别连续 3 年就加强新就业形态劳动者权益维护提交界别提案；旨在维护外卖送餐员、网约车驾驶员等群体权益的部门规章陆续发布，新就业形态劳动者的权益保障之网正越织越密。

中国工会十八大报告提出，未来五年，要加强新就业形态劳动者权益保障，完善协商协调机制，推动平台企业合法规范用工、科学调整算法、完善劳动定额标准，推进职业伤害保障试点工作。每一项目标举措都具有明确的问题导向和现实指向。针对新就业形态劳动者普遍关心的收入及岗位的稳定性、社会保险缴纳、户外劳动安全和身体健康等权益保障问题，全国总工会积极推动社会保险制度的改革，各级工会积极推动职业伤害保险试点工作，推动建立完善协调协商制度，引导企业履行责任，把企业对职工权益的保护以及企业对职工的关心关爱作为履行社会责任的标准和指标。

新业态从业人员在劳动权益上面临的最大问题就是当劳动权益受到侵害时，劳动救济渠道单一，劳动诉求难以实现，劳动争议难以解决的问题。为此，工会创新联动司法相关部门，探索出了"工会＋法院""工会＋人社""工会＋司法"等"工会＋N"多元化社会化维权模式，整合多方资源，切实提升新业态从业人员维权实效。

在劳动争议诉前调解方面，湖北全面推进"法院＋工会"劳动争议诉调对接；浙江义乌市工会按工会服务职能定制"法律维权帮扶"服务；陕西工会为新业态企业提供精准化"法治体检"服务；陕西各级工会专门组建了以"工会干部＋公职律师＋专业律师"为主体的法治体检组；辽宁省沈阳市和平区总工会联合多方资源，打造"工会＋法院＋人社"为主题的劳动争议智慧调解中心，将分散在各部门的劳动争议调解职能予以集中，实现三方在人员、机制和信息等方面的融合共享，推进多元化解、在线调解、调解前移，为劳动纠纷化解按下"快捷键"。

在法律援助方面，工会结合职工群众法律服务需求，整合利用资源，持续广泛开展法律援助工作。自2017年起，全总联合司法部和全国律协持续开展"尊法守法·携手筑梦"服务农民工公益法律服务行动，累计组织律师志愿者5.7万人次，编成2.1万支服务分队，重点面向以农民工为主体的新就业形态劳动者，联合开展线上线下维权服务工作。服务农民工2900多万人次；开展实地公益法律服务活动7.3万场次、线上普法宣传活动0.9万场次，调处劳动争议案件14.1万件次，办理法律援助案件10.1万件次，援助农民工29万人次，帮助挽回经济损失超过40亿元。

2022年6月工会开展基层蹲点工作，围绕新就业形态劳动者建会入会、构建和谐劳动关系、维护劳动领域政治安全等主要任务，全国省市县三级工会已下派蹲点干部6283人。各地工会将蹲点工作与工会信访工作相结合，带着问题下基层，把问题解决在基层。其中，广东省等地工会着力做好货车司机、快递员等新就业形态劳动者群体的维权服务工作。江西工会选派蹲点工作组前往省级数字经济集聚区的 100 家重点企业，努力推进数字经济行业企业建会和维权服务工作。重庆市总工会在今年的蹲点工作中已吸纳 1.5 万名新就业形态劳动者，4 万名农民工入会。

在 2022 年 12 月启动的新一轮"尊法守法·携手筑梦"服务农民工公益法律服务行动中，工会干部和律师志愿者组成的服务小分队已为新就业形态劳动者调处化解劳动争议 1.1 万件，办理法律援助案件 4200 余件，挽回经济损失 2 亿元；2022 年度"暖途·货车司机职业发展与保障行动"，形成了 13 个签约项目，覆盖货车司机超过 100 万人。

2023 年以来，厦门市总工会联合市司法局、市律协举办公益法律服务行动，组建 8 支志愿者服务队，为新就业形态劳动者提供法律援助和咨询服务。同时，积极参与新就业形态劳动者权益保障中心建设，派出工会调解员驻中心开展纠纷调解活动。这些举措旨在为广大新就业形态劳动者特别是快递员、外卖配送员等提供全面的公益性、专业性、综合性法律服务，并通过法治宣传和服务行动，广泛动员社会力量参与，保障他们的合法权益。此外，市总工会积极配合市人大、市人社局的调研工作，针对灵活就业人员与平台公司的劳动关系认定、平台公司的责任界定等问题，为新就业形态劳动者的权益保障提供政策建议。聚焦解决新就业形态劳动者最关心最直接最现实的急难愁盼问题，多措并举，全面关心支持新就业形态劳动者的工作和生活。

江苏省宿迁市建立新业态新就业群体服务中心维权驿站，法律援助律师常态化为快递员开展法治讲座，并提供法律咨询服务。维权驿站可根据新就业形态劳动者的特点和需求，开通法律援助"绿色通道"，提供预约、上门服务。2023 年以来，宿迁市 5 家驿站已为新就业形态劳动者提供法律援助服务 50 余次、法律帮助 100 余次。2023 年 9 月 11 日至 12 日，江苏省宿迁市总工会面向新就业形态劳动者、部分劳动用工密集型企业，开展"尊法守法，携手筑梦"普法宣传暨工会劳动法律监督检查活动。重点对新就业形态劳动者、商场员工、灵活就业人员等群体进行法治宣传。通过发放法律宣传资料、新业态劳动者权益维护明白卡，提供免费法律咨询、现场受理法律需求等方式，引导广大职工群众尊法、学法、守法、用法，增强法律意识，以理性合法方式维护自身权益。

第六章

聚焦工作主线，劳动关系和谐构建更加扎实推进

古人云："和也者，天下之达道也。"即言之，"和"是天下人人都必须遵守的大道理，故而和谐之道是天下万物的共同遵循之路。构建和谐劳动关系，对经济和社会发展、和谐社会建设有着重要的作用。工会推动构建和谐劳动关系工作，既能促进经济高质量发展和社会的长期稳定，也能增强党的执政基础、巩固党的执政地位。在新时代新征程中，工会应根据自身的特点发挥优势，聚焦工会维权维稳工作主线扎实推进和谐劳动关系构建，进一步促进劳动关系双方的互利共赢和经济社会各项事业高质量发展。

第一节　工会助力构建和谐劳动关系的必然性与重要性

一、构建和谐劳动关系面临的新问题和新情况

当前，我国经济已由高速增长阶段转向高质量发展阶段，正处在转变发展方式、优化经济结构、转换增长动力的攻关期，随着新一轮科技革命和产业变革不断深入，数字经济、共享经济等新业态蓬勃兴起，企业组织形式、管理模式、生产经营方式及用工方式等发生深刻变化，产业结构、就业形态、用工关系等呈现新的特点，劳动关系领域面临的形势十分复杂。

我国职工队伍状况发生了明显的变化。根据全国总工会发布第九次全国职工队伍状况调查结果，目前全国职工总数 4.02 亿人左右；职工平均年龄 38.3 岁，平均受教育年限 13.8 年，职工队伍结构组成、受教育程度和技术技能素质、愿望诉求呈现新的特点。调查发现，受产业结构调整、平台经济兴起、择业观念变化、新冠疫情等因素影响，职工素质提升、权益保障、队伍稳定等方面面临新形势新挑战。一是职工素质提升面临新需求，技能人才缺口仍然较

大，传统制造业职工出现结构性短缺现象，年轻人不愿意进工厂现象进一步凸显；二是职工权益保障面临新情况，新就业形态劳动者就业稳定性低，社会保险权益实现程度较低，低收入群体所占比重较大；三是职工队伍稳定面临新挑战，新就业形态劳动者劳动关系认定难，依法维权难度较大，平台企业组建工会难度较大，新就业形态劳动者对工会组织认知度不够等。

总的来说，本阶段我国劳动关系保持总体和谐稳定，但是在其确立与运行方面面临许多新情况新问题。例如，劳动关系的主体及其利益诉求越来越多元化，经济下行压力对劳动关系的风险传导增加，部分行业性、局部性劳动关系风险加大，新经济、新业态用工不规范引发的矛盾逐步增多，劳动关系矛盾凸显和多发，劳动争议案件居高不下，调处难度不断增加，有的地方拖欠农民工资等损害职工利益的现象仍然存在，职工群体性事件时有发生，构建和谐劳动关系的任务艰巨繁重。

因此必须深刻认识到，在新的历史条件下，工会推进构建和谐劳动关系的前提是充分认识新形势下劳动关系发展变化的新特点新趋势，准确把握新时代劳动关系环境的新特征、职工群众的新诉求、劳动领域政治安全的新风险以及劳动争议的新问题。当面临新情况新问题时，工会组织应当积极应对与适应这种新趋势新变化，按照习近平总书记的要求，切实增强大局意识、使命意识、责任意识，抓住契机、振奋精神，积极作为、敢于作为。

二、工会助力构建和谐劳动关系的新要求和新使命

劳动关系是生产关系的重要组成部分，是最基本、最重要的社会关系之一。劳动关系是否和谐，事关广大职工和企业的切身利益，事关经济发展与社会和谐。在党的十八大和十八届三中、四中、五中、六中全会上都对构建和谐劳动关系提出了明确要求，中央领导对构建和谐劳动关系工作多次作出重要指示批示，强调要把

构建和谐劳动关系作为一项重要而紧迫的政治任务抓实抓好。党和国家历来高度重视构建和谐劳动关系，制定了一系列法律法规和政策措施并做出工作部署，《关于构建和谐劳动关系的意见》是国家层面首次提出构建中国特色和谐劳动关系的纲领性文件。

2015年3月，中共中央、国务院印发《关于构建和谐劳动关系的意见》（下文简称"意见"），明确了构建和谐劳动关系的重大意义、指导思想、基本原则、目标任务和政策实施，对构建中国特色和谐劳动关系进行顶层设计和总体部署。《意见》明确指出要从夺取中国特色社会主义新胜利的全局和战略高度来深刻理解和认识构建和谐劳动关系的重大意义，"在新的历史条件下，努力构建中国特色和谐劳动关系，是加强和创新社会管理、保障和改善民生的重要内容，是建设社会主义和谐社会的重要基础，是经济持续健康发展的重要保证，是增强党的执政基础、巩固党的执政地位的必然要求"。《意见》要求各级党委、政府、工会等相关主体增强责任感和使命感，要把构建和谐劳动关系作为一项紧迫任务，摆在更加突出的位置，采取有力措施抓实抓好。《意见》对构建和谐劳动关系的下一步目标任务提出了具体要求："加强调整劳动关系的法律、体制、制度、机制和能力建设，加快健全党委领导、政府负责、社会协同、企业和职工参与、法治保障的工作体制，加快形成源头治理、动态管理、应急处置相结合的工作机制，实现劳动用工更加规范，职工工资合理增长，劳动条件不断改善，职工安全健康得到切实保障，社会保险全面覆盖，人文关怀日益加强，有效预防和化解劳动关系矛盾，建立规范有序、公正合理、互利共赢、和谐稳定的劳动关系。"

《意见》高度重视工会组织的作用发挥，强调工会组织是参与和推动和谐劳动关系实践的重要力量，从依法维护职工基本权益、健全协调劳动关系的三方机制、健全劳动争议调解仲裁机制、完善劳动关系群体性事件预防和应急处置机制、加强组织领导和统筹协调以及加强工会组织体系建设等六个方面对工会助力构建和谐劳动关系提出了明确要求。同时，希望各级工会要积极反映职工群众呼声，依法维护职工权益，团结和凝聚广大职工建功立业。全总领导要求各级工会及广大工会干部深刻领会《意见》的精神实质，聚焦主责主业，抓好"依法保障职工基本权益""推行集体协商和集体合同制度""健全完善职代会制度""加强对职工的教育引导和人文关怀"等四个方面的重点工作。

工会是中国共产党领导的工人阶级群众组织，承担着组织动员广大职工为完成党的中心任务而团结奋斗的历史使命。因此，工会应当把推动构建中国特色和谐劳动关系作为工作主线，贯彻落实中共中央、国务院印发的《关于构建和谐劳动关系的意见》，积极代表职工参与劳动关系协调，及时化解劳动关系领域矛盾和纠纷，维护职工队伍团结统一与社会和谐稳定。

三、工会助力构建和谐劳动关系的职责履行

工会组织是党联系职工群众的桥梁和纽带，是国家政权的重要社会支柱。工会要从夺取中国特色社会主义新胜利、巩固党执政的阶级基础和群众基础的高度出发，深刻认识构建和谐劳动关系的重要性和紧迫性。按照党和国家的要求，把构建和谐劳动关系工作摆在工会工作的突出位置，坚决贯彻落实各项部署，增强责任担当，积极主动作为，在构建中国特色和谐劳动关系中发挥工会组织的独特优势和积极作用。工会组织代表职工的利益，依法维护职工权益，促进企业发展。广大职工与企业都是推动经济发展的重要力量，工会助力构建和谐劳动关系，保障广大职工实现体面劳动，保障广大企业经营者努力创业，实现企业和职工共同发展，对扩大党的群众基础，巩固党的执政地位具有重要意义。

工会组织作为职工合法权益的代表者和维护者，是企业和职工之间的"润滑剂"，在推动企业和谐劳动关系构建中能够发挥不可

替代的作用。解决广大职工最关心、最直接、最现实的利益问题，切实维护其根本权益，是构建和谐劳动关系的根本出发点和落脚点。工会要平衡劳资双方的利益，有效预防和化解劳资矛盾，妥善解决影响劳动关系和谐稳定的突出问题，正确处理促进企业发展和维护职工权益的关系，促进双方合作共赢。工会组织需要协调好企业和劳动者的利益关系，处理好稳增长、调结构、转方式中的劳动关系问题，营造尊重劳动与和谐劳动关系的氛围，充分激发劳动者的积极性和创造性，提升人力资本质量，为企业创新发展提供不竭动力，促进经济持续健康发展。

工会作为构建和谐劳动关系的重要推动力量，其推动过程也是工会职责履行的主要表现。通过充分发挥自身协调能力，为党和国家认真履行肩负的政治责任和社会责任；通过充分发挥自身组织能力，为职工认真履行职能实现维权和维稳相统一。工会在构建和谐劳动关系中要明确职责定位，必须认真学习领会党中央、国务院的重大战略部署，深入学习贯彻习近平总书记系列重要讲话精神，特别是关于工人阶级和工会工作的重要论述，把思想和行动统一到党中央对构建和谐劳动关系工作部署上来，充分发挥桥梁纽带作用，在推动构建和谐劳动关系中始终保持正确方向和生机活力。

第二节　贯彻落实中国工会十八大关于积极构建和谐劳动关系工作精神

一、中国工会十七大以来工会组织积极构建和谐劳动关系的工作成就

近年来，全总和各级工会认真贯彻落实习近平总书记重要指示精神和党中央决策部署，把推动构建和谐劳动关系作为一项紧迫而

重要的政治任务，在推进工会法治化建设、劳动关系协调常态化机制、预防与化解劳动纠纷动态化机制等三方面取得了积极成效。

（一）循序推进工会工作法治化建设

随着《劳动法》《工会法》《劳动合同法》《劳动争议调解仲裁法》《就业促进法》《社会保险法》等法律相继修订，协调劳动关系、维护职工权益的主要法律制度已经基本建立起来。虽然现行劳动法律运行不顺畅，执行不到位，仍有一些如集体合同、民主管理等重要法律制度有待建立和完善，但是法治是工会参与协调劳动关系、维护职工权益的可靠保障。

一方面，工会组织积极参与《工会法》《劳动合同法》等法律法规修改工作，工会组织主动适应全面依法治国的要求，代表职工主动参与劳动立法和政策制定，推动涉及职工切身利益的法律法规政策制定和修改，加强工会工作法治化建设。新修订的《工会法》，为新时代工会组织依法开展工作提供了更加坚实的法治保障。2021年12月24日，第十三届全国人民代表大会常务委员会第三十二次会议通过《关于修改〈中华人民共和国工会法〉的决定》，新版《工会法》将于2022年1月1日起施行。将第六条内容做修改，强调"推动健全劳动关系协调机制，维护职工劳动权益，构建和谐劳动关系"，鼓励工会组织职工参与企业民主管理工作，"工会依照法律规定通过职工代表大会或者其他形式，组织职工参与本单位的民主选举、民主协商、民主决策、民主管理和民主监督"。《工会法》第三条、第四条强调构建和谐劳动关系中工会的基本职责与主要职能。① 此外，中国工会十七大以来，中华全国总工会办公厅印发了

---

① 第三条：维护职工合法权益是工会的基本职责。本市各级工会组织代表职工的利益，参与构建和谐劳动关系，依法维护职工权益，促进企业发展，做好职工服务工作。第四条：工会通过平等协商和集体合同制度，协调劳动关系，维护职工的劳动权益和物质利益。

多个文件政策，围绕基层工会建设、女职工、新就业形态劳动者等群体相关权益保障工作的落实推进等方面和谐劳动关系的构建。例如，《中华全国总工会关于加强和规范区域性、行业性工会联合会建设的意见》指出"加强区域性、行业性工会联合会建设，对于基层工会组织围绕中心服务大局，促进区域、行业经济持续健康发展，参与基层社会治理，积极发挥作用，加强维权服务，构建和谐劳动关系，树立以职工为中心的工作导向，夯实工会基层基础，确保职工队伍和工会组织团结统一具有重要意义"。《中华全国总工会关于加强乡镇（街道）工会建设的若干意见》提到乡镇（街道）工会的主要工作职责，在同级党（工）委和上级工会领导下，依法独立自主地开展工作，"维护职工合法权益，指导开展集体协商、签订集体合同，健全以职工代表大会为基本形式的企事业单位民主管理制度，健全协调劳动关系机制"。《中华全国总工会关于加强县级工会建设的意见》要求每年至少召开一次政府和工会联席会议，对构建和谐劳动关系做出总体部署和规划；积极推动建立和完善由政府、工会、企业共同参与的协商协调机制，共同研究解决劳动关系领域和涉及职工权益的重大问题，立足共建共治共享社会治理新格局，推动构建中国特色和谐劳动关系。加大劳动关系矛盾风险隐患排查化解力度，维护职工队伍团结统一，坚决维护劳动领域政治安全。《中华全国总工会关于加强新时代工会女职工工作的意见》强调维护女职工合法权益和特殊利益，"定期开展普法宣传活动，常态化做好维权典型案例评选、联合专项执法检查、工会劳动法律监督，及时推动侵犯女职工权益案件调查处理，促进劳动关系和谐稳定，维护劳动领域政治安全"。《中华全国总工会关于切实维护新就业形态劳动者劳动保障权益的意见》要求深入开展农民工公益法律服务行动和劳动用工"法律体检"活动，广泛宣传相关劳动法律法规及政策规定，督促企业合法用工。推动完善社会矛盾纠纷多元预防调处化解综合机制，重点针对职业伤害、工作时间、休息休假、劳动保护等与平台用工密切相关的问题，为新就业形态劳动者提供法律服务。

另一方面，工会依法维权、依法履职，主动参与执法检查和法律实施的监督，从制度上、源头上保障职工群众利益。2021 年 4 月全总印发《工会劳动法律监督办法》，进一步规范和加强工会劳动法律监督工作，提升工会劳动法律监督实效和水平，充分发挥工会劳动法律监督在督促用人单位规范用工、贯彻落实劳动法律法规、推动构建和谐劳动关系等方面的作用。《工会劳动法律监督办法》明确提出，工会重点监督用人单位恶意欠薪、违法超时加班、违法裁员等问题。与政府劳动保障监察部门密切协调配合，完善工会劳动法律监督"两书"制度①，督促企业依法用工、守法经营、履行社会责任，把企业劳动关系的建立、运行、监督、调处纳入法治化轨道，依法保障职工基本权益，依法解决矛盾纠纷。全总要求各级工会强化法律监督，化解劳动争议，加强法治宣传，重点面向农民工、困难职工、新就业形态劳动者等群体提供综合性法律服务。推出首批全国工会劳动法律监督十大优秀案例，开展 2022 年全国工会"宪法宣传周"活动，持续推进"尊法守法·携手筑梦"服务农民工公益法律服务行动，开展普法宣讲活动 2.9 万场次，帮助劳动者挽回经济损失 14.6 亿元。从源头上加大工会的参与力度，促进劳动法律法规的贯彻落实，要深入开展劳动法律法规宣传教育，引导劳动关系双方学法、尊法、守法、用法，养成依法办事、依法维权的习惯，再依法开展集体协商、劳动法律监督等，依法维护好职工劳动经济权益。

（二）稳步推行协调劳动关系常态化机制

维护职工合法权益，突出维护职工的劳动报酬、休息休假、劳

---

① "两书"是指由地方工会依据法律法规制发的《工会劳动法律监督意见书》和《工会劳动法律监督建议书》。

动安全卫生、社会保险和职业技能培训等劳动经济权益，健全劳动关系协调机制，着重抓好劳动合同、集体合同、职工代表大会、协调劳动关系三方机制的落实，深化和谐劳动关系创建活动，努力促进劳动关系和谐稳定。在全总的大力推动下，聚焦推进企事业单位集体协商工作提质增效、民主管理制度完善、协调劳动关系三方机制运行、和谐劳动关系活动创建等多方面的举措和专项行动，不断完善构建和谐劳动关系的常态化协调机制。

其一，集体协商工作是构建和谐劳动关系的主要抓手。全总会同有关部门进一步推动完善集体协商相关制度机制，实施两项行动计划。（1）开展2019——2022年集体协商稳就业促发展构和谐三年行动。自2019年起，人社部、全国总工会、中国企业联合会/中国企业家协会、全国工商联等国家协调劳动关系三方实施了集体协商"稳就业促发展构和谐"行动计划。这项为期3年的行动计划顺利完成，各级三方共计培训协商代表127万人次，培育省级和地市级协商典型案例8000多个；全国31个省（区、市）和新疆生产建设兵团已建工会的企业集体协商建制率全部动态保持在80％以上；疫情期间，各级三方指导企业和工会就做好职工权益保障和支持企业稳岗留工开展协商，推动企业和职工同舟共济、共克时艰。同时，开展集体协商"春季集中要约行动"，针对新冠疫情给企业生产经营造成的困难，中华全国总工会、人力资源和社会保障部、中国企业联合会/中国企业家协会和中华全国工商业联合会联合印发《关于应对疫情影响进一步做好集体协商工作的通知》；鼓励各地工会探索通过集体协商推动职工技能要素和创新成果参与企业分配，推动提高技术工人薪酬待遇，持续推进集体协商工作提质增效。（2）实施劳动关系"和谐同行"能力提升三年行动计划，并组织开展城市工会集体协商竞赛活动，指导各地开展集体协商集中要约行动，强化专职集体协商指导员队伍建设。此外，针对新业态劳动者的权益保障，工会系统积极推动平台企业依法规范用工，探索多领域多行业、头部平台企业建立协商协调机制，畅通新就业形态劳动者诉求表达渠道。其中，京东集团在 2021 年率先建立平台企业中的全国性、跨区域的集体协商及职代会制度，签订的集体合同聚焦薪资待遇、福利保障、安全保护等重要议题，覆盖快递员、仓储分拣员、货运司机等数十万人；2023 年"饿了么"平台（全网）一届一次职代会（扩大）会议审议通过全网集体合同及 3 个全网专项集体合同，覆盖平台自有职工及全国 1.1 万个配送站点超过 300 万名骑手，标志着全国外卖行业首个全网职代会、首份全网集体合同诞生。[①]

其二，民主管理工作是企业工会构建和谐劳动关系的发力点。主要围绕加强企事业单位民主管理制度建设，规范集团职代会制度，推进省级厂务公开协调领导机构建设工作展开。全国厂务公开协调小组着力健全企业民主管理制度，制订全国企业民主管理工作五年规划；每年印发《全国企业民主管理工作要点》，指导各地大力推进非公有制企业民主管理工作；深入总结和宣传各地的好经验和好做法，授予称号表彰全国厂务公开民主管理先进单位和示范单位[②]，充分发挥典型单位的示范引领作用，并加强厂务公开先进单位动态监管；为规范职工代表大会操作流程，2022 年 3 月 17 日全国厂务公开协调小组办公室印发《职工代表大会操作指引》；制定《关于推行企业集团职工代表大会制度的意见》，健全以职工代表大会为基本形式的企事业单位民主管理制度体系，进一步向非公有制企业拓展；深化"公开解难题、民主促发展"主题活动，开展"聚合力 促发展"职工代表优秀提案征集推荐和全国厂务公开民主管

---

① 中工网，在各级工会的推动下 构建和谐劳动关系工作迈出新步伐，2023 年 9 月 13 日，https：//www.workercn.cn/c/2023－09－13/7979441.shtml.

② 中工网，以更实举措推动企事业单位民主管理向纵深发展，2020 年 12 月 22 日，https：//www.workercn.cn/c/2020－12－22/6517737.shtml.

理先进单位评选表彰活动①。全总不断推进厂务公开民主管理制度化、规范化，完善职工董事、职工监事制度，推进职工代表素质提升工程，提高企事业单位民主管理工作覆盖面和实效性。据统计，在各级厂务公开协调领导机构的努力下，全国已有 29 个省（区、市）制定了 36 个有关企业民主管理的地方性法规。同时，加大新业态领域民主管理工作推进力度，指导符合条件的头部平台企业建立职代会制度，12 家头部平台企业中已有 9 家召开了平台（全网）职代会。此外，企事业单位民主管理的形式呈现多元化，许多单位建起民主恳谈会、职工议事会、总经理信箱、企业高管接待日等企业与职工多样的对话协商方式，广泛应用"互联网＋"建起线上职代会系统、网上职工代表提案平台，进一步拓宽企业民主管理实现途径，维护职工民主权利。②

其三，协调劳动关系三方机制是我国劳动关系调整机制的重要组成部分。经过多年发展，我国初步形成了层级分明、覆盖广泛的协调劳动关系三方机制组织体系，特别是《中共中央国务院关于构建和谐劳动关系的意见》印发以来，各级三方按要求不断健全协调劳动关系三方机制，共同推动了劳动法律法规的实施，促进了劳动关系领域利益协调机制、诉求表达机制、矛盾调处机制和权益保障机制的建设，推动解决了大量劳动关系矛盾纠纷，对构建和谐劳动关系发挥了独特作用。推动完善协调劳动关系三方机制，一是覆盖至更大范围，做实省、市、县三级地方及产业的协调劳动关系三方机制，并向乡镇（街道）、经济开发区、高新技术园区延伸；二是推进政府与同级工会联席会议制度建设，针对劳动关系领域出现的

①　中华全国总工会：全总十七届四次执委会议上的工作报告"在全面建设社会主义现代化国家新征程中充分发挥工人阶级主力军作用"，2021 年 2 月 5 日，https：//www. acftu. org/xwdt/ghyw/202102/t20210210 _ 775255. html?

②　中工网，在各级工会的推动下　构建和谐劳动关系工作迈出新步伐，2023 年 9 月 13 日，https：//www. workercn. cn/c/2023－09－13/7979441. shtml.

新情况、新问题，国家三方办公室不定期召开专题会议，共同商议解决问题的办法和措施；三是协调劳动关系三方成员单位共同全力推行相关行动计划的实施。例如，（1）国家协调劳动关系三方会议第二十七次会议听取了关于实施行动计划的总结报告，审议通过了《集体协商十佳案例（2019—2021）》。（2）国家三方加大制度建设力度，联合印发《关于实施集体协商"稳就业促发展构和谐"行动计划的通知》《关于做好新型冠状病毒感染肺炎疫情防控期间稳定劳动关系支持企业复工复产的意见》等文件，充分发挥三方机制在劳动关系调整中的重要作用，积极构建和谐劳动关系。截至2021年年末，全国报送人力资源社会保障部门审查并在有效期内的集体合同132万份，覆盖职工1.2亿人。（3）联合实施劳动关系"和谐同行"能力提升三年行动计划，开展三年间"和谐同行"千户企业培育共同行动和双爱双赢评选表彰活动。2019年，召开全国构建和谐劳动关系先进表彰会，表彰了342家模范劳动关系和谐企业和50个模范劳动关系和谐工业园区。2020年，国家三方开展"和谐同行"千户企业培育共同行动，通过各级协调劳动关系三方共同行动，面向企业开展指导服务，提高企业劳动用工管理水平，培育"企业关爱职工，职工热爱企业"的和谐理念，打造具有影响力的劳动关系和谐企业典型。① 此外，全总牵头总结评估《中共中央国务院关于构建和谐劳动关系的意见》落实情况，召开全国工会协调劳动关系工作座谈会、全国和谐劳动关系创建示范经验交流会，开展全国和谐劳动关系创建示范单位巡回演讲活动。

其四，和谐劳动关系创建活动是构建和谐劳动关系的重要载

---

① 中国人力资源和社会保障部，人力资源社会保障部对政协十三届全国委员会第三次会议第2282号（社会管理类190号）提案的答复，2021年1月15日，（mohrss. gov. cn）http://www. mohrss. gov. cn/xxgk2020/fdzdgknr/zhgl/jytabl/tadf/202101/t20210115_407710. html.

体。全总通过积极推进新时代和谐劳动关系创建活动，以及组织召开全国工会协调劳动关系工作座谈会深入推动构建和谐劳动关系。2023年1月，人社部、全国总工会、中国企业联合会、中国企业家协会、全国工商联联合发布《关于推进新时代和谐劳动关系创建活动的意见》（下文简称"意见"），要求在更大范围、更广层次、更多内容上不断丰富和发展和谐劳动关系创建实践。为了激励更多企业和职工积极参与和谐劳动关系创建活动，国家协调劳动关系三方于2022年命名了350家企业和50家工业园区，为全国和谐劳动关系创建示范企业、示范工业园区。全总深化和谐劳动关系创建活动，要求充分发挥全国模范劳动关系和谐企业与工业园区的示范作用。创建活动的实施主要依靠多方协力，完善政府、工会、企业代表组织共同参与的劳动关系协商协调机制。健全党委领导的政府、工会、企业三方共同参与的协商协调机制，强化共同奋斗的政治引领，把党的领导落实到创建活动的全过程、各方面、各环节，始终保持正确方向，形成共同构建中国特色和谐劳动关系的强大力量。工会组织是参与和谐劳动关系创建实践的重要力量，《意见》高度重视发挥工会组织作用，工业园区、乡镇（街道）的创建标准包括完善政府、工会、企业代表组织共同参与的劳动关系协商协调机制，并依法建立工会组织、企业代表组织以及劳动争议调解组织等，各级工会要切实履行职责，在新时代新征程上为构建中国特色和谐劳动关系做出应有贡献。在企业层次，企业工会组织健全、运行顺畅，针对工资等职工关心的问题定期开展集体协商并签订集体合同，协商程序规范、效果良好，职工工资增长与企业效益、劳动生产率增长相适应。在工业园区、乡镇（街道）层次，依法建立工会组织、企业代表组织以及劳动争议调解组织，健全劳动关系矛盾纠纷排查预防和联动化解机制，对辖区内带有普遍性、倾向性的劳动关系问题开展协商，预防和调处劳动争议。建立健全突发性、集体性劳动争议应急调解协调机制和重大劳动争议信息报告制度，及时化解矛盾和纠纷。

（三）搭建预防与化解劳动纠纷动态化机制

维权是维稳的基础，维稳的本质是维权。要认真贯彻落实总体国家安全观，增强政治敏锐性和政治鉴别力，坚持底线思维、增强忧患意识，坚持维权与维稳相统一，坚持预防与化解相统一。① 全总多项举措切实防范化解劳动领域风险隐患，从应急处置、争议化解、落实"五个坚决"等三个方面维护劳动领域的和谐稳定与政治安全。

一是提升工会组织的社会服务能力、源头治理能力、监测预警能力，强化风险应对与预防。社会服务能力的提升与应用在于工会通过培育孵化社会组织，加强对劳动关系领域社会组织的政治引领、示范带动和联系服务，通过项目合作、购买服务等社会化、市场化方式，引导社会组织为职工提供专业化服务。例如，工会系统推树第二批全国工会联系引导社会组织服务职工优秀项目，所开展系列创新活动，可以进一步加强对劳动领域社会组织的联系引导。工会源头治理能力的提升可以通过能力建设与经验积累实现。全总制定《关于全国工会平安中国建设工作的意见》，构建工会平安中国建设工作体系，推进工会系统平安中国工作体系能力建设。同时，鼓励各级工会总结推广源头治理劳动纠纷经验，建立健全工会、法院、人社、司法联动机制，健全工会劳动关系发展态势监测和分析研判制度，推动建立在线解决机制。在劳动关系领域监测预警上，要求各级工会加强劳动关系领域风险排查化解、应急处置，对发现侵害职工权益的问题，要及时制止、批评，推动和协调有关方面解决，将问题和风险隐患化解在基层一线，消除在萌芽状态。对一些地方劳动关

---

① 全国总工会课题组：《深入学习贯彻习近平总书记关于工人阶级和工会工作的重要论述》，第156页。

系矛盾集中显现的情况，工会组织要主动介入、积极作为，协助党政妥善处理，帮助职工群众表达利益诉求，引导职工及时恢复正常生产秩序。①

二是推动劳动争议多元化解协作联动机制，及时化解矛盾纠纷。全总要求各级工会积极推动劳动争议处理工作，通过协商、调解、仲裁、诉讼等方式依法调处劳动关系矛盾纠纷。② 开展劳动争议多元化解试点工作，建立健全"法院＋工会"劳动争议诉调对接机制，提高调解成功率。推动建立完善劳动争议多元化解协作联动机制，联合人社、法院、司法等部门构建"调裁诉援"有效衔接工作体系，推进劳动领域多元解纷"一站式"平台建设。截至 2023 年 6 月底，已有 22 个省（区、市）和新疆生产建设兵团的 1863 家工会调解组织入驻人民法院调解平台开展工作，累计接受委派诉前调解纠纷 57.8 万件。各级工会强化法律监督，化解劳动争议，加强法治宣传，重点面向农民工、困难职工、新就业形态劳动者等群体提供综合性法律服务，织密劳动者权益法治保障网。③ 同时，深入开展"尊法守法·携手筑梦"服务农民工法治宣传和公益法律服务行动，引导职工依法理性有序表达诉求。推动解决拖欠农民工工资问题，持续开展"尊法守法·携手筑梦"服务农民工公益法律服务行动。

三是加强维护劳动领域政治安全体制机制建设，坚持"五个坚决"维护劳动领域政治安全。全总要求各级工会组织时刻关注劳动关系事件反映出的倾向性、苗头性问题，时刻绷紧防敌渗透这根

---

① 全国总工会课题组，《深入学习贯彻习近平总书记关于工人阶级和工会工作的重要论述》，第 157 页。

② 全国总工会课题组：《深入学习贯彻习近平总书记关于工人阶级和工会工作的重要论述》，第 157 页。

③ 人民网：《书写新时代劳动创造的壮丽华章——中国工会第十七次全国代表大会以来成就综述》，2023 年 10 月 9 日，http：//paper.people.com.cn/rmrb/html/2023－10/09/nw.D110000renmrb_20231009_2－04.htm.

弦，坚决防范敌对势力对职工队伍和工会工作进行渗透破坏，把"五个坚决"① 落到实处。全总于 2023 年 2 月 15 日组织召开工会劳动领域维护政治安全工作座谈会，制定落实"五个坚决"要求长效机制的指导意见及 10 个实施方案，建立"1＋1＋N"工作推进机制。通过建立健全落实"五个坚决"长效机制，一手抓防范化解，一手抓引领构建，坚决维护职工队伍和社会大局和谐稳定。与其他部门协作发挥工会联动工作机制作用，强化劳动关系风险监测、分析、预防和处置，切实把矛盾纠纷解决在基层，化解在萌芽状态。

二、基层工会构建和谐劳动关系创新实践

(一) 强化党建引领，发挥党建带工建优势

近年来基层工会在和谐劳动关系的构建上坚持以党建引领为核心，充分发挥基层党组织和党员在构建和谐劳动关系中的引领作用，在党建引领之下各级工会工作有序进行。

成都市新都区总工会坚持"党建带工建"，指导各类企业建立工会组织，实现国有企事业单位全覆盖，非公企业建会率动态保持在 95％以上，实施"双向进入、交叉任职"，提倡民营企业非出资人党组织书记通过法定程序参选工会主席，推动基层工会组织实现"五好"，增强工会组织吸引力凝聚力。

包头装备制造产业园区党工委高度重视和谐劳动关系工作，为构建和谐劳动关系园区采取一系列措施。首先，加强组织领导，将和谐劳动关系工作列为党建工作的重要内容，融入全年工作中，加强统筹指导，确保各项工作有序进行。其次，为有效推动工作，园

---

① "五个坚决"是指坚决防止敌对势力借所谓"维权"插手煽动、渗透破坏，坚决防止所谓"独立工会""民间工会"的出现，坚决维护职工队伍和工会组织的团结统一，坚决维护企业和社会大局和谐稳定，坚决捍卫中国共产党领导和我国社会主义制度。

区明确各工作职责，明确党工委书记主抓、副书记具体抓、工会主席及各部门各司其职的工作模式，将园区各企业分为四个片区，设立片区组长，形成"主要领导—分管领导—职能科室—各企业"的全覆盖工作模式。园区定期召开党工委会议和网格工作会议，明确工作任务和时限，确保工作落实到人，落实到各企业中。最后，园区加强组织联动保障和谐劳动工作开展，园区内建立协调劳动关系三方机制，增设 3 名工作人员专门开展和谐劳动关系工作，每季度由区人社局牵头，工会、工商联、装备园区等共同召开会议，及时学习上级要求，部署各项工作。在园区层面，每季度召开企业例会，定期分析企业在推进和谐劳动关系工作中遇到的困难，及时给予跟进指导。①

（二）多方协力推进，持续深化三方协调机制

三方协调机制是市场经济条件下协调劳动关系的重要手段，在不同时期，三方协调机制需要适时调整工作重点，持续深化助力，构建和谐劳动关系。

近年来，上海工会进一步强化与"三方机制""四方合作"成员单位的密切合作，推动工会参与劳动关系矛盾调处纳入全市社会治理现代化试点。从正面引领指导入手，实施"和谐同行"能力提升三年行动，持续推进和谐劳动关系创建活动。2016—2020 年，成功推动 1.06 万家企业创建"上海市和谐劳动关系达标单位"。"三方四家"共同聚焦本市非公中小企业开展用工指导服务，督促企业依法建立集体协商和职代会制度。积极推进全市各区建立企业重大调

---

① 国家协调劳动关系三方会议办公室：《党建引领　凝心聚力　以和谐劳动关系助力经济高质量发展——包头装备制造产业园区和谐创建典型经验》，2022 年 12 月 8 日，http://www.mohrss.gov.cn/SYrlzyhshbzb/ztzl/xsdhxldgx/cjfc/202212/t20221207_491347.html。

整"三方会审"机制。从反向倒逼建制切入，将企业集体协商和职代会制度建立纳入工会劳动法律监督检查内容。对侵犯职工合法权益的企业，通过"两书一函"要求依法建制。

苏州通过健全评估标准，坚持正向激励，推动和谐劳动关系创建活动标准化。2015年，市总推动率先制定劳动关系和谐企业（园区）评估标准，督促基层健全机制、规范运作，还联合苏州大学对劳动关系和谐企业（园区）每年开展一次评估改进活动，对符合条件的企业继续予以确认，对存在问题的企业提出整改意见，对不符合条件的企业取消"和谐劳动关系"荣誉称号。苏州工业园区与中国人民大学合作，建立劳动关系和谐指数评估体系，针对每个企业具体问题，自动向企业推送针对性的改善建议。市协调劳动关系三方联合市信用办共同制定《关于对劳动关系和谐企业给予正向激励的意见》，将和谐企业列入"信用苏州"的"红名单"，作为授予企业家劳动模范称号、五一劳动奖章的重要依据，作为工商联执委以上职务、行业协会会长提名候选人的重要依据，符合特定条件还可享受劳动保障、社会保险等方面优惠政策，激发了企业参与创建和谐劳动关系活动的积极性，实现"要我创建"到"我要创建"转变，较大地提升了创建活动的吸引力、影响力。[①]

（三）依时依需开展多层次集体协商

集体协商制度协调劳动关系作用日益增强，成为促进企业发展、维护职工权益的有效机制。新冠肺炎疫情发生后，秉持"同舟共济、共克时艰"原则，受冲击的企业或行业可以通过稳岗留工或调整薪酬与职工开展协商，力争多手段多方式共同解决企业困境。

---

① 工人日报：《发挥工会优势　协调劳动关系　努力推动构建中国特色和谐劳动关系——近年来各级工会协调劳动关系经验交流》，2021年12月7日，https://mp.weixin.qq.com/s/ygB7rCGYhrp5hQLijGrm3g。

此外，专门针对新业态劳动者、女职工群体的集体协商机制也在不断发挥作用。

北京市东城区簋街街道因餐饮聚集、通宵营业，享誉京城。近年来受疫情影响，众多中小企业的生存发展遇到前所未有的挑战。街道餐饮行业工会联合会持续开展行业集体协商，推动企业与职工同舟共济，共渡难关。为准备开展 2021 年度集体协商，行业工联会通过网络平台开展宣传，逐家走访收集企业情况，向企业、职工发放集体协商调查问卷，召开座谈会广泛听取意见。在调研基础上，行业工联会发出协商要约，双方代表多次沟通，达成共识后起草合同文本初稿，并发到各企业征求意见。随后召开协商会议，协商形成合同文本草案，合同约定与员工切身利益相关的工资标准内容。按照惯例，餐饮行业职代会每年召开一次。受疫情影响，餐饮行业工会联合会从 2020 年开始通过微信群召开线上职代会。2021 年，会前 10 个工作日将合同文本草案发给职工代表，由职工代表再次征求各企业职工意见。12 月 14 日，行业职代会审议通过了 2021 年行业集体合同和工资、女职工权益保护专项协议草案。簋街餐饮行业持续多年开展集体协商，不断丰富协商内容、创新协商形式，围绕行业内职工普遍关心的热点问题、企业经营的难点问题开展协商，搭建了劳动关系双方对话的平台，畅通了职工诉求表达渠道，减少了疫情带来的劳动纠纷，劳动争议案件数量逐年下降，企业与职工逐渐形成了利益共同体，实现了劳动关系双方双赢。[①]

（四）劳资共建共赢，聚焦共治共享

和谐劳动关系的构建需要员工共同参与到行动中，推动企业和

---

① 工人日报：《集体协商"稳就业促发展构和谐"行动计划十佳案例巡礼》，2022年 7 月 7 日，https：//www.chinanews.com.cn/gn/2022/07－07/9797443.shtml.

职工协商共事、机制共建、效益共创、利益共享。工会要积极倡导协商协调沟通，积极促进劳资双方合作共建共赢，努力使企业和职工成为利益共同体、事业共同体、命运共同体。

常态化职工代表大会，及时回应员工需求。为推动和谐劳动关系构建，首先，浙江吉利控股集团有限公司建立了职工代表大会制度，定期召开职工代表大会，定期报告工会经费使用情况，能够做到涉及职工切身利益的规章制度和重大事项经过职工代表大会讨论确定。其次，规范建立集体协商和集体合同制度，集团严格依法签订和全面履行集体合同，集体协商程序规范；定期开展工资集体协商并签订工资专项集体合同，保证职工工资增长与企业效益、劳动生产率增长相适应。未建立企业集体协商机制的中小微企业通过区域性、行业性集体合同予以覆盖。有效防范劳动关系风险。集团不断完善预防劳动争议制度，依法及时妥善调处劳动争议和影响稳定的苗头性、倾向性问题，切实维护劳动关系双方合法权益。[①]

畅通员工诉求渠道，关注员工切身利益。广州石化坚持规范企业全过程民主管理，依法依规履行民主程序，严格执行"三重一大"决策制度和职代会重大事项审议制度，每年组织职工代表对公司领导班子及班子成员进行民主评议；通过"解决小诉求、凝聚大力量""走基层访万家"等工作，畅通职工诉求表达长效机制；始终坚持公司和职工共同体构建，持续健全了涵盖薪酬及津（补）贴、培训晋升、休假休养、劳动保护、职工保险、职工保障六个方面30多项内容的制度体系；大力实施人才强企工程，稳步推进管理、专业技术、技能操作三支人才队伍建设，确保每位职

---

① 国家协调劳动关系三方会议办公室：《构建和谐劳动关系 助推吉利高质量发展——浙江吉利控股集团有限公司和谐创建典型经验》，2022 年 12 月 15 日，http：//www. mohrss. gov. cn/SYrlzyhshbzb/ztzl/xsdhxldgx/cjfc/202212/t20221214_491744. html.

工有自己的发展通道、成长空间；广泛开展"当好主力军、奉献在岗位、建功创一流"等系列劳动竞赛，将竞赛与评先、年度考评奖励、晋级等工作相结合，为广大职工建功立业提供了实现人生价值的广阔舞台，让职工在岗位出彩。近5年来，广州石化在高质量发展的同时，员工收入也实现翻番，真正实现"企业得发展，员工得实惠"的目标。①

拓展员工职业发展空间，实现企业与员工共赢共进。周大福珠宝金行（深圳）有限公司定期召开职工代表大会，其中涉及职工切身利益的规章制度和重大事项均经过职工代表大会审议通过且全员公示。企业建立健全岗位职工培训制度，针对不同职级的职工合理设置差异化的培训标准和要求，不断完善岗位职工培训体系，每年在职工技能提升方面的培训经费支出投入3000万元以上。公司以周大福环球能力模型为基础，分析每个职工在五项能力领域的表现和潜力，量身定制每个职工的个人职业生涯规划，并通过大量培训资源及激励机制拓宽员工职业发展的渠道。②

三、中国工会十八大对工会组织加强构建和谐劳动关系工作的部署要求

坚持以习近平新时代中国特色社会主义思想为指导，全面贯彻党的二十大精神，深入学习贯彻习近平总书记关于工人阶级和工会工作的重要论述，增强"四个意识"，坚定"四个自信"，做到"两个维护"，紧紧围绕党和国家工作大局，忠诚党的事业、竭诚服务职工，保持和增强政治性、先进性、群众性，持续提高工会组织的

---

① 广东省总工会：《持续推进企业和谐劳动关系建设》，2023年4月4日，https：//mp. weixin. qq. com/s/w－cY－5H－hQQmBScg3uQhTA。

② 国家协调劳动关系三方会议办公室：《科技赋能促和谐　工匠精神树标杆——周大福珠宝金行（深圳）有限公司和谐创建典型经验》，2022年12月27日，http：//www. mohrss. gov. cn/SYrlzyhshbzb/ztzl/xsdhxldgx/cjfc/202212/t20221227＿492416.html。

引领力、组织力、服务力，充分发挥党联系职工群众的桥梁纽带作用，团结引导亿万职工群众坚定不移听党话、跟党走，坚定不移走中国特色社会主义工会发展道路，为职工权益保障更加充分，劳动关系更加和谐，党执政的阶级基础和群众基础更加牢固，各级工会发挥主力军作用。

（一）切实维护职工群众劳动经济权益

把稳就业摆在更加突出的位置，深化工会就业创业服务，加强失业困难群体就业兜底帮扶机制建设。维护职工合法权益、竭诚服务职工群众是工会组织的基本职责。各级工会要坚持以职工为中心的工作导向，完善以普惠性服务和精准帮扶为重点的服务体系，为职工群众提供贴心服务。要高度关注新就业形态劳动者、农民工、城市困难职工等群体，帮助他们解决急难愁盼问题，要切实提高维权服务质量。① 做好维权服务工作，以努力消除劳动关系矛盾和纠纷产生的根源为根本，不断增强职工群众的获得感、幸福感、安全感，巩固党长期执政的阶级基础和群众基础。

推动用人单位开展工资集体协商，完善职工工资决定、合理增长、支付保障机制，健全技术工人薪酬激励机制，促进企业内部分配进一步向一线职工、技术工人倾斜，助力实现共同富裕。加强新就业形态劳动者权益保障，完善协商协调机制，推动平台企业合法规范用工、科学调整算法、完善劳动定额标准，推进职业伤害保障试点工作。推动完善社会保险法规政策体系，促进多层次社会保障有序衔接，扩大覆盖面，提升保障水平。

---

① 中工网，奋力书写我国工人阶级投身强国建设民族复兴的壮丽篇章——在中国工会第十八次全国代表大会上的致辞，2023 年 10 月 9 日，https：//www.workercn.cn/c/2023－10－09/8007044.shtml.

（二）推动完善构建和谐劳动关系制度机制

1. 推进集体协商工作提质增效

扩大集体协商覆盖面，巩固集体协商建制率，定期开展集体协商质效评估工作；有计划地提升集体协商层次，推进行业性、区域性集体协商，推动企业建立健全多形式多层级的沟通协商机制，应急、应事、一事一议开展灵活协商。加强专职集体协商指导员队伍建设，以及加大对从事集体协商工作的工会干部、专职集体协商指导员和职工方协商代表的培训力度。

2. 加强企事业单位民主管理制度建设

把企事业单位民主管理作为发展全过程人民民主的重要形式，努力推动以职工代表大会为基本形式的企事业单位民主管理制度落地落实。畅通职工诉求表达渠道，引导职工群众依法理性有序表达利益诉求、维护自身权益。

3. 健全协调劳动关系三方机制

推动政府与同级工会联席会议制度规范化常态化发展，健全工作机制，合理设置议题，增强实效性。重点推动工业园区、乡镇（街道）和行业系统建立三方机制，努力构建多层次、全方位、网格化劳动关系协商协调格局。

4. 健全劳动领域矛盾纠纷预防调处化解体系

积极参与劳动争议多元化解，探索总结新时代劳动领域"枫桥经验"，推动劳动争议调解组织建设，推进"工会＋法院＋检察院＋人社＋司法"协作联动机制。

5. 推进新时代和谐劳动关系创建活动

在国家创建活动的框架下，各地区可以按照"劳动关系和谐企业""劳动关系和谐园区（街道）"的不同梯次，有序推进创建活动，扩大创建活动在非公有制企业和中小企业的覆盖面。深化和谐劳动关系创建示范活动，探索建立劳动领域"枫桥经验"，推进基层协调劳动关系工作服务站建设，建成一批可复制、可借鉴、可推广的和谐劳动关系示范点。培育选树1000个基层协调劳动关系公共服务样板站点。

（三）坚决维护劳动领域政治安全

坚决维护劳动领域政治安全，维护企业和社会大局和谐稳定。贯彻总体国家安全观，坚持引领构建和防范化解"两手抓"，一手抓防范化解，一手抓引领构建，健全维护劳动领域政治安全的长效机制，在维护劳动领域政治安全中促进职工队伍团结和社会和谐稳定。

1. 加强工会意识形态工作

落实意识形态工作责任制，管好用好工会各级各类宣传教育阵地，牢牢掌握劳动领域网络舆论斗争主动权，维护劳动领域意识形态安全。加强网络信息员队伍建设，开展"网聚职工正能量　争做中国好网民"主题活动，巩固壮大奋进新征程、建功新时代的主流思想舆论。

2. 强化维护劳动领域政治安全体系和能力建设

加强组织领导，建立健全统一指挥、各方协同、纵横连通、实时高效的工作体系。建强用好部委协同机制，做实下沉地方联动机制。坚持日常和定期沟通协调机制，强化应急、处置管理。

3. 有效防范化解劳动领域重大风险隐患

常态化开展职工队伍风险隐患专项排查化解工作，举一反三、见微知著、抓早抓小，坚决防止小事拖大、大事拖炸的现象。发挥12351职工维权服务热线作用，加强工会信访问题源头治理，努力提升维护职工合法权益和维护劳动领域政治安全能力。抓好劳动关系发展态势监测、风险预警和应对处置，加强分析研判，积极协助党委、政府和有关方面把劳动关系领域矛盾纠纷解决在基层，化解在萌芽状态。深化工会社会组织工作，强化政治引领、示范带动、联系服务作用，及时有效解决职工群众切身利益问题。

4. 健全落实"五个坚决"要求政治安全长效机制

建立责任落实、工作专班、舆情引导、地方联动、考核评价等10项机制，切实守牢"五个不发生"① 目标底线。深化工会对劳动领域社会组织政治引领、示范带动、联系服务工作，形成党委全面领导、政府重视支持、工会联系引导、各方密切协作、社会组织专业服务、职工群众广泛参与的工作格局，推动建立创新示范基地，在条件成熟的地方培育孵化党委领导、工会主管的劳动领域社会组织或劳动领域社会组织联合会。

构建和谐劳动关系，要注重突出重点、突破难点。各级工会在加大维权服务力度，积极探索适应新就业形态劳动者特点的民主管理形式探索头部企业协商协调机制等方面下功夫，把他们吸引过来、组织起来、稳固下来，使工会成为他们愿意依靠的组织。② 要有效发挥桥梁纽带作用，进一步推进工会工作法治化建设，依法建会、管会、履职、维权。

我国进入新发展阶段，发展目标、发展任务、发展环境都发生了许多新的变化，构建和谐劳动关系面临许多新机遇新挑战，推动构建和谐劳动关系的任务更加艰巨繁重。科学应对经济下行压力加大带来的挑战，加快转变经济发展方式和结构调整，实现经济平稳

---

① "五个坚决不发生"，即指不发生政治性事件、重大群体性事件、重大安全生产方面的事故、特种刑事案件和特种重大治安案件、不实舆情炒作。

② 中工网，《积极推动构建中国特色和谐劳动关系取得更大成效》，2021 年 12 月 7 日，https：//www.workercn.cn/c/2021－12－07/6746572.shtml.

健康发展和社会和谐稳定，这些都需要有和谐稳定的劳动关系来保障。认真作答"构建中国特色和谐劳动关系"这一重大命题，各级工会要深入学习贯彻习近平总书记关于构建和谐劳动关系的重要论述，与贯彻落实工会第十八次会议精神结合起来，认真落实《中共中央国务院关于构建和谐劳动关系的意见》，扎实做好新发展阶段工会协调劳动关系工作，各级工会应当通过扎实有效的工作，为建立规范有序、公正合理、互利共赢、和谐稳定的劳动关系做出新的更大贡献。各级工会要忠诚党的事业、竭诚服务职工，切实履行职责，增强责任担当，积极主动作为，努力推动党中央决策部署和深入学习贯彻习近平总书记关于构建和谐劳动关系重要论述在工会系统落地见效，在新时代新征程上为构建中国特色和谐劳动关系做出应有贡献，在构建中国特色和谐劳动关系中发挥工会组织的独特优势和积极作用。

第七章

加快工会数字化转型，"智惠"亿万职工群众

"明者因时而变，知者随事而制。"数字化技术正在深刻改变各行各业的发展方式，工会组织也必须紧跟时代潮流，以数字化赋能为手段推动工会建设的升级版发展。站在新时代新起点上，工会要切实承担起团结引领职工听党话、跟党走的政治责任，确保中国工运事业长青，必须加快工会数字化转型。

第一节　工会加快数字化转型的必然性和紧迫性

一、工会加快数字化转型是顺应时代发展的必然要求

中国互联网络信息中心（CNNIC）在京发布的第 52 次《中国互联网络发展状况统计报告》显示，截至 2023 年 6 月，我国网民规模达 10.79 亿人，较 2022 年 12 月增长 1109 万人，互联网普及率达 76.4%。[①]

这些数据充分说明，随着网上工作、掌上生活飞入寻常百姓家，融入日常的点滴，中国信息化数字化的土壤已经成熟。互联网技术发展和网民数量持续增加，为社会发展方式和治理模式改变注入了新动力。数字领域已成为国家发展战略布局的重要方面。以人工智能为根本特征的数字化是当前和未来最关键的基础技术，将深刻地影响着每一个产业、每一个企业和经济、社会，深刻地影响着亿万职工的工作和生活。移动互联网时代，职工的工作和生活突破了以往的时间和空间限制，工会服务职工的方式和范围也需要顺应时代发展的节奏，探索新的服务模式与路径。线上工会建设既是通

---

① 第 52 次《中国互联网络发展状况统计报告》。

向全新服务模式的端口，也是提升工会工作质效的新领域和强化服务职工的新阵地。

二、工会加快数字化转型是体现工会组织政治性、先进性、群众性的必然要求

2023年2月，全国人大常委会副委员长、中华全国总工会主席王东明在全总十七届七次执委会议上强调"要扎实推进智慧工会建设，按照管用、善用、安全的基本原则，加强安全可靠、覆盖全国、互联互通的大数据系统"。2023年4月，全国总工会党组书记、副主席、书记处第一书记徐留平在调研全总智慧工会建设情况时强调，"通过学习，深感习近平总书记关于网络强国的重要思想和关于数字中国建设的重要论述，有两个核心点，一是数字化建设，二是网络化管理，这两方面缺一不可，这对全总智慧工会建设具有很强的指导意义"。2023年10月，全国人大常委会副委员长、中华全国总工会主席王东明在工会十八大报告上指出，"全面加快工会系统数字化建设。创建直达亿万职工群众、集成工会全部服务内容的服务终端，让亿万职工群众享受'一键入会'、'一网全通'，以及高效、实时、精准的'一终端全维服务'。完善线上线下服务资源，加快创建线上工会、云上课堂、线上援助、数字展馆等一系列线上、云上产品和服务，强化线上线下融合，倍增服务能力和效果"。2023年11月上旬，王东明同志率队赴江苏调研时，明确指出要加快工会系统数字化建设，通过线上线下相结合的方式，为广大职工提供更多、更及时、更精准的服务，把党和政府的关心关怀与工会组织的温暖送到职工群众心坎上。这是王东明同志在中国工会十八大召开后，进一步对工会系统数字化建设做出的最新要求。

第二节　贯彻落实中国工会十八大关于加快工会数字化转型工作精神

一、中国工会十七大以来工会组织加快数字化转型的工作成就

（一）网上工作统筹规划不断加强

全国总工会专门成立了网络工作部，负责指导和推进工会系统网上工作，各省（区、市）总工会实现网络安全和信息化领导小组全覆盖，各级工会网上工作机构职能不断健全，力量进一步充实。网上工作顶层设计不断完善，全国总工会和各省（区、市）总工会均出台相关工作规划或制度，有效推进网络安全和信息化建设。

2018年，中国工会十七大报告首次提出建设"智慧工会"。全总在加强顶层规划上持续发力，先后组织编制了《全国工会网上工作纲要（2017—2020）》《全国工会网络安全和信息化"十四五"规划（2021—2025）》系统谋划工会网络安全和信息化发展总体思路、目标任务，推动互联网在工会的广泛应用和融合发展，努力实现全国智慧工会建设"一张网"。

2023年7月，全国总工会机关接连召开了两场有关工会数字化转型工作的会议：全总机关数字化转型工作部署动员会和全国工会数字化转型工作推进会。工会数字化转型，是加快工会改革和建设、提升工会工作和服务职工水平的一项具体举措。全总和各级工会把网上工作作为工会联系职工、服务职工的重要平台，着力强化互联网思维，加快推进工会数字化建设，推动工会工作上网、服务

上网、活动上网，实现工会工作和服务直接直达亿万职工群众的目标。

面对新形势新任务，智慧工会建设进入新阶段。2023 年 8 月，全总印发《加快工会数字化建设工作方案》，全总和各级工会将持续发力，加快建设全国工会"12351"职工维权热线平台和"全国连通、各地运转"的数字化办公系统，构建数字化媒体矩阵群等，全面提高工会工作现代化水平。并发布一系列工会数字化建设标准和《全国工会数字化建设工作协调机制》。

（二）网上思想政治引领持续强化

各级工会积极开拓新媒体宣传阵地，走好网上群众路线，入驻微博、微信等社交平台和短视频平台，大力弘扬劳模精神、劳动精神、工匠精神，传递正能量。全国总工会与中央网信办连续多年联合开展的"网聚职工正能量争做中国好网民"主题活动，这是为深入贯彻落实习近平总书记关于"培育中国好网民"重要指示精神在工会系统开展的重要活动，自 2016 年启动以来，在各级工会组织和广大职工朋友们的积极响应下，取得丰硕成果，办出了鲜明的"工"字特色，已成为做好工会网上工作、推动宣传智慧工会建设和工会数字化转型、参与网络文明建设的重要抓手和品牌活动。2016 年开展以来，截止到 2023 年 9 月，全总征集各类正能量作品和案例达 6.48 万件，其中仅 2022 年活动推广就触达 4 亿人次。同时带动了 20 多个省（区、市）总工会结合自身特色开展主题活动，为营造清朗网络空间贡献工会力量。工会组织连续多年参与主办国家网络安全宣传周，主办个人信息保护主题日活动，助力提升全民个人信息保护意识和技能。

（三）网上平台建设实效逐渐显现

各级工会运用信息技术水平不断提高，在赋能工会工作、服务职工方面发挥了积极作用。搭建了涵盖网上入会、法律服务、技能培训、帮扶服务、劳动就业、普惠服务等内容的网上服务职工平台，特别是培育出一批示范效应好、带动作用强的网上普惠服务特色品牌，打造了方便快捷的服务职工新通道。各省（区、市）总工会基本建成工会组织和会员实名制数据库。应用系统建设力度加大，在支撑工会业务、内部办公等方面取得了明显成效，促进了工会组织高效运转。

打开"粤工惠"APP，会员活动、新业态入会、一键互助、粤工培训、文化E站等近30项服务图标一目了然。这是广东省总工会于2019年上线的工会会员实名制服务平台，面向实名制会员提供精准化、便捷化、常态化的普惠服务。如今，该平台实名认证会员数已突破千万，累计开展活动超过5000项。

四川省总工会着力构建基础数据全省统一、基本业务全省通办、普惠服务全省共享的工会网上联系服务职工工作体系，2019年上线四川省工会网上工作平台及"川工之家"APP，并统一规划建设基础数据、基础业务、访问入口及地方工会通用频道，形成工作合力。

上海市总工会大力开展"一键扫码"入会工作。依托大数据，职工可以实时入会，工会实现动态管理，简化了相关手续，新就业形态劳动者入会数量大幅提升。截至2023年5月，累计有41.7万劳动者通过"扫码入会"等途径快速便捷加入工会。

（三）信息基础设施建设稳步推进

工会系统网络建设取得较大进展，各级工会充分利用互联网资源，联通电子政务网络，工会业务和服务网络化初见成效。出台工会数据标准和信息系统技术规范，为实现数据互联互通奠定了基础。网络安全防护体系进一步建立健全，安全防御能力持续增强。

安徽省总工会牵头编制了两项省级工会数据标准——《工会数据元》和《工会信息分类与编码》，明确了工会信息的分类原则、编码规则等，为工会数据采集、数据库建设、数据交换与共享提供了标准依据。

二、中国工会十八大对工会组织加快数字化转型工作的部署要求

全面加快工会系统数字化建设。创建直达亿万职工群众、集成工会全部服务内容的服务终端，让亿万职工群众享受"一键入会""一网全通"，以及高效、实时、精准的"一终端全维服务"。完善线上线下服务资源，加快创建线上工会、云上课堂、线上援助、数字展馆等一系列线上、云上产品和服务，强化线上线下融合，倍增服务能力和效果。

第三节　工会加快数字化转型的路径探索

一、顶层设计强势推进工会数字化改革

浙江工会将数字化改革纳入重点工作体系强势推进，通过构建"1＋2＋2＋N"系统框架，调动基层工会参与数字化改革热情，将数字化触角向技能竞赛领域延伸等，为全省数字工会建设注入新的强大动力。

2022年，浙江省总工会将数字化改革纳入重点工作体系强势推进。省总工会联系省委办公厅、省委改革办、省大数据局等省级部门，调研35个市、县总工会和基层工会，召开经验交流会60余场次，征求职工意见建议200余条。在此基础上，推动浙江省群团改

革专项小组印发《浙江数智群团建设三年行动纲要》，优化细化《浙江省工会数字化改革工作方案》，构建"1＋2＋2＋N"系统框架。

"'1'是1个数据底座，第一个'2'是浙里办、浙政钉'两端'，第二个'2'是群团服务网和群团治理系统，'N'是核心业务应用和创新业务应用场景。"浙江省总工会有关负责人介绍，在搭好框架的基础上，省总工会建立数字化改革双月汇报、部门赛马、定期上线等工作机制。

同时，浙江省总工会牵头17家省级群团组织开展数智群团建设，不断推进数据融合、资源共享、优势互补，现已归集数据5000余万条，驾驶舱接入各级群团组织应用驾驶舱35个，群团服务网集成群团服务事项2808项，群团治理系统对接各群团19个核心业务应用、23个创新应用场景。

此外，打造数字工会一体化平台，建成组织、会员、困难职工、劳模、新就业形态劳动者等专题数据库。"劳模（先进）一件事""新就业形态劳动者家园"等全省统建应用上线。16个地方特色创新应用上线贯通，累计为职工办事5.5万项，服务用户240万，平台活跃用户达21万。

在省级层面不断突破的同时，浙江省总工会制定出台工会数字化改革项目省市县（市、区）联建管理办法，鼓励基层工会改革创新，由省总工会开发高频事项、共性工作、刚需应用的通用组件，市县联建工会参与协同攻关和试点推广，提高应用的可用性、实用性和通用性。通过数智赋能提升服务效力，成为浙江各级工会的共识，并付诸生动实践。

为把新就业形态劳动者组织、凝聚起来，杭州市上城区大力推行"一键入会""互联网＋"工会服务，推动平台建"家"，进一步拓展工会组织的覆盖广度。在上城区"数智群团·暖新行动"微笑集市开市当天，扫码即可入会的便捷方式吸引了 50 多名新就业形态劳动者入会。

宁波市总工会构筑"甬工惠"一体化服务平台，先后上线"我要入会""我要维权""我要就业""医疗互助"等服务 30 余项，服务平台累计入库会员数 299 万人，注册用户数 127 万人。

湖州市吴兴区工会上线"心植工"场景应用，涵盖"入会服务""产改服务""工惠服务""益享服务"等模块，每个模块下都有若干个细分服务事项，企业所需、职工所求都能在上面找到"答案"。

二、搭建线上线下融合发展的智慧工会生态体系

近年来，深圳工会将智慧工会建设作为先行示范工会建设的重要目标，在通过"数智化"手段再造一个"网上工会"的道路上迈出了关键一步。目前，已基本实现工会主业"一网通办"、工会服务"一键获取"、工会数据"一屏总览"的目标，初步形成线上线下融合发展的智慧工会生态体系。

在平台建设上，一方面，深圳市总建成"一站式"服务职工会员的"深 i 工"服务平台，包括微信小程序端和网页端，汇集诉求响应、法律服务、心理服务、帮扶保障、教育培训、职工普惠、服务地图等 20 多项服务功能。另一方面，自 2022 年年初全面启动智慧工会建设以来，市总相继开发上线了 22 个系统模块，基本实现九大智慧应用场景——智慧组建、智慧维权、智慧服务、智慧宣传、智慧帮扶、智慧教培、智慧建功、智慧阵地、智慧支撑，在智慧工会平台落地，成为决策治理一体化大数据应用中心。

以智慧荣誉为例，深圳市总建成集选树、管理、服务于一身的荣誉管理服务系统，推出荣誉管理服务、先模圳领航等模块。据介绍，2023 年的荣誉推荐评审工作已全面通过系统线上开展，各级工

会组织积极创建申报信息 1530 条，录入劳模和工匠人才创新工作室 2096 个。

智慧组建应用场景则实现了工会组织管理体系的数字孪生，全市工会组织体系一网总览，建立工会组织库和会员数据库。同时，工会组织和会员实现动态管理、底数清晰、实时可查，建会入会可全流程线上审批，各级工会组织管理和业务办理全面数字化。截至 2023 年 9 月，该系统已有 2.9 万家基层工会、605 万名职工会员。

三、网上职工之家建设让职工服务精准触达

为深入贯彻习近平总书记关于网络强国的重要思想，主动适应职工队伍发展新变化、新需求，北京地铁公司工会始终以服务职工为中心，不断推进工会数字化转型，转变工作思维方式，不断探索创新，通过开通网上"职工之家"，提高网上服务职工水平，实现"数据多跑路，职工少跑腿"的工作目标。

2023 年 8 月 1 日，北京地铁公司工会网上"职工之家"刚一上线便受到了职工们的喜爱，此次上线的网上"职工之家"更是包括了工会咨询、劳模讲堂、职工书屋、员工诉求、小家驿站等五大功能模块。

（一）答疑解惑，方便快捷

在网上"职工之家"，职工可以得到各类政策法规、劳动保护、福利待遇等方面的工会咨询服务，真正实现了让职工随时随地都能得到专业的解答和帮助，不再需要多次跑腿，同时提高了服务的便捷性。特别是员工诉求模块，职工可以通过在线反映和提交诉求，将自己在日常工作中遇到的困难和问题向相关部门提交，真正实现"双向沟通"，并得到时时关注和及时回应。

（二）弘扬劳模精神，发挥榜样力量

网上"职工之家"专门设立的劳模讲堂模块，集中展示了北京地铁大工匠事迹展播和云课堂。"更深刻地理解了服务好不好，乘客说了算""劳模先进是奋斗的榜样""劳模讲堂内容丰富，有效地帮助我们解决了工作中遇到的难题，让我们茅塞顿开"……通过贯通网上网下方式，弘扬劳模精神、劳动精神、工匠精神，打造适合北京地铁职工上班特点、深受职工喜爱的文化教育基地。让尊重劳动、尊重知识、尊重人才、尊重创造在北京地铁蔚然成风。

（三）提升生活品质，悦享"指尖服务"

随着人人争相学技术的景象在北京地铁蔚然成风，职工对提升文化素质和技能水平的呼声也越来越高。为了满足越来越多职工的阅读和学习需求，公司工会增设了职工书屋模块，将提供丰富的电子图书资源，包括各类学习资料、经典名著、技能培训教材等上传网络，方便职工在线阅读和下载，方便快捷。除此之外，小家驿站模块则将各种便捷生活服务"一网打尽"，如在线购物、家政服务、健康咨询等，让职工在工作之余能够享受到便捷的生活服务，享受到全方位的服务。按照《北京地铁公司提升职工生活品质三年规划》工作部署，公司工会依托北京地铁公司"企业微信"搭建网上"职工之家"平台，围绕职工所需，持续为职工提供普惠性、常态性、精准性服务，全力打造方便快捷、精准高效、职工喜爱的智慧"职工之家"。下一步，北京地铁公司工会将持续推动信息化建设步伐，探索开发更多的信息化服务功能，为广大职工提供更多元化、更高品质的服务体验，并继续加强与职工的互动交流，积极听取职工的意见和建议，不断完善和优化网上"职工之家"的功能和服务，确保能够满足职工的需求和期望。

四、数字化赋能民主管理工作

本书主要采用多案例方法来分析和研究自下而上的我国互联网＋企业民主管理实践推动。由于我国企业民主管理的体系构成中，职代会是最基本形式，厂务公开是重要形式，还有一些其他形式做补充。因此在案例分析部分，按照职代会、厂务公开、其他形式这三个层面进行展开。

在互联网＋职代会的基层实践中，本书主要选择中国中铁股份总公司及其所属公司，原因在于中国中铁股份总公司作为中国特大型企业集团，历史悠久，旗下分公司众多，海外分支机构蔓延。中国市场经济体制下，如何利用互联网＋服务于集团型职代会建设，如何服务于跨区域乃至跨国界企业职代会召开？中国中铁股份总公司及其所属公司在互联网＋职代会的基层实践推动，能为其他类似企业提供借鉴，也具有代表性。

在互联网＋厂务公开的基层实践中，本书主要选择武钢总公司与仁和集团作为案例研究，主要原因在于武钢总公司多次荣获全国厂务公开民主管理示范单位，"武钢经验"被认为具有很强借鉴意义，武钢利用互联网＋在推行厂务公开方面卓有成效。另外仁和集团是中国典型民营企业，其在互联网＋厂务公开方面的举措同样能反映中国民营企业在此方面的表现。

在互联网＋其他形式的基层实践中，本书把中国移动江苏公司泗洪分公司、中建一局集团、天津摩比斯汽车零部件公司作为案例研究，主要原因在于这前两家单位在利用互联网推进基层职工民主参与方面都作为典型经验在媒体报刊进行报道，中建一局集团工会众筹摸底职工需求的做法作为工会工作中的一项创新，在北京市建筑工会第二届二次委员会（扩大）会议上，该经验作为典型发言并推广。而天津摩比斯汽车零部件公司作为合资企业代表，在互联网＋企业民主管理实践中的经验已经被所属区域工会即天津泰达开发区工会在内刊上重点介绍推广，具有代表性。

（一）互联网＋职代会的基层实践

把中国中铁股份总公司及其所属公司作为代表，把"互联网＋"融入企业职工代表大会运作的整个流程中。在2017年年初该公司就推出"中国中铁职工代表议事厅"微信公众号，可以实现职代会报到服务、职代会参会提醒、职代会上会资料查阅、会员评家、职代会提案办理、会议连线等个人定制版私人电子小秘书功能。笔者在对中国中铁股份有限公司工会组织民管部部长访谈中了解到，"中国中铁职工代表议事厅"微信公众号的推出，对于集团型职工代表查阅资料、提案撰写等都非常方便，节省了人力和物力，深受职工代表好评。鉴于中铁股份总公司很多所属公司有海外分公司，中国本地公司和海外分公司在召开职代会方面也尝试采用"互联网＋"形式。中铁六局海外分公司借助互联网，在越南河内、中国北京两地同步召开一届四次职代会。开会前，专门建立由党委、行政、工会人员组成的职代会微信群、QQ筹备组，在群里面讨论审核会议流程等相关材料。开会过程中，中国和越南两个会场利用连线视频同步会议议程，实时民主测评、民主评议，两地开展投票，统一计算投票同意票数，此次职代会召开打破传统会议方式，原来需要漂洋过海来到同一地点开会，现在借助互联网可以实现两地分别召开同步会议议程，线下和线上做到有机融合，推动企业民主管理工作的转型升级。据该公司工会工作人员介绍，公司在2016年就开始尝试利用互联网召开职代会。2017年职代会在2016年的基础上大力运用"互联网＋"模式召开取得了良好效果，深受基层单位的热烈欢迎，不仅可以充分保障职工民主监督、民主决策权利，还使得会议成本支出大大节省，另外也确保了参会的职工代表不用来回奔波。中铁四局电气化公司契合本单位实际，还制定了《电气化公司"互联网＋职工（代表）大会"实施细则》，对公司应该在什么情况下才能采用"互联网＋职代会"，以及如果要采用"互联网＋职代会"，如何才能更加合规制定了明确实施细则。例如，细则要求，从项目至主会场乘高铁在 1.5 小时以上，汽车或普通火车 3 小时以上才能采用"互联网＋"的形式召开职工（代表）大会；职工代表要全程通过视频参与会议，参加民主测评、民主评议；主、分会场的监计票人员均需表决通过；公司督导组要派员到主、分会场全程参与指导，监督会议召开。

职代会是企业民主管理的基本形式，但是企业规模不同，如中铁股份总公司旗下各局公司利用互联网助推民主管理工作转型升级，节省时间和人力但依然合规召开了职代会值得借鉴。在有些企业召开职代会规程中，完全不开实体化会议，只是在网络上给每名与会人员分配账号登录，网络观看领导视频讲话或进行网络投票，这种操作是对互联网与职代会工作融合的过度解读。网上会议不能替代实体化会议，为依法依规利用互联网召开职代会，中铁四局电气化公司做出示范，应制定细则对什么情况下怎样使用互联网开职代会给出明确要求。

（二）互联网＋厂务公开的基层实践

以武钢总公司和仁和集团为代表，对"互联网＋"与厂务公开相结合加以说明。武钢总公司在内部开通厂务公开民主管理信息平台，该平台有手机版和电脑版两种版本。武钢职工不仅可以电脑登录平台，也可以在手机上登录平台。该平台目前开设四大窗口，即"公告信息""学习园地""基层动态""管理文件"。职工在这四个窗口中不仅可以了解武钢集团及各分公司民主管理厂务公开情况，还可以通过该平台释疑解惑。由于该平台还设置手机版，武钢职工可以随时随地了解武钢信息动态。凡是武钢的职工，只要用手指在电脑或手机上轻轻一点，与自己有着切身利益的各类公司信息、政策全都能掌握，非常快捷方便。该信息平台促进了武钢的和谐劳动关系，极大提高了职工群众参与单位民主管理的热情，受到职工的广泛欢迎。

仁和集团积极利用各种互联网"微平台"进行厂务公开，例如，微信、微博、QQ群、官方网站、企业OA等。对于企业发展的重大事项及职工切身利益的重大事项，不仅可以通过传统厂务公开载体如职工代表大会、厂务公开栏等进行公开，还可以借助这些微平台互动性强的特点同步公开，进一步丰富了厂务公开的渠道和载体。仁和新进员工小陈举例，小陈在公司的微信群里咨询社保办理情况进展，结果公司相关部门负责人第二天就很快响应给予小陈办理社保手续指导。

厂务公开是民主管理的重要形式，与传统公开载体如厂务公开栏、厂情发布栏仅具备告知职工信息不同，互联网新媒体矩阵兼顾信息告知和职工信息反馈功能，也更能符合职工的阅读习惯，提升公开效用。例如，武钢适应职工需求，打造两种版本的厂务公开民主、管理信息平台，在这种"粉丝思维"影响下，职工与企业之间的关系更加紧密，实现二者之间的良性互动。

（三）互联网＋企业民主管理其他形式的基层实践

除了职代会、厂务公开这些民主管理的重要形式积极拥抱互联网之外，还有很多企业利用新媒体矩阵自下而上了解职工需求。例如，天津摩比斯汽车零部件有限公司工会于2015年1月正式投入使用电子网络系统收集职工意见，2016年度，通过网络实施系统，员工共提出各种改善要求计387项，其中仅生产一部就提出263项，解决254项，解决率96.6%。

中国移动江苏公司泗洪分公司为员工创办了内部交流平台，即BBS论坛。目前BBS论坛共设置六大板块，即"总经理室""热点信息""有问必答""工作交流""班组建设"和"灌水娱乐"六大板块。这种内部交流平台基于互联网的开放包容草根优势，成为移动泗洪分公司架起员工与企业民主交流平台的新渠道。

以往企业工会为调研职工需求发放问卷，是由工会干部自行设计调研题目面对面发放职工问卷，由职工填写纸质问卷，提交工会并由工会干部录入数据进行分析。但是在2016年中建一局集团工会利用互联网思维试水"众筹"问卷摸底方式。所谓"众筹"是指把调研题目设计放权给每个职工自行设计，通过QQ群、微信群等把征集调研题目的要求给每个职工发下去，工会汇总，充分落实让职工当主角而不是让职工当配角的精神，当问卷设计好之后，通过问卷星方式生成电子问卷，并通过QQ群、微信群迅速传播，极大提升了问卷收发效率，1607份电子问卷10天内就迅速完成。

企业民主管理不仅需要把企业想让职工了解的信息告知职工，还需要了解职工的真实需求。如何挖掘职工的真实需求，不同于传统民主管理提供的意见箱、信箱、邮箱等方式，互联网为企业基层调研职工需求开辟渠道，真正实现在企业环境下"问计于民，问需于民，广集民智，取信于民"，极大调动广大职工充分参与企业民主管理的积极性。在泗洪移动分公司搭建的BBS论坛，不仅有"热点信息"板块供职工点击，还设置了"有问必答"板块，职工发问企业反馈。互联网也为企业基层尤其是基层工会从事民主管理节省了时间，提升了效率。目前企业基层工会力量有待加强，兼职工会干部较多，甚至有些工会组织被合并到党群工作部。互联网的发展则有效助力企业基层工会民主管理实践工作，例如，中建一局工会利用网络在短短10天时间内就迅速收集了1607份问卷。天津摩比斯公司利用电子网络系统仅一个部门职工改善要求解决率就达到了96.6%。

（四）案例启示

互联网在民主管理领域中的广泛应用，下面结合案例分析如下。

1. 互联网＋企业民主管理的互动性，确保企业各种信息即时传输

与传统媒体相比，互动性是互联网的最大优势。以往企业在实施民主管理过程中，职工被动参与特征明显。而互联网打破这种现状，落实企业民主管理中职工主体地位，自下而上挖掘职工潜在需求。

例如，前面案例中天津摩比斯电子网络收集职工意见，中建一局工会众筹摸底职工需求，这些都是利用互联网了解职工需求。互联网促使企业在实施民主管理中员工与企业实现良性交流和互动。首先，互联网＋企业民主管理的各种新媒体矩阵如网络、微信、微博、客户端等使企业的相关信息透明化，一方面，职工可以快速方便了解企业的相关重要信息，另一方面职工可以在新媒体平台上发声，输送个人诉求，在该平台上可以关注诉求处理进展情况。互联网改变了在企业民主管理中的信息传播方式，职工从以往的被动告知信息开始向主动输出信息转变。其次，互联网＋企业民主管理消解了传统科层制下的金字塔式权力构建模式。在该权力模式下，金字塔塔底代表了绝大多数员工，数量最大但是权力最微弱，越往上员工数量越少，权力逐渐增大，金字塔塔尖代表了最少数的人。当企业需要职工了解的信息从金字塔塔尖到金字塔塔底传递过程中，或者职工需要企业了解的信息从金字塔塔底到金字塔塔尖传递过程中，由于环节太多，无法确保原汁原味信息传递，歪曲传递的消息不仅没有密切企业与职工之间距离，反而造就企业与职工距离的"鸿沟"。但是互联网＋企业民主管理打破这种传统权力构建模式，为企业与员工之间搭建去中心化、扁平化的信息传递模式，越过传

统金字塔模式下的层层中间环节，实现更真实、更有效的信息传递。一方面，职工可以打破科层管理制下的"思想束缚"，以"企业主人翁"的意识更积极向企业表达个人诉求和建言献策。另一方面，企业需要职工了解的信息在新媒体矩阵中更能畅通无阻地告知职工。

2. 互联网＋企业民主管理的开放性，确保企业职工广泛充分参与

企业民主政治发展的前提是职工积极广泛的充分参与。以往企业民主管理受制于时间和空间的限制，企业员工参与企业事务只能局限于特定时间、特定地点，企业民主管理的主体也仅局限于诸如当选的职工代表之类的部分职工群体，往往并不能覆盖全体职工。但是互联网＋企业民主管理使得职工参与变得更加广泛和方便，企业民主管理的主体也逐渐扩大至全体职工。

例如，武钢厂务公开民主管理信息平台的开放对象不仅仅是职工代表，只要是企业的内部职工，都可以用电脑和手机点击发布的信息。互联网＋企业民主管理进一步唤醒了企业全体职工的参与意识，激发了全体职工的参与热情。例如，前面案例中提到的中建一局众筹摸底职工需求，调研每一名职工的自身需求并反映到问卷设计中，或者天津摩比斯公司利用网络仅生产一部就职工提出问题改善的解决率就达到 96.6%，激励职工以更大的热情积极参与企业民主管理，对职工从内心深处参与企业民主有极大激励作用。全体职工参与是企业民主政治进一步发展的必要条件。企业民主管理的价值和意义只有通过企业全体职工参与才能真正实现，换言之，只有通过职工参与，企业民主政治才能真正运转起来。互联网为实现企业全体职工参与提供了一种新平台，对还需要不断建设和完善的中国企业民主政治来说，互联网＋企业民主管理丰富了企业民主形式，拓宽了企业民主渠道，对于保障企业职工的知情权、参与权、表达权、监督权起着重要作用。

3. 互联网＋企业民主管理的虚拟性与隐匿性，确保企业职工更直接监督

以往的企业民主是不完全民主，职工在选举自己的代表如职工代表或职工董监事之后便被隔离在企业公共事务的决策之外，往往无法有效对当选代表或企业进行监督。即使有些企业对职工提供诸如职代会民主评议或意见箱这样的监督渠道，监督的信息结果也无法确保准确传递到相关部门或个人。而互联网的发展，为职工有效监督企业和当选代表提供便利手段。互联网监督与传统方式监督最大的优势在于其隐匿性，职工可以通过匿名或化名的方式在网络上发表意见，这种优势为平级之间、上下级之间畅通了监督渠道，加之网络的虚拟性特点，增强了职工监督企业的勇气，使得职工不用怕遭到打击报复，从而挺起腰板举报企业不当行为，也可以在网上对于投诉举报处理结果进行关注，这种企业民主从原来的半封闭实现了闭环民主，职工不仅可以参与投票选举，还可以对当选人的行为进行监督，从而使得当选人增强履职意识，真正代表广大职工建言献策。职工通过互联网可以对企业行政领导制定的各项决策进行更加有效监督，而且互联网监督可以实现 24 小时全天候、全覆盖，打造出以多数人监督少数人的民主机制，各项决策要经受住舆论的考验是企业基层民主政治的要求。互联网由于不受时空的限制，企业信息可以瞬间在职工群体中传播，一旦决策有违民意，就可以在互联网形成巨大的舆论压力，促使企业行政吸收职工意见重新审视制定的决策，从而使决策趋于职工意愿，更加民主。

第八章

持续提升能力,建设
高素质专业化工会干部队伍

毛泽东同志说，"政治路线确定之后，干部就是决定的因素"。党的十八大以来，以习近平同志为核心的党中央，带领人民群众"一张蓝图绘到底"，以中国式现代化奋进中华民族伟大复兴的新征程。路线既定，干部就是实现蓝图的关键因素，"建设高素质专业化的干部队伍"的重要意义也在于此。工会干部是党的干部队伍的重要力量，加强工会干部队伍建设，培养一支高素质专业化的工会干部队伍，是工会事业成功的关键，也是工会组织持续深化改革、落实改革目标任务的重要组织保证。

第一节　建设高素质专业化
工会干部队伍的重要意义

随着社会发展和改革深入，工会工作面临着新形势、新机遇、新挑战，产业结构、劳动关系、职工队伍的一系列深刻变化，使工会工作对象不断增加，工作范围不断拓展，工作内容逐步增多，工作任务逐步加重，工作难度也逐步加大，对工会干部的能力素质也提出了越来越高的要求。工会干部作为工会工作的组织者、推动者和实践者，是新时代工会工作的主力军和关键要素，打铁必须自身硬，应对新挑战需要持续加强工会干部队伍建设，坚定不移地深化工会改革创新，因此，要充分认识建设高素质专业化工会干部队伍的重要意义。

一、贯彻落实党的二十大精神的应有之义

2022年10月党的二十大提出要建设堪当民族复兴重任的高素质干部队伍。全面建设社会主义现代化国家，必须有一支政治过硬、适应新时代要求、具备领导现代化建设能力的干部队伍，要树立选人用人正确导向，选拔忠诚干净担当的高素质专业化干部。干部工作规律认识的不

断深化将"高素质专业化"作为新时代干部队伍建设的关键和要害，体现了我们党对干部成长规律、领导班子建设规律的掌握。

高素质专业化的干部队伍建设对于新时代全面建设社会主义现代化国家具有重要意义，是新时代新征程新使命的必然要求。干部队伍的素质要求由特定历史时期的社会主要矛盾和社会主要任务决定。新时代，在全面推进"五位一体"总体布局和协调推进"四个全面"战略布局的总体部署下，领导干部需要在推动高质量发展，防范化解风险，维持大局稳定，实现人民幸福的目标中奋力前行，这就为干部队伍建设提出了时代性和创新性的要求。党团结带领全国人民实现第一个百年奋斗目标的成功实践充分证明了，干部队伍建设在党和国家事业进步中具有思想上的指路灯和发展中的奠基石的重要作用。因此，进入新时代新征程，需要一支高素质专业化的干部队伍来推进实现新的伟大使命的历史重任。

建设高素质专业化干部队伍是不断提高党的长期执政能力和领导水平，推进国家治理体系和治理能力现代化的具体要求。当下，世界局势复杂多变，锻造忠诚干净担当的高素质专业化干部队伍，能够推动干部队伍素质能力与领导现代化建设能力相适应，与新时代人民对党和干部的要求相适应。要将高素质专业化的目标要求贯彻落实到干部队伍建设的各个领域、各方环节、各项工作中去，持续提高广大干部的领导水平和治理能力。作为党执政的重要阶级和群众基础，工会组织担负着新时代的伟大使命，建设高素质专业化工会干部队伍，对于贯彻落实党的二十大精神，深入学习贯彻习近平新时代中国特色社会主义思想，不断提高工会干部适应新时代工运事业创新发展的能力，具有重要的现实意义和深远的战略意义。

二、推动落实工会十八大新使命任务的必然要求

2023年10月召开的中国工会十八大，在深刻总结我国工运事

业发展和过去五年工作的基础上，坚持用习近平新时代中国特色社会主义思想统领工会工作，指出"党的中心任务就是中国工人运动和工会工作的主题和方向"。在新征程上，工会要坚持党对工运事业和工会工作的全面领导，坚持全心全意依靠工人阶级的根本方针，牢牢把握为实现中华民族伟大复兴的中国梦而奋斗的时代主题，要加强对职工群众的思想政治引领，努力建设高素质劳动大军，大力弘扬劳模精神、劳动精神、工匠精神，切实实现好、维护好、发展好工人阶级和广大劳动群众合法权益，深入推进工会改革创新。大会还就未来五年工作提出了理论武装、思想引领、建功立业、维权服务、劳动领域政治安全、基层基础、工作法治化、改革建设、对外交流、全面从严治党等具体任务。

面临新形势新任务，更加迫切需要建设一支高素质专业化的工会干部队伍来落实各项任务，推进各项工作。因此，中国工会十八大报告提出要加强工会干部队伍建设，打造忠诚干净担当的高素质专业化工会干部队伍，并就干部队伍建设提出了具体要求。一是巩固干部队伍教育整顿成果，落实新时代好干部标准，树立正确选人用人导向，健全完善兼、挂职工作机制；二是发挥工会院校培训主渠道作用，完善网络培训体系，提升工会干部能力素质；三是教育引导工会干部树牢正确政绩观，鼓足干事创业的精气神；四是切实改进工作作风，深入基层、深入一线，密切联系职工群众，加强调查研究，掌握职工群众所思所想所盼，用心用情为基层和职工群众办实事、解难题。

三、应对新挑战、开创工会工作新局面的客观需要

进入新时代，我国经济发展面临的主要矛盾和突出问题发生了深刻变化，我国经济也已经由高速增长阶段转向高质量发展阶段。发展不平衡、不充分的问题，发展方式粗放与创新能力不强的问

题，资源环境约束趋紧以及国际环境紧张等长期性与阶段性问题并存。社会结构深刻变动，以互联网、数字经济等为代表的新技术促进了电子商务、跨境电商、直播电商、网约服务等新模式、新业态的迅猛发展，催生了大量灵活就业人员，利益群体不断增多，社会流动更加频繁，劳动关系领域利益诉求日益多元化、复杂化。根据第九次全国职工队伍状况调查，2022 年我国职工队伍总数已达 4.02 亿，农民工总量达到 2.93 亿人，新就业形态劳动者数量达到 8400 万人，职工队伍就业形态、技能素质、权益实现、利益诉求等方面涌现一些新情况和新问题。产业结构、劳动关系、职工队伍发生的深刻变化，使工会工作的对象不断增加、范围不断拓宽、内容不断增多、任务不断加重、难度也不断加大，对工会组织的政治引领、维权服务等都带来了新的挑战。

各级工会组织和广大工会干部作为落实工会各项工作的组织者、推动者和实践者，责任重于泰山。一方面，工会组织要适应时代变化发展的新挑战，以自我革新的勇气和魄力，进一步发挥桥梁纽带作用，通过建设一支高素质专业化的工会干部队伍去深入职工群众，把中央和全总的决策部署落到实处，更好地满足职工的多样化需求，不断增强职工群众的获得感、幸福感、安全感。另一方面，工会组织要不断锤炼工会干部的能力素质，持续提升工会干部全心全意为职工群众服务的思想意识和维权服务的本领，通过维权服务职责的履行，多层次、全方位调动广大职工群众的积极性，激发职工群众的主人翁责任感。同时，工会干部还要切实围绕职工各种利益诉求，探寻实现其利益的有效路径和有力举措，着力解决好职工群众的急难愁盼问题，实现好、维护好、发展好广大职工群众的根本利益，努力开创新时代工会工作新局面。

四、加强工会组织改革创新和自身建设的迫切要求

党的十八大以来，在以习近平同志为核心的党中央坚强领导

下，各级工会组织深入学习贯彻习近平新时代中国特色社会主义思想和党的十八大、十九大、二十大精神，提高政治站位、履行政治责任、强化政治担当，全面落实新时代党的建设总要求，严格执行《党政领导干部选拔任用工作条例》，坚持好干部标准，从严从实履行选人用人管人职责，努力建设高素质专业化工会干部队伍。各级工会领导班子和干部队伍结构进一步改善，干部队伍战斗力、凝聚力进一步加强，为推动工会工作创新发展，团结带领职工群众听党话、跟党走提供了坚强组织保证。随着国家治理体系与治理能力现代化的要求不断提高，以中国式现代化推进强国建设、民族复兴的伟大使命需要工会团结动员亿万职工凝心聚力，推动工人阶级贡献力量和工会工作不断向前，工会工作对专业化、精细化、高素质、高质量提出了越来越高的要求。

与党中央的要求、新时代新任务的需要和广大职工群众的期盼相比，工会自身还存在一些亟待解决的问题，具体到工会干部队伍建设中，还不同程度存在着工会干部队伍来源渠道比较单一，能力素质有待提升，职责作用发挥不够充分，考核激励机制不够健全，基层干部成长通道不够畅通，协管机制缺乏创新，管理监督有待加强等薄弱环节。承担新使命新任务，应对新情况新挑战，破解新矛盾新问题，要求工会干部既要政治过硬，也要本领高强，增强"八种本领"，做到"五个过硬"，使自身素质能力与所承担的工作职责相匹配，从而更好承担起团结带领广大职工群众听党话、跟党走的政治责任，为做好新时代工会工作做出新贡献。也只有广大工会干部持续加强学习，增强素质能力，扎实工作技能，锤炼工作作风，增长专业才干，不断提高履职尽责的水平，才能够推动工会组织改革创新，不断加强自身建设，真正倾听职工群众呼声，关心职工群众疾苦，让职工群众真正感受到工会是"职工之家"，工会干部是最可信赖的"娘家人"、贴心人。

第二节 准确把握高素质专业化
工会干部队伍的内涵及要求

一、高素质专业化工会干部队伍的科学内涵

高素质专业化干部队伍，"高素质"包含政治素质、道德素质、身心素质等，其中政治素质是第一位的；"专业化"包含专业知识、专业思维、专业方法、专业能力和专业精神，是体现相关领域内特殊要求的专业化。看干部，首先看政治素质，然后是专业化；培养干部，首先要提高政治素质，同时提高专业能力并弘扬专业精神。工会干部既要符合党中央对"高素质专业化干部"的总体要求，也要符合党中央和广大职工群众对工会干部的特殊要求。

（一）高素质是建设高素质专业化工会干部队伍的前提保证

高素质是建设新时代高素质专业化工会干部队伍的前提保证，主要包含政治素质、道德素质、身心健康素质等，其中，政治素质是最重要的根本保证。

政治素质上的高标准是工会干部队伍建设的根本保证。工会工作是党治国理政的一项经常性、基础性工作，工会工作做的是群众工作，实质上就是政治工作，讲政治是第一位的要求，政治素质过硬是建设高素质专业化工会干部队伍的根本保证。政治素质过硬的标准是什么？一是自觉接受并坚持党的领导，坚定不移走中国特色社会主义工会发展道路，把党的政治建设摆在首位，增强"四个意识"，坚定"四个自信"，做到"两个维护"。二是坚持运用习近平新时代中国特色社会主义思想武装头脑、推动实践、指导工作，深

入学习贯彻习近平总书记关于工人阶级和工会工作的重要论述，做到学思用贯通，知信行统一。三是政治能力训练和政治实践历练充分，在大是大非面前态度鲜明、立场坚定，具有忧患意识、风险意识、政治敏锐性和政治鉴别力，富有斗争精神，敢于亮剑，善于斗争。

道德素质上的高境界是工会干部队伍建设的重要保证。工会干部是为党做群众工作的干部，必须常修敬业之德，坚持经常性自我教育，具有严于律己、宽以待人的政治操守，为职工群众服务的价值理念，做事正派的行为作风，严以自律的职业素养，超过常人的战略眼光和开阔视野。在工作中善于协调内外部环境的关系，善于与他人同心协力，能够见贤思齐，取长补短，增强团队精神，能够把握和顺应历史发展的潮流和趋势，洞察职工队伍发展变化状况，深谙工会工作的规律和方法艺术。在生活中作风正派，遵守社会秩序和公约，倡导先进理念，没有不良嗜好，坚持与人为善。

身心健康素质，即拥有健康的体魄和良好的心理素质是工会干部队伍建设的前提条件。思想纯洁、积极向上、思维敏捷、精力充沛、人格健全、心理健康，这是作为自然人能够做好工作的最基本的身心条件。工会干部担负着维护服务广大职工的重要职责，面临新形势下劳动关系领域的复杂情况和问题，没有健康的身心素质，就很难在各种矛盾和压力面前勇于担当、敢于碰硬，也很难调节好自身情绪和心理压力，冷静从容面对各项挑战。

（二）专业化是建设高素质专业化工会干部队伍的关键因素

专业化是专业知识、专业思维、专业方法、专业能力、专业精神的综合，五者层层递进、相辅相成、缺一不可、有机统一，是建设高素质专业化工会干部队伍的关键因素。

具体而言，专业知识是指工会干部在履职过程中所应具备的专业知识体系，既包括岗位职责要求的理论知识储备，又包括实践过程中不断丰富的应用知识获取，是培养专业思维、运用专业方法、提高专业能力、塑造专业精神的前提，如工会基础理论与基本业务知识。专业思维是工会干部履职过程中基于专业知识与相关经验应对工作的一种思维方式，决定了专业知识运用效果和专业能力发挥程度以及专业精神的形成，树立专业思维有助于提高判断能力并做出正确决策和行动，如工会工作法治化思维。专业方法是工会干部在专业思维的指导下处理问题的方式习惯，要能正确把握上级意图，充分听取下级诉求，积极交流同级建议，妥善处理各方面矛盾纠纷，做到对症下药，精准施策，它是体现专业知识储备效果，影响专业能力表现程度与专业精神发展维度的关键点，如工会干部的群众工作方法。专业能力是在专门培训与实践学习中逐渐形成的妥善应对岗位职责的工作技巧，主要表现为业务工作的处理能力与管理工作的管理水平，这就要求工会干部真正做到行家里手、内行领导，如工会干部维护职工法权益、协调劳动关系的能力。可以说，专业能力是核心，是专业知识、专业思维、专业方法、专业精神的集中体现。

（三）专业精神是高素质专业化工会干部队伍的内在品质要求

专业精神是对工作极其热爱和投入的品质，意味着对自己所从事的工作有着系统精深的学习与孜孜不倦的研究，具体表现为求真务实、勇于担当、无私奉献的道德品质。专业精神是灵魂，是专业知识、专业思维、专业方法、专业能力在精神层面的最高表现和内在品质要求。

聚焦工会干部队伍的专业精神，一方面要有强烈的责任担当精神：工会干部应从内心强化对工会工作的认同度、做工会工作的自豪感，把工作当成事业，做到一心一意谋发展、心无旁骛抓工作，把精力和心思用在分析研究解决基层和职工群众反映集中、反映强烈和事关全局、事关根本的重要问题和重点工作上。另一方面要保有深厚的群众情感：工会是党联系职工群众的桥梁和纽带，是党开展群众工作的重要渠道，工会干部是职工群众的知心人、贴心人、"娘家人"，因此，工会干部要厚植工会情怀，增强对职工的情感，坚持职工至上，紧紧依靠职工，牢牢植根职工，把用心用情倾听关心、维护服务职工落实到工会工作的点点滴滴。此外，还应具备扎实的工作作风：工会干部要坚持说实话、谋实事、出实招、求实效，切实把好事做好、把实事办实，把雷厉风行和久久为功结合起来，狠抓落实，撸起袖子加油干。

二、着力提升工会干部队伍三个方面的能力

建设高素质专业化工会干部队伍，必须聚焦保持和增强政治性、先进性、群众性这一主线，立足新时代工会组织新使命和加强工会干部队伍建设新要求，突出重点、抓住难点，着重提高三方面的能力。

（一）突出提高工会干部的政治能力

一方面，各级工会要始终坚持用习近平新时代中国特色社会主义思想武装头脑，把学习习近平总书记关于工人阶级和工会工作的重要论述摆在突出位置，将其作为党组理论学习中心组学习的主要内容，作为工会干部院校的主课，作为工会干部学习的重点内容，在学懂、弄通、做实上下功夫，推动学习贯彻工作往实里走、往深里走、往心里走。另一方面，要增强"四个意识"，树立"四个自信"，坚定维护习近平总书记在党中央和全党的核心地位，坚定维护以习近平同志为核心的党中央权威和集中统一领导，在思想上、政治上、行动上同党中央保持高度一致，不断提高政治判断力、政

治领悟力、政治执行力。同时，深入开展主题教育活动，充分开发利用红色工运资源，加大工会干部理想信念、党性宗旨教育力度。牢记习近平总书记"当官发财两条道"的忠告，保持清正廉洁，做讲正气的表率，带头严格执行中央八项规定，明是非、讲操守、重品行，尊法、学法、守法、用法，做到忠诚、干净、担当。

（二）全面提升工会干部专业能力

没有专业化，就没有科学化。在提升工会干部的专业化水平方面，要进一步丰富专业知识，培育专业思维，锤炼专业方法，提升专业能力，厚植专业精神，其中，全面提升专业能力是核心。

第一，学习教育是提高工会干部专业能力的重要途径，工会干部要具备学习实践和改革创新的本领。既要立足本职抓重点，也要开阔视野拓领域；既要向书本学习，也要向实践学习；既要向职工群众学习，也要向先进经验学习。第二，实践锻炼特别是到一线锻炼，也是培养工会干部专业能力的重要方式，工会干部要加强实践锻炼，加快知识更新，使专业能力跟上时代节拍，努力成为做好工作的行家里手。第三，聚焦主责主业，围绕团结动员职工建功新时代、加强职工思想政治引领、用心用情维护服务职工群众、构建和谐劳动关系、深化工会改革创新等，组织开展务实管用的专业培训工作。如工会如何推进全过程人民民主、深化产业工人队伍建设改革、工会改革创新、学习贯彻工会法、工会参与基层治理等不同主题的学习培训等。第四，加强与劳动关系领域专家联系，依托智库和专业研究机构提高科学决策能力，对提升工会干部专业能力、培养专业精神、促进工作科学有效开展都大有裨益。第五，培养专业能力和专业精神要落实到选育管用各环节，在干部选拔培养中强调专业能力标准，坚持事业为上、人岗相适，多考虑"该用谁"而不是"谁该用"，使工会领导班子素养结构整体适应本单位、本部门核心职能和实际情况，并以此进一步激励工会干部提升专业能力。

（三）着力提高工会干部群众工作能力

党的群众路线是工会工作的生命线和根本工作路线，工会干部要着力提高群众工作能力。

一要厚植职工群众情怀，坚持以忠诚党的事业、竭诚服务职工为己任，牢固树立以职工为中心的工作导向，自觉践行党的群众路线，坚持做到"爱职工、知职工、懂职工"。二要善于运用群众工作方法，懂得群众的语言和习惯，熟悉群众的愿望和心声，不断提高代表职工、联系职工、服务职工的能力和水平，围绕创新群众工作体制机制和方式方法，把"职工之家"和"娘家人"的称号做得更加名副其实。三要适应互联网条件下群众工作的特点和规律，善于运用新手段新方式开展职工群众工作，不断增强工会干部团结引领、组织动员、联系服务职工群众的能力。四是提升群众工作本领的重点——调查研究能力，要做好调查研究的"五字诀"，即"深、实、细、准、效"：深入基层、放下架子、扑下身子，真正深入企业、工厂、车间、班组、群众中了解情况；实事求是安排调研内容，多听实话、摸实情、办实事；细致全面掌握情况，不仅要听干部汇报，还要听群众怎么说；准确掌握合适的调查研究方法，才能事半功倍；通过调研找到切实可行解决问题的办法，达到出实招、见实效的目的。

三、探索建设高素质专业化工会干部队伍的体系构架

建设高素质专业化工会干部队伍，需要有科学的顶层设计和完整链条，为此，各级工会要加强选育管用，坚持严管厚爱，进一步健全完善工会干部选拔任用、管理监督、考评激励、教育培养等方面的体系架构。

（一）党管干部、以德为先、人事相宜的选拔任用体系

坚持党管干部原则，选优配强各级工会领导班子，强化政治把关，注重专业能力。突出新时代好干部标准，坚持正确选人用人导向，突出政治考察和工作实绩，把政治考察作为干部选拔任用的重中之重。拓宽工会干部来源渠道，规范招录、遴选、选调、调任和转任工作，侧重从劳模和一线优秀工会工作者中考录、遴选机关干部。健全完善工会领导班子专兼挂工作制度，充分发挥挂职、兼职干部作用，加大轮岗交流力度，持续做好选派干部参加援疆援藏、乡村振兴等挂职锻炼工作。积极培养工会年轻干部，为深化工会系统创新发展提供人才储备。

（二）从严从实、防微杜渐、突出政纪的规范管理体系

从严从实加强干部管理监督，促进干部管理监督制度化、规范化。一是完善干部管理监督方式，把干部考察、年度考核、谈心谈话、日常监督等融入各项工作，执行好提醒、函询、诫勉、个人有关事项报告和抽查核实等制度。二是加强日常管理监督，防微杜渐、抓早抓小，从严做好领导干部报告个人有关事项，加大执行警示教育力度，不断提升选人用人管人的质量，发挥好日常管理约束作用。三是突出遵守政治纪律和政治规矩，贯彻执行党中央决策部署执行情况的监督，强化工会系统的双重领导和干部协管意识，加强对各级领导干部特别是一把手的监督。四是完善各级工会领导干部联系职工群众的制度机制，深入一线基层，加强调查研究，坚决防止"四风"特别是形式主义、官僚主义，以扎实的工作作风和突出的工作成效取信于职工群众。

（三）分类考核、日常监督、崇尚实绩的考评激励体系

一要健全完善干部考核评价机制，把日常考核、分类考核、重

点工作考核以及教育培训等作为考核内容；坚持群众化、民主化，结合会员评家等活动，探索建立职工群众评价工会干部的方式方法。二要发挥考核评价作用，将自上而下的组织考核和自下而上的群众评价结果有机结合，作为工会干部任职和晋升的重要依据，推动形成能者上、优者奖、庸者下、劣者汰的正确导向。三要树立重视基层、重视实践、崇尚实绩的鲜明导向，大力发现、选拔、表彰敢于负责、勇于担当、善于作为、实绩突出、清正廉洁的干部。四要对广大工会干部要精神引领、实干带动、教育担当、加油鼓劲，坚持政治上激励、工作上支持、待遇上保障、心理上关怀。同时要深入细致做好思想政治工作，加强日常谈心谈话，注重对工会干部的关心关爱，进一步提振干部干事创业的精气神。

（四）突出政治、全程培养、强化教育的素质培养体系

一要突出政治素质，把提高政治觉悟、政治能力贯穿干部培养全过程，以习近平新时代中国特色社会主义思想为中心内容，加强政治理论、党性修养教育培训，深化工会干部教育培训改革。二要加强实践锻炼，推动工会专职干部直接联系职工，加大选派机关干部到基层一线、艰苦地区和急难险重岗位锻炼力度。三要结合不同层级、不同类型工会干部特点和需求开展分级分类培训，定期召开全国工会干部教育培训工作会议，制订全国工会干部教育培训五年规划。四要强化培训保障，开展全国工会干部院校评估，提升师资队伍质量水平，编写修订培训基础教材，启动精品课程库建设，不断创新教育培训方式，打造专题培训，线上线下培训，沉浸式、案例式、互动式培训，网课、微课、公开课等，大力开展"送教到基层"等教育培训服务。

第三节　高素质专业化工会
干部队伍建设的实践经验

随着对工会干部队伍建设的重视程度越来越高，各地工会着力加强高素质专业化工会干部队伍建设的举措也越来越丰富，形成了许多鲜活的宝贵经验。我们选择一些具有代表性的典型经验案例进行剖析，期望能够将这些好经验推广开来，助力提升工会干部队伍建设水平。

一、北京市总工会基于能力素质模型的"六位一体"工会干部培训体系的案例

（一）案例内容

北京市总工会高度重视工会干部队伍建设，在开展工会干部教育培训方面推出了系列举措。一是制定发布了《2019－2023年北京市工会干部教育培训规划》，加强顶层设计、规划统筹；二是每年定期发布本年度工会干部教育培训计划表，按照计划实施年度培训；三是加强主阵地建设，投入专项资金对北京市工会干部学院进行工程改造，完成硬件建设升级；四是加大经费投入力度，每年对工会干部教育培训进行专项资金预算保障。特别是高度重视工会干部教育培训体系建设方面，通过开展工会干部队伍状况调查，研究工会干部能力素质模型，建设工会干部教育培训课程体系等，于2017－2020年期间逐步构建起了系统、科学、完备的"六位一体"工会干部教育培训体系，为"十四五"时期（2021－2025）工会干部教育培训注入了新动力，是提升工会干部教育培训质量、助力工

会干部队伍建设的重要保障，其主要内容如下。

1. 开展调研了解工会干部队伍状况及教育培训需求

北京市总工会于 2017－2018 年同步开展了《北京市工会干部队伍状况调查》课题和《北京市工会干部教育培训课程体系建设》项目，全面了解工会干部队伍整体状况，分析队伍建设方面存在的问题，尤其是教育培训问题和需求，根据工会干部队伍能力素质的现状及发展需求，研究构建工会干部能力素质模型，开发教育培训课程体系。

2. 构建工会干部能力素质模型，明确"能力所需"

课题和项目研究团队结合首都工会干部的群体特征科学预设能力素质指标，采用问卷调查、行为事件访谈技术（BEI）及专家小组讨论等方式在全市工会干部队伍中开展大规模调查，在市总工会的指导和大力支持下，调研覆盖市、区、街道不同级别，企业、事业单位、机关不同类型，国有、民营、外资等不同性质的专兼职工会干部。科学统计分析调研数据后形成工会干部能力素质模型，基本覆盖了工会干部应当具备的能力和素质内容（如表1）。

3. 将"能力所需"转化为"培养所要"，精准定位培养目标并匹配设计课程

一方面，模型的一级指标高度凝练体现了工会干部的"能力所需"，结合组织培养目的、岗位适应需要、干部成长需求，转化为"培养所要"的"政治素养、职业基础素养、职业心理能力和工会专业能力"，调整合并"职业基础素养"与"职业心理能力"为"职业素养"整体目标。由此精准定位工会干部培养目标：讲政治的"明白人"，有能力的"职业人"和懂专业的"工会人"。另一方面，根据模型中的"所需能力"匹配"所设课程"，即以模型的一、二、三级指标分别对应课程体系的课程大类、课程模块、单门课程。先由 4 个一级指标分别对应设置 4 个课程大类"政治素养、职业基础素养、职业心理能力和工会专业能力";再根据 14 个二级指标将课程大类进行演绎,匹配设置 18 个课程模块;然后在 44 个三级指标的详细释义内容指导下,匹配相应"知识和技能"的单门课程,并将这些课程分别归类于不同的课程模块。由此实现能力素质模型与相应课程的有效匹配。

表 1　北京市工会干部能力素质模型

序号	一级指标	二级指标	三级指标	序号	一级指标	二级指标	三级指标
1	政治属性	政治意识	奉献意识	23	干部共性（续）	管理能力	情绪管理
2			服从意识	24			团队管理
3			理想信念	25		创新能力	困难克服
4			政治立场	26			外联能力
5		政治能力	守规能力	27			工作创新
6			政治廉洁	28	工会特性	服务意识	群众认知
7			政治观察	29			帮助职工
8	人格特征	心理资本	坚韧特质	30			责任意识
9			成就特质	31		维护能力	维权意识
10			细节特质	32			权益保障
11			创新特质	33		保障能力	生活保障
12		职业适宜	专业锚定	34			劳模服务
13			专业愿景	35		工会管理	适应能力
14			路径特质	36			决策能力
15		包容心态	多元倾向	37			协调能力
16			宽容特质	38			执行能力
17			包容特质	39			动员能力
18		利他行为	服务动机	40			财务管理
19			助人意愿	41			问题解决
20			助人技巧	42		职工发展	激励能力
21	干部共性	办公能力	写作能力	43			大局观念
22			现代办公	44			民主管理

4. 明确"需求—目标—课程"微观路径，构建开放、动态、发展的课程体系

按照"能力素质需求—培养目标—匹配课程"的微观路径，系统构建课程体系：一是聚焦工会干部理论素质和党性修养的需求，培养讲政治的"明白人"，设置理想信念、道德品行和形势政策课程模块；二是聚焦工会干部职业能力和职业认同需求，培养有能力的"职业人"，设置职业基础素养（含职业规范、职业技能、管理能力、领导艺术模块）和职业心理能力（积极心理、自我成长、心理减压、心理咨询、EAP 服务模块）相关课程；三是聚焦工会工作和群众工作能力需求，培养懂专业的"工会人"，设置工会基础理论与实践业务相关的工会专业能力课程。从能力素质模型指标的归纳，到课程体系的演绎，最终形成 4 大类、18 个模块、270 门课程。每门具体课程加载课程目标、内容、形式和师资等信息，形成了完善的课程体系，并根据培训需求不断开发新课程、完善现有课程、淘汰陈旧课程，形成开放、动态、发展的课程体系，以适应工会干部教育培训需求的不断变化和发展（如图 1）。

工会干部能力素质模型				工会干部教育培训课程体系		
三级指标（44）	二级指标（14）	一级指标（4）	培养目标	课程大类（4）	课程模块（18）	单门课程（270）
政治立场 理想信念 服从奉献	政治意识	政治属性	讲政治的"明白人"	政治素养	理想信念 道德品质 形势政策	党的理论、政治品质、国情世情、宏观背景、公共政策等 党史、国史、核心价值观、传统文化等 社会主义等
政治观察 政治廉洁 守规能力	政治能力					
现代办公 写作能力 表达沟通	办公能力	干部共性	有能力的"职业人"	职业基础素养	职业规范 职业技能 管理能力 领导艺术	职业道德、职业精神、礼仪规范等 调研写作、表达沟通、信息技术等 计划、组织、协调、团队、时同管理等 领导、激励、战略、创新、宏观政策等
情绪管理 团队管理 危机管理	管理能力					
工作创新 困难克服 内外联能力	创新能力					
创新 细节 成就 坚韧特质	心理资本	人格特征		职业心理能力	积极心理 自我成长 心理减压 心理咨询 EAP服务	积极关系、情绪、应对、自我成长 自我认知与个人心理成长 心理调适艺术治疗、表达性艺术治疗 助人工作可用的心理咨询技术和技巧 结合个体生命普遍问题提供心理服务
路径特质、专业锚定、愿景	职业适宜 包括心态、 利他行为					
多元倾向、包容、宽容特质						
责任意识 帮助职工群众认知	服务意识	工会特性	懂专业的"工会人"	工会专业能力	基础理论 组织建设 民主管理 劳动关系 工会财务 职工发展	工运史 工会基础理论与实践新闻首教等 工会组建职工之家工会改革干部队伍等 民主管理集体协商维权保障及职代会等 和谐劳动关系劳动政策工会法律服务等 工会资产管理、经费收支审查等 经济技术劳动保护职工发展等
维权意识 权益保障	维护能力					
生活保障 劳模服务	保障能力					
决策协调 执行动员 财务管理 问题解决	工会管理					
民主管理 大局观念 激励能力	职工发展					

图1　北京市工会干部"能力素质模型—课程体系建设"逻辑关系图

5. 拓展"模型—课程—培训"的宏观路径，构建工会干部教育培训体系

拓展"模型—课程—培训"的宏观路径，以能力素质模型为基础，以课程体系建设为核心，打造以"培养目标、课程体系、培训项目、师资队伍、教学基地（及其他资源）、培训管理流程（含考核评估）"为主要内容的"六位一体"工会干部教育培训体系（如图2），助力建设高素质专业化的工会干部队伍。

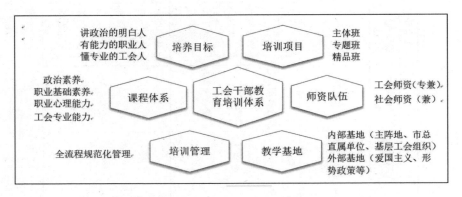

图 2　北京市"六位一体"工会干部教育培训体系

培训项目方面，聚焦不同对象的不同需求，提高培训项目设计的针对性和课程设计的实效性，如主体培训项目（新任工会干部、工会社会工作者、街道乡镇工会主席、非公企业工会主席、工会服务站站长等），专题培训项目（基层组织建设专题、民主管理专题、法律工作专题、工会财务专题、女职工工作专题等）。师资队伍方面，以"工会师资"和"社会师资"为主建设高素质师资队伍。工会院校专职师资建设"1＋N"教研组，以工会思政教育组为"1"，以职业素养、工会理论及组织建设、民主管理等工会专业组为"N"。兼职师资整合工会系统内外各层级资源，包括全总、市总相关领导及专家，基层工会实务师资，劳模（大工匠）讲师等，建立兼职师资库，形成队伍稳定、数量充足、结构合理、质量优化的工会师资队伍。教学基地及其他资源建设方面，市总工会牵头整合系统内外优质教育资源，分层、分类、分批推进建设工会系统内部和外部基地。内部基地主要包括主阵地（工会院校）、系统阵地（工会直属单位）、基层阵地（基层工会组织），外部基地包括爱国主义、劳模精神、形势政策、警示教育等。此外，设计刊印《工会干部教育培训手册》、开发工会干部教育培训教材等，提供丰富的资源保障。培训管理方面，建立全流程规范化培训管理模式，以制度建设为保障，做精"管理"，以提升培训体验为重点，做强"内容"，以业务流程为关键，做实"规范"，保障培训质量，提升服务水平。

（二）案例剖析

工会干部教育培训是建设高素质专业化工会干部队伍的先导性、基础性、战略性工程，科学合理的教育培训体系则是保障教育培训质量的重中之重。北京市总工会的经验案例充分体现了对工会干部教育培训的高度重视，注重构建工会干部教育培训体系的系统性、科学性和规范性，彰显了"首善标准"的高质量和高水平。

第一，北京市总工会在顶层设计、统筹规划、政策指导和研究支持等方面起到了非常重要的作用。从2019－2023年工会干部教育培训规划的制订、两项课题调研开展的支持、能力素质模型和课程体系构建的政策指导、干部院校阵地的建设、经费投入等方面提供了十分有力的保障，这也是培训体系建设得以成功的重要前提。

第二，科学合理、逻辑严密的调查研究是北京案例的重要特点。纵观整个案例内容，可以凝练出其总体的构建路径：开展队伍状况调查以明确需求——预设能力素质指标并开展调研——统计分析并构建工会干部能力素质模型——依据模型设定工会干部培养目标——进而匹配设计培训课程——形成课程体系的基础上拓展完善培训项目、师资队伍、教学基地等资源建设——规范全流程培训管理以保障质量，由此，构建起了全面系统、完善规范的教育培训体系。

第三，能力素质模型、课程体系建设、"六位一体"培训体系是北京案例的突出亮点。全国各地有丰富的工会干部教育培训经验案例，学界也有关于工会干部胜任力模型的研究，但前者更多聚焦工作经验探讨，后者又以理论探讨为主，如闻效仪从管理技能、人际沟通、心理特质、工会技能、组织文化、人力技能六个维度构建工会主席素质模型[①]；徐明针对国企工会干部特点优化胜任力模型，将其归为职业道德、基础知识、通用能力和专业能力四个维度[②]。北京以政治素养、职业素养、专业能力三大维度构建工会干部能力素质模型，是一个全新的视角，其课程体系和培训体系均基于能力素质模型而逐步建立，具有严密合理的逻辑性，也因此保证了课程体系和培训体系的系统性、科学性和规范性，使其经验具有可借鉴性和推广的可行性。

二、青岛市总工会多措并举打造"三化一型"工会干部队伍的案例

（一）案例内容

青岛市总工会自 2019 年以来，紧紧围绕市委中心工作，坚持问题导向，聚焦打通影响工作效能的"中阻梗"，有针对性地提出"流程再造创新、三述引领培训、挂职拓展路径、激励助燃活力"四项措施，全面激发工会干部工作活力，着力打造"三化一型"的高素质专业化工会干部队伍。

---

① ① 闻效仪：《工会主席素质模型研究》，《中国劳动关系学院学报》2008 第 2 期，77－81。

② ② 徐明：《企业社会工作介入工会管理：国企工会干部胜任特征模型构建与应用研究》，《中国人力资源开发》2016 年第 16 期，68－74。

1.　"决策运行—执行落实—督导问效"，流程再造创新

青岛市总工会自 2019 年以来，按照以职工为中心的发展思想，全过程梳理服务职工链条，对决策、执行、监督等环节实施流程再造，构建外部高效配合、内部深度融合的工作流程，营造"三化三型"服务环境，以自我改革、刀刃向内激发工会工作"新活力"。一是以科学化、扁平化为导向，再造决策运行流程。改变传统行政层级"自上而下"逐级推进的工作流程，对市总工会重大改革举措、重大服务职工项目、重大活动等，建立以市总工会领导班子为核心，相关处室直接参与的顶格协调机制，将决策执行层级由 5 个（主要领导→分管领导→处长→副处长）压减为 2 个（顶格领导←→所有工作人员），按照顶格倾听、顶格协调、顶格推进，顶格领导直接配置力量和资源，缩短决策进程，提高决策效率。二是以效能化、协同化为导向，再造执行落实流程。建立项目化运作机制，实行项目专人领办，责任人列出任务、时间清单，挂图作战、倒排工期、责任到人，最大化提高执行效率。对于"惠工和畅、惠通你我"服务职工品牌打造、"智慧工会"建设等涉及多个部门的事项，建立一部门牵头、多部门联动的工作专班机制，实行谁主办、谁牵头、谁负责。同时主办部门负责搭建协调平台，完善部室间横向协作机制，把多部室串联办理变为并联同步办理，构建起上下协同、联合推进的工作运行体系。三是以长效化、精准化为导向，再造督导问效流程。对市总年度重点工作进行全过程跟踪问效，对已经落实的查效果、正在落实的查进度、尚未落实的查原因，实行"销账式"管理，拉单列表、办结销号。实行"一线工作法"，市总领导走出办公室，走出文件堆，实地调研、现场办公，及时解决重点难点问题。

2.　"深化平台—创新模式—用好阵地"，三述引领培训

落实青岛市委、市政府"三述"活动要求，市总工会把提升能力水平作为打造"三化一型"高素质专业化工会干部队伍的基础性工程，着力加强干部思想淬炼、政治历练、实践锻炼、专业训练。一是深化"三述"平台。把"三述"活动作为倒逼干部持续学习、提升思想方法、改造工作方法的重要手段，以"述"启思、以"述"促干、以"述"强效。建立"述理论、述政策、述典型"长效机制，每季度组织机关干部"三述"会议，班子成员带头"述"，处长和业务骨干重点"述"，并现场对处长"三述"情况测评打分，作为考察处长组织力、执行力的重要依据。活动开展以来，累计组织226场，解决问题41项，机关干部参与率达100%。二是创新培训模式。探索建立"高校理论培训＋企业体悟实训"相结合的具有青岛工会特色的干部培训新模式，通过与企业职工结对互学，进车间、进班组，掌握企业职工第一手资料，促进工会干部进一步增强服务意识，提高实践能力。三是用好培训阵地。利用好市总干校新的培训实体阵地，在注重硬件设施的同时，把握功能定位，加强课程体系设置、教学管理手段等软件建设，增加双招双引等课程，加大体验式、模拟式、案例式教学，提高干部教育培训的针对性和实效性。发挥好机关干部基层联系点的作用，设立工会干部实训基地，开展调研式学习，向基层学习，向职工群众学习，帮助基层、职工解决实际困难。用好线上"学习强国"、青岛智慧工会APP等学习平台，强化干部日常碎片化时间自我学习提升，全面提高工会干部综合能力素质。

3. "制度保障—挂职选拔—参与历练"，挂职拓展路径

结合工会系统改革，围绕工会发展需要，积极争取统筹使用全市工会干部资源，探索建立内外循环、上下畅通的工会干部交流机制，加大工会干部交流力度，促使干部在不同岗位经受锻炼、提升素质。一是发挥好在非公企业挂职的工会干部的作用，进一步强化干部实践锻炼，增强服务企业的意识和能力，助力经济特别是民营企业经济发展。二是完善市总机关挂职干部管理办法，强化制度保障，继续从党政机关、国有企业、事业单位、中央驻青单位等选拔具有发展潜力的优秀年轻干部到市总机关挂职，进一步增强市总机关活力。三是围绕中心大局，积极选派干部参与全市重点工作，如参与乡村振兴工作队、服务企业工作队、公开遴选村党组织书记等，让工会干部在党政大局工作中、在基层企业一线中锤炼意志，提升本领，丰富经历。四是积极争取省总工会、市委组织部等单位的支持，从工会机关选拔优秀、年轻干部交流到上级工会机关或同级党政机关挂职、兼职。同时，努力打通市总机关与企业之间的干部交流渠道，鼓励符合条件的工会干部到国有企业任职。

4. "活用考核—典型引领—关爱干部"，激励助燃活力

树立重实干、强执行、抓落实的用人导向，综合运用政治激励、事业激励、物质激励、精神激励等多种措施，进一步激励工会干部担当作为、干事创业。一是用活考核"指挥棒"。适应新时代新任务新要求，进一步修订完善机关和事业单位考核办法，发挥考核正向激励作用，突出关键指标考核，发展差异化考核，拉开考核奖励差距，切实解决干与不干、干多干少、干好干坏一个样的问题。二是用足典型"引领器"。注重培养激励工会干部在改革创新、攻坚克难、担当作为中的先进典型，及时推荐宣传先进人物、先进事迹。设立机关干部创新奖，大力鼓励机关干部创新，建设充满创意、创新、创造的机关。三是用好干部"关爱牌"。坚持"三个区分开来"，强化组织为干部担当、上级为下级担当，鼓励干部大胆改、大胆试、大胆闯，宽容干部在工作中出现的失误。常态化开展市总党组书记、党支部书记、组织部长与干部谈心谈话活动，畅通干部表达意愿渠道，用心倾听干部心声，用情关心干部身心，用力助推干部成长。

（二）案例剖析

近年来的工会干部队伍建设，在要求越来越高但能力素质提升缓慢的现实矛盾中奋力前进，也遭遇了职业发展通道不畅、考核评价弱化、缺乏激励保障等困境。青岛市总工会在这方面的经验案例给了我们很宝贵的思考和启发。

第一，以"决策运行—执行落实—督导问效"为主要内容的流程再造创新，实质上是对传统行政组织结构的变革，也是对传统行政管理手段的创新，更是对以机关干部为主体的地方工会组织在"强三性、去四化"方面的积极探索。2015年，习近平总书记在中央党的群团工作会议中强调："保持和增强群团组织的群众性，必须坚持眼睛向下、面向基层。群团领导机关要改革和改进机关机构设置、管理模式、运行机制，减少中间层次，不要叠床架屋，要更好适应基层工作和群众工作需要……群团组织不能坐在机关里做工作，而是要摆脱文山会海，走出高楼大院，群团干部特别是领导机关干部要深入基层、深入群众，争当全心全意为人民服务宗旨的忠实践行者、党的群众路线的坚定执行者、党的群众工作的行家里手……"青岛市总工会对决策、执行、监督等环节实施的"流程再造"和机关干部"一线工作法"恰恰是忠实践行了群团工作会议精神的要求，改进了管理模式，优化了运行机制，减少了中间层次（5层变2层），适应了群众工作的需要，也走出了高楼大院，深入基层和一线。

第二，以"深化平台—创新模式—用好阵地"为主要内容的三述引领培训经验，实际上对应了高素质专业化工会干部队伍建设中的能力提升双重路径，一是"学"，二是"干"。加强教育培训是为了让广大工会干部"学"好，用"述理论、述政策、述典型"的三述活动则既有"学"又有"干"，没有学习，"述"不了理论和政策，没有实干历练，"说"不出典型经验，而常态化的集体"三述"活动不仅倒逼了学习和实干，还在无形中加强了团队之间的相互交流和经验分享，可谓一举多得，确属工会干部能力提升的好经验。

　　第三，挂职拓展路径和激励助燃活力两个方面的经验聚焦的是工会干部队伍职业发展、考核激励的问题，也是多年来工会干部队伍建设中的顽疾。"到工会就是养老""工会工作没啥难度""工会就是发发福利、搞搞活动""边缘部门"等传统观念和对工会的认知偏差仍然存在，工会干部"干活累死、提拔气死""提拔难、交流难、发展难"的问题也客观存在。青岛市总工会既有"机关挂职干部管理办法"的制度保障，也有争取省总工会、市委组织部支持开展干部选拔、交流、挂职、兼职、任职等实际动作，还有激励关爱（领导谈心谈话活动）、选树典型、表彰先进的机制（设立机关干部创新奖），在打通工会干部职业发展路径、拓宽发展渠道方面所做的努力令人鼓舞，也值得其他地区和单位广泛借鉴。

第九章

改革深度赋能，汇聚工运事业发展持续强劲动力

工会事业要想健康发展，必须持续加强工会自身建设，当前，解决中国工会进一步发展面临的一系列突出矛盾和挑战，各级工会组织必须以"打铁还需自身硬"的气魄，持续深化工会改革和建设，为永葆工会生机活力，开创工会工作新局面提供根本动力。

第一节　工会改革的必然性

一、工会改革是全面深化改革的重要组成部分

2013年，党的十八届三中全会审议通过的《中共中央关于全面深化改革若干重大问题的决定》（以下简称《决定》），提出了全面深化改革的指导思想、目标任务、重大原则，描绘了全面深化改革的新蓝图、新愿景、新目标，合理布局了深化改革的战略重点、优先顺序、主攻方向、工作机制、推进方式和时间表、路线图，汇集了全面深化改革的新思想、新论断、新举措，是我们党在新的历史起点上全面深化改革的科学指南和行动纲领。在《决定》中，特别强调要"充分发挥工会、共青团、妇联等人民团体作用，齐心协力推进改革"。2018年，习近平总书记在同全国总工会新一届领导班子成员集体谈话时强调："深入推进工会改革创新。工会改革是全面深化改革的重要组成部分。"将工会改革纳入党和国家全面深化改革的全局进行部署。习近平总书记还特别指示中央全面深化改革领导小组要协调中央党政有关部门，同工会、共青团、妇联等群团组织一起，制订好相关改革方案。

因此，工会改革不应成为全面深化改革中的短板弱项，必须及时启动并深入推进，全面深化改革是工会改革的根本原因。

二、工会改革是提高党的执政能力和执政水平的必然要求

由于党的群众工作对象众多、层次多样，党需要建立旨在广泛联系各方面群众的群团组织来帮助党做群众工作。工会是党联系职工群众的桥梁和纽带，我国工运事业是在党的领导下发展起来的，是党的事业的重要组成部分，工会工作是党治国理政的一项经常性、基础性工作。工会工作做得好不好，工会改革推进得是否顺利和有效，直接体现了党的争执能力和执政水平。党的十八大以来，党中央从党和国家事业发展全局出发，从巩固党长期执政的阶级基础和群众基础着眼，高度重视和大力推进党的工运事业和工会工作，召开党的历史上第一次党中央的群团工作会议，制定加强和改进党的群团工作的意见，部署产业工人队伍建设改革，推进全国总工会改革试点和工会系统改革。党的十八大报告在"全面提高党的建设的科学化水平"中指出要支持工会发挥作用，党的十九大报告在"坚定不移全面从严治党不断提高党的执政能力和领导水平"中特别提到要推动工会改革。

因此，我们必须从巩固党执政的阶级基础和群众基础的政治高度，重视党的群团工作，抓好党的工会工作，保证党同广大人民群众同呼吸、共命运、心连心。只有这样做，党在前进道路上才能无往而不胜。党的群团工作改革创新是一项系统工程，要搞好顶层设计。看准了的可以先改，方向对头但办法还不成熟的可以先试。

三、工会改革是实现中国梦的有效路径

2012 年，习近平总书记在国家博物馆参观"复兴之路"展览时，第一次阐释了"中国梦"的概念，指出"实现中华民族伟大复兴，就是中华民族近代以来最伟大的梦想"。习近平总书记指出："梦想属于每一个人，广大劳动群众要敢想敢干、敢于追梦。说到

底，实现中华民族伟大复兴的中国梦，要靠各行各业人们的辛勤劳动。"当前党的中心任务和全民族的最大共同事业就是实现中华民族伟大复兴的中国梦，而中国梦从梦想变为现实，必须依靠劳动，劳动在新时代具有更加重要的价值和意义；劳动又蕴藏在广大劳动者身上，工人阶级是主力军，所以，在强国建设民族复兴的征程中，必须全心全意依靠工人阶级；因此，新征程的使命任务推动了劳动价值的提升，进而推动了工人阶级地位的提升和作用的重要。而作为党领导下工人阶级自愿组成的群众组织的工会，其地位也必然提高。党的十九届三中全会提出了深化党和国家机构改革的目标，要构建起包括党的领导体系、政府治理体系、武装力量体系和群团工作体系在内的系统完备、科学规范、运行高效的党和国家机构职能体系，全面提高国家治理能力和治理水平。工会作为"党政军群"四大体系中群团工作体系里最广泛的群团组织，自然要转变职能，全面参与国家治理和社会治理，承担更多更高质量的任务。由人们印象中"吹拉弹唱、打球照相、观光疗养"的文体福利型工会，转化为思想政治引领、依法维权、精准服务、素质提升的工会。各级工会组织和工会干部自然有不适应的情况，就需要壮士断腕、刀刃向内、自我革命，调整适应、改革创新，以更健康和昂扬的状态，团结引领职工群众用劳动首先实现共同富裕，用劳动推动实现中国梦。

马克思、恩格斯曾说过，历史活动是群众的事业，随着历史活动的深入，必将是群众队伍的扩大。毛泽东同志说，世界上什么力量最强？民众联合的力量最强。协调推进全面建成小康社会、全面深化改革、全面依法治国、全面从严治党的战略布局，实现"两个一百年"奋斗目标，实现中华民族伟大复兴的中国梦，人民是力量源泉。我们必须根据形势和任务发展变化，加强和改进党的群团工作，深化工会改革和建设，有效发挥桥梁纽带作用，团结带领职工群众听党话、跟党走，在强国建设、民族复兴的伟大进程中建功立业。

四、工会改革是保证工会组织自身健康发展的现实需要

习近平总书记在党中央的群团工作会议上明确指出，工会等群团组织不同程度存在"机关化、行政化、贵族化、娱乐化"的现象。工会的"机关化"指的是工会组织自闭于高楼大院，离基层远、离职工群众远，真正同职工群众摸爬滚打在一起的时候不多，群众意识、群众观点、群众感情淡薄，自觉不自觉形成了衙门作风。造成工会基层基础薄弱，工作力量分布呈倒金字塔形，头重脚轻、"高位截瘫"。工会的"行政化"指的是工会组织越来越像党政部门，机构运行、工作方式、人员录用、干部管理等没有群团组织自身的特点，工作内容同行政部门重合，工作方式方法同行政部门雷同，习惯于用召开会议来动员职工群众，用行政命令来下达任务，用文件传真来发号施令，用简报文章来反映成绩，用台账报表来实施检查，工会组织和工会场所设施不能围绕职工的生物钟运行，职工需要的时候找不到。工会的"贵族化"，指的是工会在代表谁、联系谁、服务谁的问题上没有把握好，确定委员、会员、代表等人选追求"高大上"，普通职工群众难以进入。喜欢同有权、有钱、有名的人打得火热，很少同普通职工群众打成一片。工会的"娱乐化"，指的是工会组织开展工作过分依赖娱乐活动，只讲数量不求质量，只重场面不计效果，很多活动有乐无教，缺乏思想性、教育性，做表面文章，形式主义突出。

工会组织中存在的"四化"问题，实质是脱离群众。这些问题的存在，影响了工会组织履行职责，降低了工会组织对职工群众的动员力、号召力、影响力，导致工会组织在职工群众心目中分量下降，制约了党的群团工作健康发展，必须下决心进行纠正。"四化"

等脱离群众的危险状况出现，是工会改革的直接原因。

总之，推进工会改革是适应时代发展的需要，对于贯彻落实党中央决策部署，增强工会组织的吸引力和凝聚力，更好服务广大职工群众以及促进经济社会发展都具有重要意义。

第二节　工会改革的方向和要求

一、工会改革的方向

中国工会自诞生之日起，就在探索中不断自我革新、发展前行。党的十八大以来，以习近平同志为核心的党中央高度重视以工会为代表的群团工作，特别是 2015 年，党的群团工作会议的召开，明确了增强政治性、先进性和群众性的工会改革方向，标志着中国工会的改革发展进入了新的历史时期。之后全国各级工会的改革，也一直朝着这个方向迈进。

二、工会改革的基本要求

（一）增强政治性

在工会改革中，增强政治性的具体要求主要体现在以下几方面。

首先，坚持党的领导是工会改革的首要政治性要求。工会工作做得好不好，有没有取得明显成效，关键看有没有坚持正确政治方向。坚持正确政治方向，一言以蔽之，就是要坚持中国共产党领导和社会主义制度。工会必须始终在思想上政治上行动上与党中央保持高度一致，坚决贯彻落实党的路线、方针、政策和决策部署。要始终坚持党对工会的绝对领导，完善党委领导下的工会工作体制，确保工会工作沿着正确的政治方向前进。同时，要严格执行工会向同级党委请示报告制度，积极争取党委的支持和帮助，推动工会改革顺利实施。

其次，强化思想引领是工会改革的重要政治性要求。工会要加强对职工的思想引领，引导职工树立正确的世界观、人生观和价值观。要深入开展理想信念教育、爱国主义教育和职业道德教育，弘扬劳模精神、劳动精神和工匠精神，增强职工的国家意识、劳动意识、民族自豪感和集体荣誉感。同时，要关注职工的思想动态和利益诉求，及时回应和解决职工的合理关切，增强职工对工会的认同感和归属感。

最后，依法履行职责是工会改革的必然政治性要求。工会要认真履行法律法规赋予的职责和义务，切实维护职工合法权益。要积极宣传贯彻工会法和工会章程，主动参与劳动法律法规的制定和修改，推动完善劳动法律法规体系。同时，要加强职工法律援助和维权服务工作，建立健全职工权益保障机制。在处理劳动关系矛盾时，要坚持依法依规、公平公正的原则，积极协调各方利益，促进企业和谐稳定发展。

总之，在工会改革中增强政治性是确保工会工作正确方向的根本保障。只有坚持党的领导、强化思想引领、依法履行职责等方面的工作要求，才能确保工会改革沿着正确的方向前进并取得实效。各级工会要深入贯彻落实党中央决策部署，以高度的政治责任感和历史使命感，积极投身改革实践，推动工会事业不断向前发展。

（二）增强先进性

在工会改革中，增强先进性的具体要求主要体现在以下几方面。

首先，要强化创新意识。工会要敢于突破传统思维模式，积极探索适应时代发展的新思路、新方法。要注重发挥创新精神，鼓励职工创新创造，推动企业转型升级。同时，要加强自身创新意识的培养，不断学习新知识、新技能，以创新驱动推动工会工作不断向前发展。

其次，要提高服务水平。工会要始终坚持为职工服务的宗旨，不断提高服务水平和质量。要深入了解职工的需求和诉求，积极开展多样化、个性化的服务项目，满足职工的多元化需求。同时，要加强服务机制的建设，完善服务流程，提高服务效率，确保职工能够及时获得有效的帮助和支持。

再次，要推动单位发展。工会作为机关企事业单位发展的重要推动力量，要充分发挥自身优势，积极参与单位的经营管理和创新发展。要鼓励职工提出合理化建议和技术革新方案，推动单位技术进步和产业升级。同时，要关注单位的可持续发展，推动单位加强环境保护和劳动保护工作，为建设美丽中国、平安中国做出积极贡献。

最后，要加强自身建设。工会要加强自身建设，完善组织机构和工作机制，提高干部素质和业务能力。要加强对工会干部的培训和教育，提高他们的政治素质、业务水平和创新能力，打造一支忠诚干净担当的高素质专业化工会干部队伍。同时，要建立健全考核评价机制，激励干部积极进取、奋发有为，为工会事业的发展贡献力量。

总之，在工会改革中增强先进性是提高工会工作效能和服务水平的关键所在。只有不断强化创新意识、提高服务水平、推动单位发展、加强自身建设等方面的工作要求，才能使工会在改革发展中始终保持先进性。各级工会要深入贯彻落实党中央决策部署，以高度的政治责任感和历史使命感，积极投身改革实践，推动工会事业不断向前发展。

（三）增强群众性

工会改革中，增强群众性的具体要求主要有以下几方面。

首先，要强化群众意识。工会是党领导下职工自愿结合的群众组织，其根本宗旨是代表和维护职工的合法权益。因此，工会在工作中要始终把职工群众放在心中最高位置，以职工群众的利益为出发点和落脚点，切实增强群众意识，积极为职工群众谋利益、办实事。

其次，要创新联系群众的方式。随着社会的发展和职工需求的变化，传统的工会联系群众的方式已经不能适应新形势下的职工需求。因此，工会需要创新联系群众的方式，通过开展多样化的服务项目，利用互联网和新媒体等现代技术手段加强和改进与职工的互动交流等方式，实现工会数字化转型，提高工会与职工群众的联系密度和深度，更好地满足职工群众的需求。

再次，要强化维权服务基本职责。工会要关注职工群众的切身利益，积极为职工群众争取合法权益，如工资待遇、劳动安全、社会保障等。同时，还要积极为职工群众提供各种服务，如职业培训、文化教育、生活帮扶等，把这些维权和服务工作做到职工的心坎上，切实提高职工群众的获得感、幸福感和安全感，让工会成为名副其实的职工之家，工会干部成为职工可信赖的"娘家人"。

最后，要建立健全群众参与机制。工会要建立健全并运用好以职代会为基本形式的民主管理制度，保障职工群众的参与权、表达权和监督权，确保职工群众在全过程人民民主发挥作用。尤其注重畅通职工表达渠道，定期召开职工代表大会或会员代表大会，让职工充分表达自己的意见和建议；开展职工评议工作，对工会工作进行监督和评价；建立工会与职工的日常沟通渠道，及时了解职工的需求和诉求。

总之，在工会改革中增强群众性是工会的本质要求和重要任务。只有始终坚持群众路线并不断强化群众意识，创新联系群众的方式，强化维权服务基本职责服务职工的工作，建立健全群众参与机制等方面的工作要求，才能真正做到与职工群众心连心、同呼吸、共命运。

（四）准确把握政治性、先进性、群众性的关系

准确把握工会改革中政治性、先进性、群众性的关系，需要从以下几方面入手。

首先，要明确政治性、先进性、群众性的不同特征。政治性是工会组织的灵魂，是第一位的；先进性是工会工作的重要着力点，是保障；群众性是工会组织的根本特点，是基础。

其次，要理解政治性、先进性、群众性之间的内在联系。在工会改革中，政治性、先进性、群众性是相互依存、相互促进、不可分割的逻辑关系。只有在政治上坚持正确方向，才能永葆先进性；只有牢牢扎根职工群众，才能真正体现政治性；只有坚持与时俱进，才能更好保持群众性。

最后，要在实践中把握政治性、先进性、群众性的有机统一。在实践中，政治性、先进性、群众性是作为一个有机整体增进的，是一荣俱荣、一损俱损的关系，不存在政治性很好。群众性较差的情况，也不存在先进性不够、群众性落实非常好的情况。我们在实际工作中一体推进增强"三性"。

三、深化工会改革和建设的要求

伴随着新一轮工会改革全面完成，中国特色社会主义工会发展道路更加成熟更加定型，工会工作体系和服务能力现代化水平显著提高。2022年，党的二十大召开，在"发展全过程人民民主，保障

人民当家作主"的篇章中，明确提出了"深化工会、共青团、妇联等群团组织改革和建设，有效发挥桥梁纽带作用"的要求。对比党的十九大，在"坚定不移全面从严治党不断提高党的执政能力和领导水平"的篇章中，提出了"推动工会、共青团、妇联等群团组织增强政治性、先进性、群众性，发挥联系群众的桥梁纽带作用"的要求，我们不难发现，随着形势和任务的变化，党对当前的工会改革有了进一步的要求，那就是从"改革"到"深化改革"，从"改革"到"改革加建设"，从"发挥作用"到"有效发挥作用"。

(一) 深化工会改革的要求

2017 年党的十九大召开的时候，中央党的群团工作会议刚刚召开两年，当时工会的首要任务，是启动"强三性、去四化"的工会改革，虽然当时的工会组织和工会干部，对工会改革还有不适应，但在薄弱的基础上谋求改进毕竟简单，比如，将职工卡拉 OK 大赛变成唱红歌比赛，将春游踏青改成游览红色胜地……而如今，"好啃的骨头已经啃完了"，改革已经进入深水区，触及深层次利益格局的变化，复杂性、敏感性、艰巨性更加突出，工会改革已经到了滚石上山、爬坡过坎、攻坚克难的阶段。没有刀刃向内、壮士断腕的自我革命的勇气和决心，没有推动高质量发展本领、服务群众本领、防范化解风险本领是无法完成现在的改革任务的。当前深化改革的重点是牢固树立大抓基层的鲜明导向，夯实基层基础，激发基层活力，不断增强基层工会的引领力、组织力、服务力，推动工会法治化和数字化转型，实现工会工作高质量发展目标。

(二) 加强工会建设的要求

工会改革之初的当务之急是去除"行政化、机关化、贵族化、娱乐化"的沉疴痼疾，打碎一个文体福利活动型的旧工会。在新一轮工会改革推进八年之后，当前工会的主要任务是建设一个思想政治引领、依法维权、精准服务、素质提升的崭新工会。而建设的要求，涉及思想建设、组织建设、文化建设、作风建设、制度建设等方方面面，比如，务实高效的工会工作体系的建设，是总的抓手，而工会内控制度的建设，对工会组织健康发展尤为关键和重要。

（三）有效发挥作用的要求

启动新一轮工会改革之时，要首先扩大工会组织的覆盖面，把更多的劳动者纳入工会组织，尤其是非公领域的员工，外卖送餐员、快递小哥、网约车司机、货车司机等新就业形态劳动者，将他们纳入工会这一最广泛的群团组织，实现劳动者的全面组织化，置于党的领导和联系范围之内，以期实现更好的思想政治引领和精准的维权服务目标。中国工会十七大以来，全国各级工会推行"重点建、行业建、兜底建"模式，开展新就业形态劳动者入会集中行动、百人以上企业建会专项行动和社会组织建会专项行动，实现全国互联网百强企业全部建会，新增新就业形态劳动者会员1227万余人。在这喜人的成绩的背后，是已建立的这些工会组织，到底能否切实有效发挥党联系职工群众的桥梁和纽带作用。工会不仅要"建起来"，还要"转起来"和"活起来"，杜绝"僵尸工会""盆景工会""招牌工会"的出现。比如，一些职工在被问及单位是否有工会时，竟然回答"好像有工会"；一些职工之家不能错时上下班、按需开关门，没有得到充分利用；一些职工书屋长期闲置，落满灰尘；一些工会服务站点出现地图上找不到，没人管理，设备老旧损坏没有及时维修更新的情况；还有一些工会维权服务工作不精准，没有真正解决职工群众的问题等，这些都是没能有效发挥作用的表现。所以，我们要贯彻以职工为中心的发展理念，落实全心全意依靠工人阶级的方针，把职工满不满意、高不高兴、答不答应作为检验工作好坏的标准，把提升职工的获得感、幸福感和安全感作为工作的出发点和落脚点，力争为职工群众办实事解难事，满足职工群众对生活品质的追求，让职工第一时间能够想起工会并紧紧依靠工会。

同时，深化工会改革和建设与有效发挥桥梁纽带作用是一致的，只有深化工会改革和建设，有效发挥桥梁纽带作用才能充分实现，职工群众的各项权益才能得到有效维护和发展。同时，能够有效发挥桥梁纽带作用，也是检验工会改革和建设成功的重要标志。

（四）推进全过程人民民主的要求

党的十八大、十九大报告在谈及工会改革的时候，是放在党的建设的篇章之中，因为工会是党的群众工作组织，是党联系职工群众的桥梁和纽带，是党领导下的，工人阶级自愿组成的群众组织。所以工会改革和工会工作本身就是党的建设的一部分，加强和改进对工会工作的领导就是提升党的执政能力和执政水平的重要举措。但在党的二十大报告中，将工会改革的要求置于全过程人民民主的篇章之中，意在强调工会不能再躲在党的羽翼下开展工作，应该在坚持党的领导的前提下，独立自主创造性开展工作，不仅在传统的以职代会为基本形式的民主管理中发挥主要作用，还要全面参与到民主选举、民主协商、民主决策、民主管理和民主监督五位一体的全过程人民民主的进程中来，全面参与国家治理、社会治理和基层治理，保障职工的合法权益，调动职工的积极性，促进企事业单位、社会组织的发展。

由此可见，中央对工会改革的最新要求和定位：改革要从有到深，组织要从破到立，作用要从量到质；从强化党群组织之党的助手作用，到作为党政军群四大体系中最广泛的群团组织，要在全过程人民民主中发挥不可或缺的独特作用。

第三节　工会改革的举措

党的群团工作会议精神，为工会改革指明了方向，提出了要求，但是如何结合工会工作实际落实会议精神，实现工会事业在新时代的创新发展，就需要各级工会制订具体的改革方案来进行详细规划，需要基层工会通过务实的改革措施来实现落地见效。近年来，全总和各级工会全面贯彻习近平新时代中国特色社会主义思想，贯彻落实习近平总书记关于群团工作和群团改革的重要指示批示精神，以承担中央群团机关改革试点为契机和动力，把保持和增强政治性、先进性、群众性贯穿改革全过程各方面，推动工会改革创新全面铺开、持续深化，取得了重要阶段性成果。

一、中华全国总工会的改革试点

在全总开展中央群团机关改革试点，是党中央从协调推进"四个全面"战略布局出发做出的重大决策部署，是全总历史上的一件大事，意义重大，影响深远，2015年11月9日，习近平总书记主持召开中央全面深化改革领导小组第十八次会议，审议通过了《全国总工会改革试点方案》。方案包含总体要求、改革措施、组织实施三大部分。这种谋篇布局，成为地方各级制订改革方案的蓝本；这些思路举措，成为全国工会改革工作的基本遵循。

（一）全总改革的基本原则

全总改革的基本原则，就是要坚持正确方向和问题导向。坚持正确方向，就是要坚持中国共产党的领导，坚定走中国特色社会主义道路，牢固树立政治意识、大局意识、核心意识、看齐意识，坚决维护以习近平同志为核心的党中央权威，坚持为党分忧、为民谋利，把党的领导、党的意志和主张、党对职工群众的关怀落实到工会工作中。这是顺利推进改革试点的根本保证。无论是改革的思路设计、原则遵循，还是具体的制度构建、政策制定，都要着眼于加强党的领导、密切党同人民群众的联系，着眼于坚持中国特色社会主义群团发展道路。凡是有利于强化这个职能定位的，就要始终坚持；凡是不符合这个职能定位的，都要主动调整、主动改革。坚持问题导向，就是要针对工会组织存在的"四化"等脱离群众现象，从制约群团组织发展最突出的矛盾入手，从群众反映最强烈的问题改起，采取有力改革举措，对症下药、标本兼治，在重点领域和关键环节改革上持续用劲发力，尽快取得实质性进展，使解决问题真正成为筹划改革的出发点、推进改革的牵引器、检验改革的试金石。

（二）全总改革的主要目标

全总改革的主要目标，就是要实现工会的政治性、先进性、群众性明显增强，机关化、行政化、贵族化、娱乐化现象明显减少，干部能力素质和作风明显改进，职工群众对工会满意度明显提升，工会的吸引力、凝聚力、影响力明显提高，更好地肩负起引导职工群众听党话、跟党走的政治责任。同时，创造一批可复制可推广的经验。

（三）全总改革的重点任务

工会改革的重点任务，主要包含改进工会领导机构人员构成和全总机构设置，创新职工建功立业的载体和方式，完善维权职工权益制度和机制，着力做强基层夯实基础，坚决维护职工队伍和工会组织团结统一，创建工会网上工作平台，充分发挥全总党组的领导核心作用 7 个方面，27 条。

（四）全总改革的总体成效

通过试点改革，中华全国总工会一是增强工会组织广泛性和代表性，提高领导机构中职工代表比例，并扩大了代表、委员参与提案的渠道；二是对机关职能和机构设置进行整合优化，通过精简机构，减少了中间层次和交叉重复，进一步优化强化硬化职能，更加聚焦主责主业，机关工作效率和工作质量明显提升；三是加大工会资源向基层倾斜力度，通过人员编制"减上补下"、工会经费补助下级，推动解决基层基础薄弱问题；四是改进机关干部管理方式，突出基层一线工作经历、群众工作经历，建立一支专兼挂相结合的机关干部队伍；五是实施全国工会"互联网＋"行动计划，推行"互联网＋"工会普惠性服务，发挥网上工会舆论阵地作用；六是联系引导劳动关系领域社会组织，做好维护职工队伍稳定工作，构建和谐劳动关系。

2017 年 8 月，中央群团改革工作座谈会结束后，全总印发了《关于贯彻落实习近平总书记"8·22"重要指示和群团改革工作座谈会精神　深化工会改革创新方案》，对深化工会改革创新做出新的动员和部署，推动工会改革向纵深发展，指导省级地方工会、全国产业工会深化改革创新，在建机制、强功能、增实效上下功夫，使工会系统改革自上而下和自下而上有机结合，形成了强劲推进的格局。

（五）全总改革的最新思路

2023 年，中国工会第十八次全国代表大会在北京召开，王东明代表中华全国总工会第十七届执行委员会做了题为"以习近平新时代中国特色社会主义思想为指导　组织动员亿万职工为强国建设民族复兴团结奋斗"的报告，在今后五年的主要工作里，专门阐述了如何深化工会改革和建设，有效发挥党联系职工群众的桥梁纽带作用。

第一，要持续深化工会机关改革。进一步加强系统谋划、顶层设计，优化资源配置，深入查找在思想观念、体制机制、能力素质、作风建设等方面的问题，完善创新工作体系、工作内容和工作方式，充分发挥机关部门和干部的能动性、创造性，努力把各级工会组织都建设成为名副其实的职工之家，使所有工会干部都成为职工群众信赖的"娘家人"、贴心人。

第二，要健全完善工会组织体系。构建全总、产业工会、地方工会、基层工会之间高质高效的矩阵网络系统。加强领导、压实责任，确保必要资源，加快建立健全基层组织体系。广泛运用现代先进理念、先进工具和先进方式，大幅提高组织效能、个人能力。

第三，要健全完善资金资产管理体系。创新工会财务管理和监督检查机制，深化工会经费收缴管理改革，实施全面预算绩效管理，加强工会财务信息一体化建设。加强工会资产管理和监督检查，推进工会资产标准化规范化建设，确保工会资产安全完整、保值增值和有效利用。严格工会经费审查审计监督，推进工会常态化经审监督体系建设，推进审查审计全覆盖。完善对机关干部和直属单位的综合考核，强化上级工会在财务、资产、经审领域对下一级工会的监督检查。

第四，要全面加快工会系统数字化建设。创建直达亿万职工群众、集成工会全部服务内容的服务终端，让亿万职工群众享受"一键入会""一网全通"，以及高效、实时、精准的"一终端全维服务"。完善线上线下服务资源，加快创建线上工会、云上课堂、线上援助、数字展馆等一系列线上、云上产品和服务，强化线上线下融合，倍增服务能力和效果。

二、各级工会改革创新举措

在全总推进改革的同时，上海、重庆也作为试点在如火如荼地推进工会改革，为基层工会改革创新提供了样板和案例。全国各基层组织，也掀起了新一轮的工会改革。中国工会第十八次全国代表大会之后，各级工会组织也积极结合区域特点对标对表落实大会精神，持续推进工会改革走深走实、开花结果。

（一）全总加强顶层设计，赋予工会改革新的时代内涵

近年来，中华全国总工会着力强化工会改革的顶层设计，制订并实施了新时代首个全国性工会工作规划《中国工运事业和工会工作"十四五"发展规划》，制定《深化工会改革创新实施方案》及责任分工方案，并制定《加快工会数字化建设工作方案》，稳步推进智慧工会转型升级，为新阶段的工会改革指明了方向。

面对新形势新任务，工会工作的对象更加多元，领域更加广泛，标准更加严格，手段更加智慧。只有坚持改革创新，在实践中赋予"政治性""先进性"和"群众性"新的时代内涵，才能落实党对工会工作的新要求，满足职工群众对工会组织的新期待。

在政治性上，全总适应职工队伍结构变化、工作对象更加多元的新特征，在全国推行"重点建、行业建、兜底建"模式，开展新就业形态劳动者入会集中行动，推动全国互联网百强企业全部建会，更加广泛地把包括新就业形态劳动者在内的广大职工团结凝聚在党的周围。

在先进性上，全总面向高质量发展需要，带领各级工会广泛深入持久推进各种形式的劳动和技能竞赛，深入开展"五小"等群众性创新活动，并举办大国工匠创新交流大会、大国工匠论坛，打造劳模和工匠人才创新工作室、工匠学院等平台载体，团结动员广大

职工建功立业、创新创造。

在群众性上，全总聚焦提升职工生活品质，积极履行维权服务基本职责，扎实开展"转作风、解难题、促发展、保稳定"专项行动，积极推进工会服务站点"双十五"工程，建成了一大批工会户外劳动者服务站点、暖心驿站。构建常态化梯度帮扶长效机制，推广"法院＋工会"劳动争议纠纷多元化解机制，加强企事业单位民主管理和集体协商机制建设，担负起推动职工权益实现和全面发展的社会责任。

（二）福建省总工会坚持政府与工会联席会议，提高工会办实事解难事能力

福建省政府与省总工会联席会议制度从 1989 年建立以来，在省委、省政府的关心重视和大力支持下，34 年来从未间断，累计召开会议 35 次，反映和推动解决事关职工切身利益的实际问题 200 多个。习近平总书记在福建工作期间，主持召开了第 12 次、13 次、14 次省政府与省总工会联席会议，有力推动了政府与工会联席会议制度化、规范化建设。目前这一制度已在福建省市县三级全面建立，并延伸到乡镇（街道、工业园区），成为一个靓丽品牌。

联席会议制度建设的主要做法有如下几点。第一，突出调查研究，持续增强议题征集的精准性。省总工会始终坚持调研开路，在深入基层掌握第一手资料基础上，进行反复论证研究，找准议题，从源头上维护好职工权益。第二，突出问题导向，持续增强议题事项的实效性。提请省政府研究支持户外劳动者服务站点建设，深化农民工"求学圆梦行动"，推动我省新就业形态劳动者建会入会等工作，取得明显成效。第三，突出齐抓共管，持续增强议题落地的联动性。会前相关部门就议题进行反复磋商，形成共识；会中围绕职工关心问题和关注议题充分交流，形成明确意见；会后形成会议

纪要，政府相关部门对议定的事项抓好落实。第四，突出制度保障，持续增强联席会议的长效性。省委省政府 6 次发文明确提出要坚持和完善政府与工会联席会议制度，《福建省实施〈中华人民共和国工会法〉办法》明确规定了联席会议的召开次数、会议形式、会议内容和任务。

联席会议制度能够卓有成效的规律启示有以下几点。第一，坚持党的领导，是联席会议制度得以薪火相传的根本保证。各级党委政府坚持一张蓝图绘到底，一茬接着一茬干，一任接着一任推，使联席会议制度在福建省得以坚持并不断传承发展。第二，坚持服务大局，是联席会议制度与时俱进的关键所在。主动把工会工作放到奋力谱写中国式现代化福建篇章的大局中去思考、去把握，在推进福建高质量发展中贡献工会力量。第三，坚持以职工为本，是联席会议制度始终保持生机活力的动力源泉。把提高职工生活品质摆在突出位置，在推进构建和谐劳动关系、参与社会治理创新方面积极探索，更好保障职工合法权益。第四，坚持合力导向，是联席会议功能发挥的重要因素。充分借助联席会议平台，通过资源争取、资源整合，推动有关方面协同解决工会工作中遇到的实际困难和急切问题，有效发挥桥梁纽带作用。

2023 年，习近平总书记在同全总新一届领导班子成员集体谈话时也强调要发挥好政府和工会联席会议作用，积极帮助工会解决职工群众的实际困难和问题。联席会议制度作为工会改革领域守正创新的典范，适用于地区各级工会，也适合企事业单位借鉴效仿。建立工会与单位行政的联席会议制度，大大增强工会的能力与作为。

（三）舟山市总工会打造数字化"职工海上补给站"，实现工会数字化转型

"千岛之城"的独有环境，让舟山市总工会在面对海员长期出

海容易出现心理焦虑及患脚气病的问题时，将"数字化手段提升海员幸福指数"作为工会改革创新的一个重点项目。

大多数船舶因为设计等原因，难以挖掘出更多空间建设实体化"职工之家"，因此舟山工会就把这些功能搬到线上，打造数字化"职工海上补给站"。打开"浙里办"APP搜索"海员之家"，进入应用后，可以看到维权保障、健康咨询、海员活动、企业招聘、培训报名等应用场景，为海员及家属提供贴心服务。船员可以随时通过"海员之家"应用进行线上求助，海员家属也可以进入应用申请各种服务，工会指派志愿者随时帮助疏导海员的心理压力等。

2023年年底，有一名海员抱着试一试的心态在"海员之家"志愿帮扶模块留言，想拜托工会工作人员帮忙接送一下刚生完孩子的妻子。工作人员收到留言后立即反馈给海员所在公司工会，公司工会立刻组织志愿小分队，驱车前往舟山市妇女儿童医院，为该海员家属搬运行李，送上婴儿用品及鲜花，解决了他的后顾之忧。

不仅在维权服务方面大显身手，助力海员成长也是"海员之家"的一大特色。海员可以在线上参加技能讲堂、技术分享会。"海员之家"建立海员读书积分卡，对获得职业技能提升的海员进行奖励，很好调动了海员学习的积极性和主动性。"海员之家"的建设极大调动了海员的创新积极性，仅2023年一年，公司就有3项技术改进项目源自船员，比如，一体化设计高效桨和消涡鳍，可以让船舶节能10％。

下一步，舟山工会将建立"远洋船员医疗救治专家库"，工会工作者可以直接联系专家为远洋船员提供远程医疗救助。只要海员提出任何关于身体健康的求助，系统都会第一时间反馈到后台，工会将迅速组织力量帮助海员。此外，舟山工会将进一步倾听各单位和海员代表的意见、建议，不断丰富线上活动，完善应用功能，让每位漂泊在海上的海员都能感受到"家"的温暖。

舟山工会创造性地结合地域环境特征和职工职业特点，将线上工会的作用发挥到了很高的水平，精准地解决了职工群众的急难愁盼问题，不仅践行了以职工为中心的发展理念，也为工会改革中对于数字化转型要求的落实，提供了良好的经验和示范。

（四）羊马街道总工会立足"四个坚持"建设职工之家，打通服务职工最后一公里

升级户外劳动者驿站，完善职工之家功能，探索长效服务机制……2023年以来，四川省崇州市羊马街道总工会坚持党建引领，立足天府青年城发展定位，以职工需求为导向，全面深化工会改革，以新时代职工之家建设为抓手，为职工群众提供全方位、多渠道"一站式"综合服务，打通了服务新业态新就业群体"最后一公里"，推动辖区工会组织"建起来、转起来、活起来"。

作为崇州市天府青年城片区规划的核心区域，羊马街道总工会重点关注片区产业及人口集聚态势，深入开展新就业形态劳动者服务需求调研，收集、听取企业和员工对工会工作的意见、建议，因地制宜梳理出4个职工之家建设后备点位，全方位夯实建设基础。职工之家之所以得到职工的拥护和喜爱，得益于"四个坚持"的建设思路。

第一，强化资源整合，坚持便民利民。根据羊马新业态新就业群体职业特点和实际需要，羊马街道总工会全面链接崇州市交投集团闲置资源，按照"就近就便、便民惠民"原则，以羊马公交首末站约500平方米的现有场地为依托，投资30万元改造升级为户外劳动者驿站，初步实现了"15分钟服务圈"覆盖场镇全域的目标，促进服务范围最大化、效果最优化，持续优化职工服务水平。

第二，突出功能导向，坚持综合服务。结合"爱心服务站＋理论学习站＋综合便民站"等功能，职工之家配备职工书屋、流动党员之家、劳动争议调解室、职工心灵驿站、爱心母婴室等10余个功能区，提供充电、开水、Wi-Fi、暖心药包、宝贝活动角等20余项自助服务设施，为外卖骑手、快递员等新就业群体，以及环卫保洁员、治安巡逻员等在外执勤工作人员提供暖心服务。同时设立党建理论、专业技能等"学习角"，打造学习宣讲"微阵地"，形成"综合性、多功能、集约化"服务平台。

第三，盘活社会资源，坚持长效服务。探索实行以"社区干部＋工会志愿者"为主体，引入"律师＋心理咨询师＋人大代表、政协委员"等轮流坐班的工作机制，保证服务团队"稳定性"。着重培育发展城市服务者、志愿者队伍、老党员等参与"职工之家"运行管理，定期开展志愿服务培训，植入村（社区）文体活动，探索建立健全志愿者激励机制（如积分兑换等），推动共建共营共享，促进职工之家长效运行。

下一步，羊马街道总工会将坚持共建共营共享原则，将服务"职工之家"建设作为街道及村（社区）党员干部"下基层、察民情、解民忧、暖民心"实践活动的重要内容，协助推动社会治理服务横向延伸，进一步撬动社会治理水平提升。

羊马工会的改革精准锚定辖区职工的所思所需所求，不断整合社会资源，打造了若干一站式满足职工多样需求的梦幻之家，在实体化职工之家风生水起的同时，也让羊马工会成为职工心坎上名副其实的职工之家。

（五）爱德克斯公司工会深度开展企业民主管理工作，构建和谐企业

"有事好商量　有事商量好"，是爱德克斯（广州）汽车零部件有限公司工会建设和谐企业的法宝。近年来，爱德克斯工会把企业民主管理工作作为维护职工合法权益、构建和谐劳动关系的基本制

度和有效抓手，通过职代会、集体协商、工会代表年度交流会等方式，及时倾听职工的诉求和建议，确保件件有回应、事事有着落。2020 年以来，该公司连续 3 年获得"广州市劳动关系和谐 AAA 级企业"荣誉。其成功的原因在于妥善地运用民主管理制度和集体协商平台，为职工谋取最大的实惠。

第一，充分备战共协商。2023 年 3 月初，工会就收集行业数据等资料，比如，综合考虑物价、广州市 CPI、招工难、员工生活成本、2022 年广州市房屋租金同比上涨、公司业绩及市场大环境等多方面因素，制订初步协商计划，并在现场会员休息区"工资集体协商专用栏"张贴协商整体计划。协商代表由会员代表无记名投票选举产生，期待值由会员代表共同商定。每次协商结束后，劳方都要及时召开委员会说明与讨论，最终协商由全体代表无记名投票表决，如半数以上职工代表认同，则劳资双方签订当年的协议，否则继续协商。最终协商结果会张贴在现场"工会协商专栏"公示。全民主的协商不仅议题实在，还取得显著效果，实现全员工资连续三年上涨。2023 年协商成果向一线职工倾斜，系长级以下工资涨幅为 2% 以上，给予退休职工奖励，增加育儿假，并全员补休 2022 年育儿假。

第二，大事小事主动晒。在公司厂务公开栏上，小到天热时食堂供应清补凉的品类，大到每月工会经费的收支明细，企业生产生活发展的大小事都能"晒一晒"。工会将民主管理融入公司治理机制，每年召开年度代表以上会议 2 次，定期召开月度意见收集与反馈（月度代表会议与委员会议），工会主席月度走访 1 次，月度查看工会意见箱 2 次，年度与代表以上人员交流座谈会 1 次，确保职工源头参与企业治理，最终做到了工会事事有着落。在班组职工代表交流会上，制造科职工提出上下班通勤车不卫生，司机开车快，工会马上回应，实行每月 2 次车辆点检；物流科职工反映夏天工服过厚，工会立即为他们购买带风扇的清凉服装。

第三，工会工作承包制。为引导职工"掏心窝子"畅所欲言，公司实行工会"承包制"，由工会主席任组长，从出勤率、参与率、工作积极性三个维度，对工会主席、副主席、工会委员、会员代表进行考核，并出台《工会"承包制"组长职责》《工会会员代表职责》等制度。"承包制"激励工会委员、会员代表主动了解职工诉求。搬运部作业人员工作累，班组工会代表主动征求意见，增加该班组员工的重力补贴和高温津贴；工会还推动公司建设光伏系统，为物流车间降温。此外，工会建立微信班组会员群、代表群、委员群等多个诉求表达通道，明确专门人员具体负责相关意见和建议处置，解决健康体检、困难帮扶、环境改善等50多项职工关心关注的问题。

下一步，爱德克斯工会还推动将厂务公开民主管理工作纳入生产经营管理月度考核，推动厂务公开民主管理工作制度化、常态化、规范化。

非公企业工会改革不同于国企，要更多地获得会员的拥护、企业的理解。爱德克斯工会将协商民主的功能发挥得淋漓尽致，在最大限度谋求职工利益的同时，实现了工会组织的凤凰涅槃，同时也让企业看到了工会的力量和工会在促进企业发展、和谐劳动关系中的切实作用。

"路漫漫其修远兮"，工会改革就是工会组织根据时代和形势的变化，持续自我完善和发展的过程，不断"上下求索"的历程，将永远在路上。我们要继续在建机制、强功能、增实效上下功夫，巩固已有的改革成果，创造新的改革成就，用更加充满生机和活力的工会组织，团结引领职工群众，在强国建设民族复兴的时代伟业中建功立业。

学习心得体会随手记